1

最新 社会福祉士養成講座
精神保健福祉士養成講座

一般社団法人 日本ソーシャルワーク教育学校連盟　編集

医学概論

中央法規

刊行にあたって

　このたび、新カリキュラムに対応した社会福祉士と精神保健福祉士養成の教科書シリーズ（以下、本養成講座）を一般社団法人日本ソーシャルワーク教育学校連盟の編集により刊行することになりました。本養成講座は、社会福祉士・精神保健福祉士共通科目13巻、社会福祉士専門科目8巻、精神保健福祉士専門科目8巻の合計29巻で構成されています。

　社会福祉士の資格制度は、1987（昭和62）年に制定された社会福祉士及び介護福祉士法により創設されました。後に、精神保健福祉士法が制定され、精神保健福祉士の資格制度が1997（平成9）年に創設されました。それから今日までの間に両資格のカリキュラムは2度の改正が行われました。本養成講座は、2019（令和元）年度の両資格のカリキュラム改正に伴い、刊行するものです。

　新カリキュラム改正のねらいは、地域共生社会の実現に向けて、複合化・複雑化した課題を受けとめる包括的な相談支援を実施し、地域住民等が主体的に地域課題を解決していくよう支援できるソーシャルワーカーを養成することにあります。地域共生社会とは支援する者と支援される者が一体となり、誰もが役割をもって生活していくことができる社会です。こうした社会を創り上げる担い手として、社会福祉士や精神保健福祉士が期待されています。

　そのため、本養成講座の制作にあたって、❶ソーシャルワーカーとしてアセスメントから支援計画、モニタリングに至るPDCAサイクルに基づく支援ができる人材の養成、❷個別支援と地域支援を一体的に対応でき、児童、障害者、高齢者等のさまざまな分野を横断して包括的に支援のできる人材の養成、❸「講義―演習―実習」の学習循環をつくることで、実践現場に密着した人材養成をする、を目的にしています。

　社会福祉士および精神保健福祉士になるためには、ソーシャルワークに必要な五つの科目群について学ぶことが必要です。具体的には、①社会福祉の原理・基盤・政策を理解する科目、②複合化・複雑化した福祉課題と包括的な支援を理解する科目、③人・環境・社会とその関係を理解する科目、④ソーシャルワークの基盤・理論・方法を理解する科目、⑤ソーシャルワークの方法と実践を理解する科目です。それぞれの科目群の関係性と全体像は、次頁の図のとおりです。

　これらの科目を本養成講座で学ぶことにより、すべての学生がソーシャルワークの基盤を修得し、社会福祉士ならびに精神保健福祉士の国家資格を取得し、さまざまな領域でソーシャルワーカーとして活躍され、ソーシャルワーカーに対する社会的評価を高めてくれることを願っています。

社会福祉士養成教科書の全体像

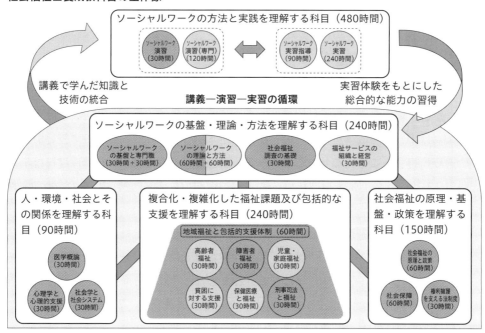

出典：厚生労働省「〔別添〕見直し後の社会福祉士養成課程の全体像」（https://www.mhlw.go.jp/content/000604998.pdf）より本連盟が改編

精神保健福祉士養成教科書の全体像

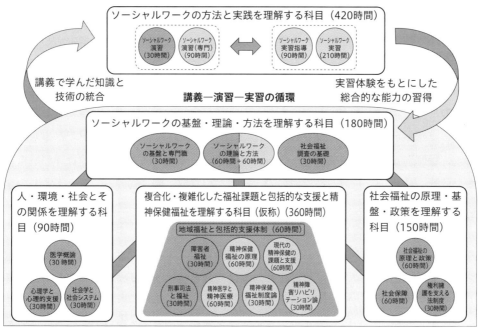

出典：厚生労働省「〔別添〕見直し後の社会福祉士養成課程の全体像」を参考に本連盟が作成

2020（令和2）年12月1日

一般社団法人日本ソーシャルワーク教育学校連盟
会長　白澤政和

はじめに

　社会福祉で活動対象となる個人、集団あるいは社会制度を理解するうえで、保健と医療の知識は不可欠である。

　社会福祉の対象は、少子高齢化の進展や経済状況の変化によるニーズの多様化・複雑化を反映して、高齢者、障害児・者、子ども、子育て家庭、生活困窮者等の幅広い分野にわたる。また、初等・中等および高等教育、生涯教育や司法、行政、地域共生社会の実現などの地域振興、さらには激甚災害や大規模感染症流行における被災者支援などのさまざまな分野においてもその重要性が認識されている。社会福祉士や精神保健福祉士には、地域社会の人々が地域、生活、人生そして生きがいを創造し、高めることを支援する実践能力が求められている。

　人々の健康と疾病の状況は刻々と変化している。

　我が国をはじめとする高齢化した先進諸国では、がん、心疾患や脳血管疾患などの、食事、身体活動、喫煙などの日常生活における行動が発症のリスクと関連する生活習慣病が死因の上位を占める。また、うつや薬物依存症などの精神衛生上の問題も深刻化し、経済的格差の拡大と健康障害との関連も指摘されている。グローバルな視点では、貧困や紛争が結核、マラリア、エイズなどの感染症の蔓延や子どもの栄養障害を増悪させ、汚染された飲料水による消化管感染症により多くの子どもが5歳の誕生日を迎えることができない。近年にはエボラ出血熱、新型インフルエンザ、新型コロナウイルスなどの新たに出現した感染症の世界的流行が人々に甚大な被害を与えている。国境を越える環境汚染、頻発する巨大地震や大型台風などの大規模自然災害、政治的混乱やテロ、紛争、戦争等も人々の健康に大きな脅威となっている。

　このような状況に対処するためには単独の機関や学術領域、専門家集団のみでは不可能である。そのようななかで保健医療と社会福祉の連携・協働は重要である。

　一方、予防、診断、治療などの保健医療に関する情報は、ICT（情報通信技術）を媒介として日々刻々、膨大な量が発信され、実践に採用されて"標準的知識"を更新している。その結果、"標準的"あるいは"常識"と思われた知見や基準も、その一部は数年を経ずに陳腐化し、過去のものとなっていく。医学・保健医療情報は大量供給、大量消費の時代である。

　しかしながら本書の目的は、そのような膨大な最新の情報のすべてを網羅し、その詳細を読者に提示することではない。本書はこの分野の基礎的な知識と典型的な疾患概念、それらの標準治療を例示、解説することにより、社会福祉士や精神保健福祉士

などの社会福祉専門職を目指す学習者が将来遭遇する支援対象者集団を、保健医療の視点から理解し、対処することを支援する、という視点で作成された。

　そのため、本書では伝統的な基礎医学分野である解剖や生理学などの記述を充実させるとともに、健康と疾病の概念に関する近年の研究成果を取り入れ、国際生活機能分類（ICF）などの健康と障害を地域や文化的視点を踏まえた包括的視点や、さらに受胎・発生から始まり死を迎えるまでのライフステージを踏まえた経時的な視点も重視して記述した。それにより読者が個々の領域の学習内容を体系化して理解することを支援するべく各章を構成した。児童虐待や性的虐待、望まぬ妊娠などの、社会福祉士や精神保健福祉士の関与が重要となる事例の増加も踏まえ、小児科、産科、婦人科などの領域を充実させた。さらに、対人支援のみならず環境保健や公衆衛生、医療制度へも配慮し記述した。

　学習にあたっては、個々の領域を学ぶ際に、常に家族、あるいは患者本人の気持ちに思いを馳せ、彼らを取り巻く社会環境も注視していただきたい。そうすることにより読者が、健康問題が及ぼす多方面への影響と、それへの対処や解決の手がかりに思い至ることも期待したい。それにより本書に登場するさまざまな保健医療分野の専門職の業務内容を理解することにより、病者や家族を含めた支援者および地域住民のニーズを把握し、多職種・多機関との連携を図りながら問題解決に取り組む活動の一助となれば幸いである。

　さらに、本書を国家試験受験のための学習に用いるだけでなく、日常業務のなかでも活用いただき、読者が将来担うであろう、社会福祉の実践や政策策定、教育や研究等、さまざまな分野で、それらの発展に寄与できれば、執筆者一同のこの上ない喜びである。

編集委員一同

目次

刊行にあたって
はじめに

第 1 章 ライフステージにおける心身の変化と健康課題

第 1 節 ライフステージにおける心身の特徴 ……………2
1 乳幼児期・学童期の成長／2
2 思春期・青年期の心身の特徴／5
3 成人期の心身の特徴／7

第 2 節 心身の加齢・老化 ……………9
1 加齢と老化の違い／9
2 臓器の加齢変化／12
3 老年症候群／13

第 3 節 ライフステージ別の健康課題 ……………15
1 ライフステージ別の現代的課題／15
2 胎生期・乳幼児期・学童期の健康課題／15
3 思春期・青年期の健康課題／18
4 成人期・高齢者の健康課題／18
5 死因／19

第 2 章 健康および疾病の捉え方

第 1 節 健康と疾病の概念 ……………22
1 健康の定義／22
2 病と病気、および疾病／22
3 疾病、傷害及び死因の統計分類／23
4 健康寿命／24

第 2 節 国際生活機能分類（ICF）……………25
1 障害を構造的に捉える意義／25
2 国際障害分類（ICIDH）と国際生活機能分類（ICF）／25
3 ICF の基本的な枠組み／26
4 ICF の活用／28

第 3 章　身体構造と心身機能

第 1 節　人体部位の名称 ―――――――――――――――――――――――― 32
1　体表で区分される人体の名称／32
2　人体を構成する器官系と臓器等の名称／33

第 2 節　器官系と臓器の役割 ――――――――――――――――――――― 47
1　人体の器官系の機能の概要／47
2　各器官系と構成する臓器等の機能／47

第 4 章　疾病と障害の成り立ちおよび回復過程

第 1 節　疾病の発生原因と成立機序 ――――――――――――――――― 58
1　疾病の発生原因／58
2　病変の成立機序／65

第 5 章　リハビリテーションの概要と範囲

第 1 節　リハビリテーションの定義 ――――――――――――――――― 70
1　リハビリテーションの定義／70
2　リハビリテーションの側面／70
3　医学的リハビリテーション／72

第 2 節　リハビリテーションの目的 ――――――――――――――――― 75
1　リハビリテーション医学・医療の目的／75
2　日常生活動作（ADL）と手段的日常生活動作（IADL）、生活の質
　　（QOL）／76

第 3 節　リハビリテーションの対象 ――――――――――――――――― 78
1　障害の概要／78
2　リハビリテーション医学・医療の対象／80

第 4 節　リハビリテーションの方法 ――――――――――――――――― 83
1　リハビリテーション治療／83
2　リハビリテーション医療における多職種の協働／84
3　急性期・回復期・生活期のリハビリテーション医学・医療／85
4　疾患別リハビリテーション／88

第6章 疾病と障害およびその予防・治療・予後・リハビリテーション

第1節　感染症………………………………………………………………92

1　インフルエンザ／92

2　ノロウイルス感染／93

3　エイズ（AIDS：後天性免疫不全症候群）／94

4　重症急性呼吸器症候群（SARS）／新型コロナウイルス感染症（COVID-19）／94

5　ウイルス性肝炎／95

6　結核／96

7　MRSA（メチシリン耐性黄色ブドウ球菌）／96

8　腸管出血性大腸炎／97

9　疥癬／98

10　日和見感染症／98

11　院内・施設内感染対策／98

第2節　神経疾患、認知症、高次脳機能障害………………………………101

1　中枢神経系の概要、特に高次脳機能について／101

2　認知症／102

3　神経難病／104

4　脳機能性疾患／107

第3節　脳血管疾患……………………………………………………………108

1　脳血管疾患概論／108

2　脳血管疾患各論／111

第4節　心疾患…………………………………………………………………115

1　虚血性心疾患／115

2　心不全／116

3　弁膜疾患／117

4　不整脈／118

5　大動脈疾患／119

6　高血圧／120

第5節　内分泌・代謝疾患……………………………………………………122

1　糖尿病／122

2　脂質代謝異常／126

3　尿酸代謝異常／127

    4　甲状腺疾患／127

    5　下垂体疾患／128

    6　副腎疾患／128

第6節　呼吸器疾患 ……………………………………………………… 129

    1　気管支喘息／129

    2　慢性閉塞性肺疾患（COPD）／130

    3　肺炎／132

    4　肺結核／133

    5　慢性呼吸不全／134

    6　肺癌／135

    7　睡眠時無呼吸症候群／136

第7節　腎・泌尿器疾患 …………………………………………………… 138

    1　腎不全／138

    2　特発性腎疾患と続発性腎疾患／139

    3　腎代替療法／141

    4　泌尿器疾患／143

第8節　消化器・肝胆膵疾患 ……………………………………………… 145

    1　肝胆膵疾患／145

    2　消化器疾患／149

第9節　骨・関節の疾患 …………………………………………………… 151

    1　骨粗鬆症と骨折／151

    2　変形性骨関節疾患／153

    3　関節リウマチ／155

    4　ロコモティブシンドローム／156

第10節　血液・免疫・アレルギー疾患 …………………………………… 157

    1　血液疾患／157

    2　膠原病・アレルギー疾患／160

第11節　眼科疾患、視覚障害 …………………………………………… 163

    1　眼科疾患／163

    2　視覚障害／166

第12節　耳鼻咽喉疾患、聴覚障害、平衡機能障害 …………………… 169

    1　耳鼻咽喉疾患の概略／169

    2　聴覚障害／169

    3　平衡機能障害／172

    4　嗅覚障害／174

5　嚥下障害／175

第13節　口腔疾患 ────────────────────────────── 177
1　歯および歯周組織の構造／177
2　歯・口腔の疾患／177
3　歯科保健／181

第14節　婦人科・産科 ────────────────────────── 184
1　生殖器悪性腫瘍／184
2　良性腫瘍／185
3　妊娠と合併症／185
4　更年期障害／188

第15節　精神疾患、精神障害、発達障害 ──────────── 190
1　精神疾患の診断と精神疾患患者の入院制度／190
2　発達障害をはじめとする主な精神疾患／192

第16節　小児科疾患、肢体不自由、知的障害 ────────── 196
1　小児科疾患／196
2　肢体不自由／197
3　知的障害／198
4　主な疾患／199

第17節　高齢者に多い疾患 ──────────────────────── 202
1　高齢者に関する基礎知識／202
2　高齢者に特有な状態、症状や疾患／203
3　高齢者に対する適切な医療提供の指針／207

第18節　生活習慣病（総論）、内部障害 ───────────── 209
1　生活習慣病の概要／209
2　内部障害／211

第19節　悪性腫瘍と緩和ケア ────────────────────── 213
1　悪性腫瘍（総論）／213
2　緩和ケア／215

第 7 章　公衆衛生

第 1 節　公衆衛生の概要 ──────────────────────── 220
1　公衆衛生の定義／220
2　健康の概念／220

3　WHO 憲章と我が国の憲法／ 221

4　予防医学／ 221

5　健康の社会的決定要因（SDH）／ 223

第 2 節　健康増進と保健医療対策 ··226

1　母子保健対策／ 226

2　成人保健対策／ 227

3　高齢者保健対策／ 228

4　精神保健対策／ 229

5　感染症対策／ 229

6　難病対策／ 231

索引／ 233

編集、統括編集委員、編集委員、執筆者および執筆分担

本書では学習の便宜を図ることを目的として、以下の項目を設けました。

- ・学習のポイント……各節で学習するポイントを示しています。
- ・重要語句…………学習上、特に重要と思われる語句を色文字で示しています。
- ・用語解説…………専門用語や難解な用語・語句等に★を付けて側注で解説しています。
- ・補足説明…………本文の記述に補足が必要な箇所にローマ数字（ⅰ、ⅱ、…）を付けて脚注で説明しています。
- ・**Active Learning**……学生の主体的な学び、対話的な学び、深い学びを促進することを目的に設けています。学習内容の次のステップとして活用できます。

第1章

ライフステージにおける心身の変化と健康課題

　本章では、人間の成長・発達の過程のなかで、まず正常な状態を概観し、健康課題について対比して理解できるような内容としている。第1節では、小児期から成人期までの心身の特徴を理解する。小児期は、胎生期に始まり、新生児期、乳幼児期、学童期など心身ともに著しく成長するものの、臓器別では一律に発達するものではない。思春期・青年期においては、第二次性徴を中心とした心身の変化、特に性のめざめや自我のめざめについても記載している。第2節では、加齢・老化として、臓器の加齢変化および老年症候群を理解する。第3節では、胎生期から高齢者に至る各年代における心身の健康課題について代表的なものを中心に概説する。

ライフステージにおける心身の特徴

学習のポイント

● 乳幼児期・学童期の成長について理解する

● 思春期・青年期の心身の特徴について理解する

● 成人期の心身の特徴について理解する

1 乳幼児期・学童期の成長

1 成長、発達、発育の概念

　成長は、身長、体重などの身体の量的な増加に対して使用される。これに対し**発達**は、精神、運動、生理などの機能面の成熟に対して用いられる。一方、**発育**は成長、発達の互換的な用途として、あるいはその両者を包括した概念として使用される。

2 発育区分

　受精した卵子は急速に発達し発育が始まる。受精から始まる発育を区分すると、**胎生期**（0日（受精）〜280日（出生））、**新生児期**（出生後4週間）、**乳幼児期**（6歳まで）、**学童期**（6〜12歳）、**思春期**（第二次性徴が出現し、骨端線閉鎖まで）に分けられる（**図1-1**）。胎生期は**胚芽期**（受精後2週）、**胎芽期**（3〜8週）、**胎児期**（9週〜出生）に分けられるが、8週間目までには四肢や顔といった**身体の輪郭**ができ、さらに**器官形成**は12週まで続き呼吸器、循環器、消化器、泌尿器などの重要臓器が形成され、その頃には外性器が発達して性別が判別可

図1-1　発育区分

出典：原寿郎「小児の成長」内山聖監, 原寿郎・高橋孝雄・細井創編『標準小児科学 第8版』医学書院, p.4, 2013.

能となる。思春期の発来は、女子では平均 10 歳（乳頭の突出）、男子では平均 10.8 歳（精巣容量 3 mL 以上）である。

3 発育の原則

　発育は、その大部分がほぼ一定の順序で進む。**図 1-2** には臓器別に異なる発育曲線を示す。神経系の発育は、臓器のなかで最も早く、比較的早い時期にほぼ頭打ちになる。生殖器系は思春期までほとんど発育がみられず、思春期になって急速に発育する。リンパ系組織は小児期には成人以上の組織の増大があるが、20 歳頃には成人のレベルに縮小する。そのほか、一般臓器は成長と同様のカーブを描く。

4 成長

　成長とは身体の量的な増加として捉えられている。乳幼児期の成長を第一次成長スパート、思春期の成長を第二次成長スパートという。

❶身長

　出生時の平均身長は男 49.2cm、女 48.7cm（2018（平成 30）年）である。最初の 1 年間に 25cm 伸び、出生時の 1.5 倍となる。思春期になると急速な成長スパート（発育急進期）が現れる。4 歳で出生時

図1-2　スカモンの臓器別発育曲線

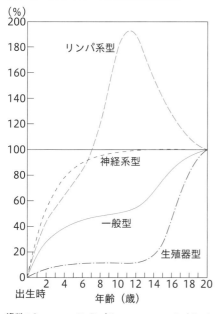

体組織の発育の 4 型。図には、20歳（成熟時）の発育を100として、各年齢の値をその100分比で示してある。
一般型：全身の外形計測値（頭径を除く）、呼吸器、消化器、腎臓、心・大動脈、脾臓、筋全体、骨全体、血液量。
神経系型：脳、脊髄、視覚器、頭径。
生殖器型：精巣、卵巣、精巣上体、子宮、前立腺など。
リンパ系型：胸腺、リンパ節、間質性リンパ組織。

資料：Scammon, R. E., 'The measurement of the body in childhood', Harris, J. A., Jackson, C. M., et al., *The measurement of man*, University of Minnesota Press, 1930.
出典：原寿郎「小児の成長」内山聖監、原寿郎・高橋孝雄・細井創編『標準小児科学 第 8 版』医学書院、p.5, 2013.

の2倍、12歳で約3倍になる。一般に男児のほうが同年齢の女児より
ほぼ1cmほど高いが、10〜12歳頃には一時的に女児のほうが高くな
る。

❷体重

Active Learning

第二次性徴における
男女の違いについて
理解を深めましょう。

　出生時の平均体重は男3.05kg、女2.96kg（2018（平成30）年）で
ある。出生後3〜4日に体重はいったん減少するが、7〜10日で出
生体重に復帰する（生理的体重減少）。初めの3か月は1日30g、それ
以後は1日10〜20g増加する。体重は生後3〜4か月で出生時の2
倍、満1歳で3倍、2歳で4倍、4歳で5倍となる。

5 生歯

　乳歯は上下および左右各々の乳切歯2、乳犬歯1、乳臼歯2の計20
本よりなる。生後6〜8か月から生え始め、2、3歳で生え終わる。
おおよその数は[月齢－6]で得られる。永久歯は上下、左右の切歯2、
犬歯1、小臼歯2、大臼歯2＋1の合計32本よりなる。6〜8歳か
ら生え始め、10〜14歳までに28本生える（**図1-3**）。

図1-3　乳歯・永久歯の萌出時期

2	2	3	6	5	7
1	1	4	6	5	7

1、2、3、4 は内、外切歯
6　　　　　　は犬歯
5、7　　　　は第1、第2小臼歯

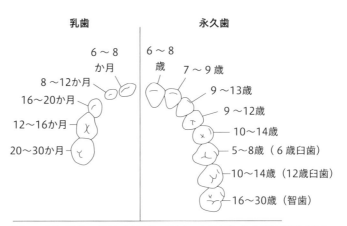

出典：原寿郎「小児の成長」内山聖監，原寿郎・高橋孝雄・細井創編『標準小児科
　学 第8版』医学書院, p.11, 2013.

6 成長の評価

成長の評価は、身体計測値が暦年齢に応じた範囲にあるか、またその発育の経過が適切かにより判定される。最も用いられるのは、身長、体重、頭囲、胸囲である。身長は全身発育の指標として、体重は栄養状態の指標としてよく用いられ、頭囲は脳の発育と深い関係にある。

7 反射と運動機能の発達

中枢神経系の発生は、器官形成、神経細胞の増殖・アポトーシス、軸索成長、シナプス形成、髄鞘化を経て完成する。

❶原始反射

モロー反射を代表とする原始反射は脊髄・脳幹に反射神経をもち、胎生5～6か月より発達し、脳の成熟とともに消失し始める。これは大脳など高次の神経機構が未熟であるためであり、原始反射では随意運動はみられず、随意運動が出現すると原始反射は消失するという関係がある。

❷運動発達

運動は、粗大運動と微細運動に分けられる。粗大運動とは、座る、歩く、走るなどの身体全体のバランスを要するもので、微細運動とは手先の細かい協調運動をいう。

運動の発達では、定頸は4か月、寝返りが6～7か月、座位は7～8か月、つかまり立ちは9～10か月、つたい歩きは10か月である。12か月では、1人立ちができ、つかみ方は指先でつかむピンセットつまみができる。1歳6か月では、歩行・言語という人間らしい基本動作がしっかりしてくる。2歳では、走ったり、1人で階段の上り下りをしたり、2語文を話す。3歳では、三輪車をこぐことができ、まねて丸を描き、はさみで紙を切り、自分の姓名が言えるようになる。しかしながら、発達には個人差があり、必ずしもこのとおりではない。

2 ▶ 思春期・青年期の心身の特徴

エリクソン（Erikson, E. H.）の発達段階の第5段階の同一性（アイデンティティ）対同一性拡散の段階に相当する時期であるが、社会環境が大きく変化している現代においては、身体的な成長および第二次性徴の発現を中心とする時期を思春期とし、心理社会的な抵抗過程に重点を

★モロー反射
乳児の頭を正面に向けて少し起こし、急に頭を後方に落としたときに出現する反射。両手を広げ、続いて、抱きつくような動作をする。通常4か月で消失する。

★エリクソンの発達段階
エリクソンは発達段階を8段階に分けて、心理社会的な視点からみた自我の発達段階を示した。

おく時期を青年期とする。暦年齢としては絶対的なものではないが、おおむね思春期は12～18歳、青年期は18～22歳とする。

1 思春期

　思春期は第二次性徴の発現とともに始まり長骨骨端線の閉鎖で終結する時期と定義され、女子は10歳、男子は10.8歳頃から始まる。その頃に身長が急速に伸びる成長スパートがあるが、その始まりとピークには個人差が大きい。男女の性成熟と年齢との関係をみると、女子では、乳房や骨盤の発育で始まり、恥毛の発生、身長増加の促進、乳房が大きくなり、初経が発現する。男子では女子ほど明確ではないが、精巣（睾丸）や陰茎がまず大きくなり始め、次いで恥毛の発生や身長増加の促進がみられる。男女とも骨端線の閉鎖で成長が停止する（**表1-1**）。

　思春期を特徴づけるものとして「**性のめざめ**」としての身体的変化と「**自我のめざめ**」とがある。「自我のめざめ」は、新たに自分が自分自身であるという内なる自己との出会いと発見がなされるときの感覚である。この時期の心理的特徴として**不安**や刺激に対する**過敏性**、**自意識過剰**などがある。

2 青年期

　青年期には第二次性徴の発現と成熟はすでに完成をみており、大人の身体になっているにもかかわらず、心理的、社会的にはまだ完全な大人ではない状態である。青年期の親子関係はしばしば葛藤的であり、親に反抗したり、批判的であると同時に親への甘えや依存も強く、両価性（ア

Active Learning

思春期での「性のめざめ」「自我のめざめ」を自覚したときの気持ちについて考えてみましょう。

表1-1　小児の発育と年齢（Bierich）

男児	年齢	女児
	8～9歳	子宮発育の開始
精巣（睾丸）・陰茎発育の開始	10～11歳	乳房発育の開始、骨盤発育の開始
前立腺発育の開始	11～12歳	恥毛の発生、身長増加の促進
恥毛の発生、身長増加の促進	12～13歳	乳房の成熟、腋毛の発生
精巣・陰茎発育の大きな促進	13～14歳	初経
声変わり、腋毛の発生	14～15歳	周期性、排卵性月経
精子の成熟	15～16歳	にきび
顔・体つきが男性型となる、にきび	16～17歳	骨端線の閉鎖、成長の停止
骨端線の閉鎖、成長の停止	18～20歳	

出典：原寿郎「小児の成長」内山聖監，原寿郎・高橋孝雄・細井創編『標準小児科学　第8版』医学書院，p.13，2013．を一部改変

ンビバレンス）な様相を呈する。

3 成人期の心身の特徴

　エリクソンの発達段階によれば、成人以降は、成人前期、成人中期、成人後期に分けられる。成人前期は、女性就職率の上昇、晩婚化、少子化などの社会の変化を反映して、男女共通の課題と女性特有の課題とがある。成人中期以降は、心身の発達段階というより、超高齢社会に突入し、以前にはなかった課題も浮かび上がってきているため、加齢・老化にまつわる課題として本章第 2 節に詳しく記載することとする。

1 成人前期

　ほぼ 20 代に相当するこの時期には、それまでに習得したものを基盤として独立へと歩を進める時期である。しかしながら、近年、高学歴の傾向が進み、20 代になってもなお勉学中の人が多く、経済的に親に頼り、青年期とほとんど変わらない生活を継続する人が増えてきている。

2 成人前期の女性

　女性では、妊娠、出産、育児に伴う変化があるが、男性では、女性ほどの身体の変化はみられない。女性は、就職、結婚、出産、育児のたびに選択を迫られ、決断せざるを得ない状況が多い。労働力の統計では、以前の日本は二つのピークをもついわゆる M 字型曲線であったが、近年、女性労働者は増加の一途をたどり、他の先進国の女性と同様に台形に近づいている（**図 1-4**）。少子化や高齢化によって、妻や母親としての人生だけでなく個人の人生を見つめようとする女性が増えてきている。男女とも結婚年齢がしだいに高くなってきていて、世界の他の国々と比べて高い。さらに離婚件数の増加や結婚をしないままの人も増加してきている。妊娠、出産、育児については、妊娠に伴う身体的変化と母親になるという社会的役割の変化への適応準備は葛藤を引き起こす。

Active Learning

仕事と子育てで悩む母親から相談されたときのことを考えてみましょう。

図1-4　女性の年齢階級別労働力率の推移

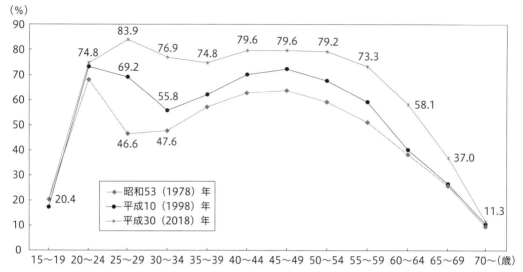

注1：総務省「労働力調査（基本集計）」より作成。
　2：労働力率は、「労働力人口（就業者＋完全失業者）」／「15歳以上人口」×100。
出典：内閣府編『男女共同参画白書　令和元年版』p.106, 2019.

◇参考文献
・内山聖監，原寿郎・高橋孝雄・細井創編『標準小児科学　第8版』医学書院，2013.
・E. H. エリクソン・J. M. エリクソン，村瀬孝雄・近藤邦夫訳『ライフサイクル，その完結　増補版』みすず書房，2001.
・上田礼子『生涯人間発達学　改訂第2版増補版』三輪書店，2012.
・服部祥子『生涯人間発達論——人間への深い理解と愛情を育むために　第2版』医学書院，2010.
・岡本祐子・松下美知子編『新　女性のためのライフサイクル心理学』福村出版，2002.
・内閣府編『男女共同参画白書　令和元年版』2019.

第2節 心身の加齢・老化

- 加齢と老化の違いを理解する
- 臓器の加齢変化を理解する
- 老年症候群の概念を理解する

1 加齢と老化の違い

老化とは、成熟期以降、加齢とともに各臓器の機能あるいはそれらを統合する機能が低下し、個体の恒常性を維持することが不可能となり、ついには死に至る過程を指す。一方、**加齢**とは、生後から時間経過とともに個体に起こる、よいことも悪いことも含めたすべての過程を指す。

1 生理的老化と病的老化

老化は生理的老化と病的老化の二つに大別される（**表1-2**）。**生理的老化**は加齢に伴う生理的な機能低下を指し、**病的老化**は老化の過程が著しく加速され、病的状態を引き起こすものをいう。

生理的老化と病的老化とは異なるもののその境界はあいまいで、どちらともいえない病態が存在することも事実である。

生理的老化は起こるものの健康に老い充実した人生を送って天寿を全うすることが理想の人生とされるが、このような理想的な人生を送っている人は比較的少なく、何らかの病的老化による機能低下を起こし、そ

表1-2 生理的老化と病的老化の特徴

	生理的老化	病的老化
発生頻度	すべての人に	一部（患者）のみ
発生時期	20 〜 30歳から	発症とともに
進行様式	不可逆的	治療により可逆的
進行速度	ゆるやか	早い
臨床的分類	健常者（健常高齢者）	患者
対応	予防的対処（生活習慣改善など）	疾患の治療

出典：秋下雅弘「老化の概念」日本老年医学会編『老年医学系統講義テキスト』西村書店, p.26, 2013.

れを医療や介護の力で持ち上げながら繰り返して死に至るというのが一般的である（図1-5）。

2 高齢者の定義

　高齢者は一般に、65歳以上とされるが、そのうち65〜74歳を**前期高齢者**、75歳以上を**後期高齢者**と呼んでいる。また後期高齢者のうち、90歳以上を**超高齢者**、100歳以上を**百寿者**と呼んで区別することもある。

　前期高齢者では、中年者の延長線上に位置し、個体の老化の徴候が明瞭になってきて、いわゆる老年疾患に罹患する人も増えるが、日常生活に大きく差し支える機能障害を有する人の割合はまだ低い。**後期高齢者**では、老化の徴候はさらに明瞭となり、老年疾患を複数抱える人が著しく増加し、日常生活に関連した機能がさらに低下してくる。その結果、認知症、転倒、失禁、誤嚥などの老年症候群も増加し、かつ多く合併するようになる。

3 暦年齢と生物学的年齢

　生まれてからの年月、すなわち暦年齢が一般的な加齢の指標として用いられるが、個人差が大きく、特に高齢者では加齢に伴う変化が著明で

図1-5　高齢者医療の目的とその考え方の模式図

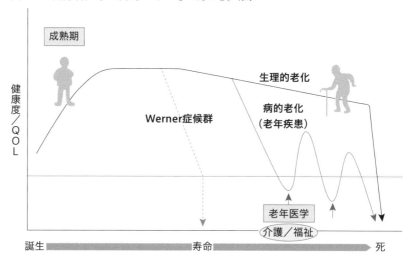

成熟期のあと、生理的老化が始まるが、生理的老化の健康度に対する影響は小さく、天寿が全うされ死に至る人生が理想と考えられる。一方、老年疾患の罹患により健康度は急速に低下し、それを老年医学、介護、福祉の協同作業で持ち上げる―この過程を繰り返して死に至る場合が多い。この間のギャップを埋め、すべての人にsuccessful agingを実現することが老年医学・高齢者医療の目的である

出典：大内尉義「老年医学のめざすもの」日本老年医学会編『老年医学系統講義テキスト』西村書店，p.14，2013.

あり、暦年齢だけでは個人の変化を捉えることは困難である。そのため、さまざまな指標を用いて老化度を求めることが試みられている。図1-6に骨密度と加齢変化について示す。男性では年齢に伴って徐々に低下しているのに対して、女性では50歳頃から急速に骨密度が低下している。女性は平均で50歳頃に閉経を迎えることから、その頃急激に女性ホルモンの分泌が変化することが関係している可能性がある。しかしながら、骨密度や動脈硬化などは老化の一側面でしかなく、現在のところ老化の全体像を客観的に捉える指標はまだないのが実情である。

4 健康寿命

高齢化が進むなかで、単に寿命が長いだけでなく健康で長生きであることの指標が必要となった。健康寿命とは、健康で長生きである指標として、2000年に世界保健機関（WHO）から提唱された概念である。日本では、健康日本21（第二次）において、健康寿命の現状が記載され、健康増進の基本的な方向や目標指標のなかに健康寿命が位置づけられた。2016（平成28）年の統計では、平均寿命が男性が80.98年、女性が87.14年、健康寿命が男性72.14年、女性が74.79年で、平均寿命と健康寿命とに約10年の開きがあり、健康寿命の延伸のためにさまざまな目標が掲げられている。

図1-6　腰椎骨密度の加齢変化と性差

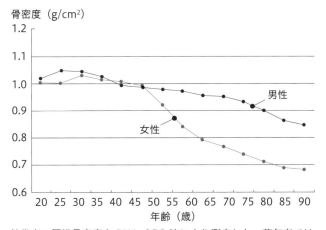

健常者の腰椎骨密度をDXA-QDR法により測定した。若年者では明らかな性差を認めないが、50歳頃から女性では急激な骨密度の減少がみられ、高齢期には明らかな男女差を認める。男性では加齢に伴うゆるやかな直線的減少を示す

資料：折茂肇ほか「原発性骨粗鬆症の診断基準（1996年度改訂版）」『日本骨代謝学会雑誌』第14巻第4号，pp.219-233，1997.
出典：秋下雅弘「暦年齢と生物学的年齢（老化度）」日本老年医学会編『老年医学系統講義テキスト』西村書店，p.20，2013.

Active Learning

女性の閉経における心身の変化についてもう少し調べてみましょう。

健康寿命の算出方法にはさまざまな種類のものがあり、統一した指標となっていないなど課題がある。現行の我が国の健康寿命の指標は、「日常生活に制限のない期間の平均」および「自分が健康であると自覚している期間の平均」（副指標）の二つの方法で算出されている。

2 臓器の加齢変化

加齢により、体組成が変化する。筋肉量や骨量は減少し、脂肪の割合が増加する。水分では、細胞内液は減少し、脱水になりやすい。各臓器の機能も低下し、生活習慣病などの疾病にもなりやすい。一方で、高齢者は若い人と違って症状が出にくかったり、非特異的であったりする。加齢による臓器の変化について簡単にみていく。

1 循環器系

加齢とともに心筋拡張能が低下し、末梢血管抵抗は増加する。血管の伸展性は低下して収縮期血圧は上昇し、拡張期血圧が低下する。心房細動などの不整脈が増加する。

2 呼吸器系

肺の弾性収縮力が低下し、胸壁が硬くなり、胸郭コンプライアンスも低下するため、肺活量は低下する。一方、換気できずに残る残気量は増加する。

3 消化器系

唾液の分泌が著しく低下し、味覚異常や食欲不良の原因となる。食道蠕動運動の低下や下部食道括約筋の弛緩による逆流性食道炎が生じやすい。ヘリコバクターピロリ菌に感染した胃では粘膜の萎縮が起こり、胃酸分泌が低下するが、非感染者では胃酸分泌は低下しない。小腸・大腸の消化吸収機能や蠕動運動が低下することから便秘が起こりやすい。

4 内分泌系

成長ホルモン（GH）、エストロゲン、プロゲステロンなどの性ホルモンは減少し、黄体ホルモン（LH）、卵胞刺激ホルモン（FSH）は増加する。コルチゾル、サイロキシン（T_4）は保たれるが、トリヨードサイロニン

（T$_3$）は低下し、甲状腺刺激ホルモン（TSH）は増加する。インスリン感受性やインスリン分泌能が低下し、耐糖能異常、糖尿病が増加する。

5 神経系

　加齢とともに脳萎縮が起こり、認知機能が低下する。神経伝達速度の加齢による変化は10％の低下にとどまる。自律神経の機能低下により、血圧の低下や一過性の不整脈を起こしやすく、高齢者の起立性低血圧、食後低血圧、転倒、入浴事故を起こしやすい原因になっている。

6 腎泌尿器系

　糸球体硬化が進行し、糸球体濾過量や尿濃縮力低下が起こる。膀胱容量の低下、膀胱伸展減少、尿道括約筋の低下などにより排尿障害が起こる。男性では、前立腺肥大が進行し排尿障害をさらに増悪させる。

7 血液・免疫系

　免疫機能が低下し、感染症にかかりやすくなる、原因が特定できず軽度の貧血を呈する高齢者は比較的多い。慢性感染症や慢性炎症、悪性腫瘍などほかに原因があり貧血となる二次性貧血もある。

8 感覚器系

　視力の低下が起こるが、静視力より動体視力が著しく低下する。調節力が低下し、いわゆる老眼になる。水晶体が混濁する白内障が起こる。聴力は低下し、50歳代では3,000Hz以上の高音域に著明な低下が起こる。そのほか、高齢者では味覚障害、嗅覚障害も進行する。

9 骨・運動器系

　骨量の減少は骨粗鬆症、さらには骨折を引き起こす。関節が変化し変形性関節症となる。筋肉量が減少し、活動性の低下とともに転倒のリスクとなる。女性では、閉経後のホルモンの変化に伴い骨量が減少する。

3　老年症候群

1 老年症候群の概要

　老年症候群は高齢者に多くみられ、医療だけでなく介護、看護が必要

な状態や徴候の総称と定義される。医学の教科書では少なくとも50以上の老年症候群が挙げられている。症候群という名称が誤解を生みやすいため、高齢者に特有な病的状態という名称に変わりつつある。老年症候群の特色は、頻度が高いこと、複数の症状を併せもつことが挙げられる。

老年症候群は、特に疾患や外傷などがなくても起きる**生理的老化**に伴う症状（感音難聴、夜間頻尿（ひんにょう）、生活に支障のない物忘れ、坂道での息切れなど）と、疾患や外傷によって症状が起きてくる**病的老化**に伴う症状があり、高齢者ではその両者が重複することがある。

2 老年症候群の時間軸

老年症候群を時間軸で捉えた場合、一つは、高血圧や糖尿病といった疾患ごとに慢性管理の経過中に重症化や臓器障害などに進展する時間軸の考え方、もう一つは、患者の特定の疾患というわけではなく、病態として、救急病態、慢性病態、廃用性病態、終末期病態という臨床の現場においての時間軸の考え方とがある。特に後者では、施設や在宅での長期療養においては廃用症候群★の理解と対策が重要となる。

★**廃用症候群**
p.205 参照。

3 キュアからケアへ

「治す」医療は、原因がはっきりしていて、その原因を取り除く技術が確立されている病気ではきわめて有効である。急性疾患として一つの臓器に一つの障害として現れるのが一般的で、比較的若い人に多い。高齢者では、急性疾患もあるが、それよりも全身の虚弱化を伴う老化という不可逆的な過程で病気が発症し、生活習慣病のような慢性疾患が多いのが特徴である。高齢者では、治療によって完全治癒を求めることが難しい場合、病気と共存しながら生活の質（quality of life：QOL）を落とさないようにすることが重要である。

◇参考文献
・日本老年医学会編『老年医学系統講義テキスト』西村書店，2013.
・日本老年医学会編『改訂版 健康長寿診療ハンドブック――実地医家のための老年医学のエッセンス』メジカルビュー社，2019.
・河野眞編『ライフステージから学ぶ地域包括リハビリテーション 実践マニュアル』羊土社，2018.
・上田礼子『生涯人間発達学 改訂第2版増補版』三輪書店，2012.
・服部祥子『生涯人間発達論――人間への深い理解と愛情を育むために 第2版』医学書院, 2010.
・厚生労働統計協会編『国民衛生の動向 2020/2021』2020.

第3節 ライフステージ別の健康課題

学習のポイント

● 胎生期・乳幼児期・学童期の健康課題について理解する
● 思春期・青年期の健康課題について理解する
● 成人期・高齢者の健康課題について理解する

1 ライフステージ別の現代的課題

　ヒトは胎生期から始まり、出生後に年齢とともに成長し、やがて老いて死に至る。エリクソン（Erikson, E. H.）はライフサイクルを8段階で紹介したが、晩年になって、「老年期といっても、80歳代や90歳代になると、それまでとは異なる新たなニーズが現れ、見直しが迫られ、新たな生活上の困難が訪れる[1]」と書いている。それぞれのライフステージにはそれぞれの課題がある。特に、少子高齢化が進行してきた現代では、以前からある枠組みは依然として残ってはいるものの、自由化・多様化の傾向は強まっている。

Active Learning

エリクソンのライフサイクルについてもう少し調べてみましょう。

2 胎生期・乳幼児期・学童期の健康課題

1 胎生期

　胎生期は、外界から隔離された状態にあるが、それにもかかわらず発達上の問題が生じる。その主たるものとしては、病的遺伝子によるフェニルケトン尿症などの**先天性代謝異常**、ダウン症候群や**クラインフェルター症候群**、ターナー症候群などの**染色体異常**などがある。母体の健康状態や栄養状態による影響もあり、妊娠中の風疹（三日はしか）罹患による難聴、先天性白内障、先天性心疾患などの障害となる**先天性風疹症候群**、抗生物質テトラサイクリンによる歯や骨の発育阻害、同じくストレプトマイシンによる難聴などがある。母親が不安定な情緒では、早産や後期流産、あるいは生まれた子どもが情緒不安定やうつ、ADHD（注意欠如・多動性障害）になることもある。

◼2 乳児期

　乳児期は母親の胎内で守られていた状態からの分離となる時期である。出産前後に起こる課題として、早産、未熟児、分娩異常、仮死、重症黄疸（おうだん）、出生後の脳炎、髄膜炎（ずいまくえん）等の健康課題がある。先天異常に加えてこれらの健康課題で脳に何らかの器質的な障害が残ると、脳性麻痺、精神遅滞（知的障害）、痙攣（けいれん）等が起こる原因となる。

　人間は哺乳動物の一員であるので、乳児の求める温かさと食物は原則的に母親から与えられる。しかしながら、その**母性的療育**が危うくなるものとして**乳児虐待**がある。日本でも1990年代前半から社会的に取り上げられるようになり、乳児を含む**児童虐待**の相談件数はここ20年増加の一途をたどっている（**図1-7**）。

　乳児虐待死亡例の検証では、15年間で心中以外の虐待死が735例（779人）で、そのうち、0歳児の割合は47.9％、なかでも0日児の割合は19.1％であった。さらに、3歳児以下の割合は77.2％を占めていた。加害者の割合は実母が55.1％と最も多く、家庭における地域社会との接触がほとんどない事例は39.1％であった。

　児童虐待の防止等に関する法律（児童虐待防止法）では、**身体的虐待、性的虐待、ネグレクト**、**心理的虐待**の4タイプに分類されている。

★ネグレクト
幼児・児童などに対し、その保護、世話、養育などを怠り、放任する行為のこと。なお、高齢者や障害者でも同様にネグレクトが起こっている。

図1-7　児童相談所における児童虐待相談対応件数

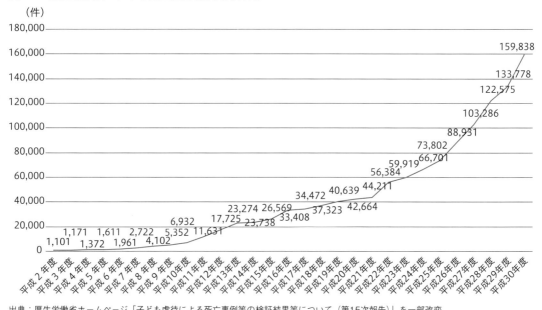

出典：厚生労働省ホームページ「子ども虐待による死亡事例等の検証結果等について（第15次報告）」を一部改変
https://www.mhlw.go.jp/content/11901000/000533886.pdf

3 幼児前期・幼児後期

　幼児前期は、摂食、排泄、衣服の着脱、睡眠などが自立して適切に行えるよう**生活習慣を習得**させていく時期である。しかしながら、最近、幼児の生活習慣がくずれてきている。睡眠では、20年前に比べて明らかに夜寝る時間が遅くなり、朝の目覚めも遅い。排泄訓練の開始時期や完了時期も以前に比べて遅くなっている。親の都合が子どもの生活習慣づくりのくずれを引き起こす要因となっていると思われる。

　虐待は乳児期の課題としても取り上げたが、虐待件数は年々増加傾向にある。幼児は最初から巧みに身辺の自立ができない時期であるにもかかわらず、失敗による後片づけなどで腹立たしさを募らせ、「しつけのため」といってたたいたり、縛ったりといった、虐待に発展してしまう。ネグレクトも近年増加している。

　幼児後期になると日中は家庭を離れ、幼稚園か保育所で過ごす。人間関係と生活空間の広がりのなかで、言葉や運動能力は目覚ましい発達を遂げるとともに社会性も培う。一方で、以前より**子どもの暴力**が問題となることが多くなってきている。幼児らしい喧嘩や争いは日常茶飯事であるが、通常と少し違う、いきなり「キレル」子どもが増加傾向にある。これにはさまざまな要因が考えられ、❶子どもの自発性を抑え込む環境、❷叱られる経験の欠如、❸大人社会の暴力の模倣や学習、が挙げられる。

4 学童期

　日本では、6歳で小学校に入学し、集団生活のなかで義務教育として教育を受け始める。しかしながら、子どもの発達は一様ではなく、なかには未熟な子どもがいる。自分の欲求を生のまま突出させ、充足されないと泣いたり暴れたりする子どもがいるが、そのような子どもが複数存在するとクラス全体の秩序はくずれかねない。その背景には、そこに至るまでの発達上の問題があることが多い。

　学びの困難性として**発達障害**がある。2004（平成16）年に発達障害者支援法が制定され、それまでの法律では障害者とみなされてこなかった、**広汎性発達障害、学習障害、注意欠陥多動性障害**などを発達障害とし、発達障害の定義が確立したことで、障害者に関するさまざまな法制度に発達障害の位置づけが定着してきた。

3 ▶ 思春期・青年期の健康課題

1 思春期

　思春期には第二次性徴に伴い身体が変化していく。エリクソンは性の成熟到来という身体的変化と自我同一性（アイデンティティ）の獲得という心理社会的発達段階を同一時期に定めた。しかし、現代社会において、高学歴化と社会的自立の遅延化が起こっており、二つの時間的乖離（かいり）が著しい。

　現在の思春期の若者にとって、恋愛、結婚、出産や家庭をもつことなどは遠い先の未来のテーマであり、ゴールが遠くて現実味がないため、刹那的（せつなてき）な関係に終わってしまうことになりかねない。性が乾いて不毛化したものになってくると援助交際等の性の商品化という逸脱した行動も起こってくる。

　いじめについては、ある種の「遊び」の要素をもち、「ふざけ」と紛らわしいこともある。深刻ないじめは、どの学校にも、どのクラスにも、どの子どもにも起こり得る、とされている。最近では、携帯電話を利用した、新しいタイプの「いじめ」が大人の目につきにくい場所や形で行われるようになっている。

Active Learning

小中学生におけるいじめの加害および被害の経験ではどちらが多いか調べてみましょう。

2 青年期

　青年期の課題として、不登校、ひきこもり、ニートといった学校や社会に参加していない、あるいは、できない人が増えていることが課題として捉えられている。これらは、個人の精神病理として切って捨てるだけでは何の解決にもならず、現代的課題として向きあっていくことが大切なテーマとなっている。

4 ▶ 成人期・高齢者の健康課題

1 成人前期〜中期

　いわゆる"ひきこもり"状態の人が年々増加している。年齢は20代後半だけでなく、30代、40代になっても何年も継続してひきこもっている人もいる。社会的ひきこもりと不登校の関連を取り上げた研究者によると、3割から時には6割が不登校の経験をもっていると報告して

いる。

　成人中期以降では、高血圧症、糖尿病、脂質異常症、メタボリックシンドロームなどの生活習慣病、各種の悪性腫瘍などが多くなってくる。

2 前期高齢者・後期高齢者

　高齢者では、各種臓器の機能低下が進行し、複数の疾患を抱えるようになってくる。若年者と違い高齢者では、症状が出にくかったり、症状が典型的でなかったりする。前期高齢者は、外見や検査などから老化の徴候が明らかになり、骨粗鬆症や動脈硬化性疾患などの老年疾患を有する割合も増加する。しかし、現在の前期高齢者は概して元気で活動的であり、重篤な疾患がなければ日常生活機能は保たれている。前期高齢者は中年者の延長線上に位置し、後期高齢者への切り替えの時期にいると考えられる。後期高齢者では、認知症、転倒、失禁、誤嚥などの老年症候群が増加し、かつ多く合併するようになる。疾患や症状が増えてくると少しずつ薬が増え、ポリファーマシーになりやすい。

5 死因

1 死因別死亡

　主な死因の年次推移（図1-8）では、悪性新生物（がん）は一貫して増加しており、1981（昭和56）年以降死因第1位となっている。2019（令和元）年の全死亡者に占める割合は27.3%であった。死因第2位は心疾患で、第3位は2016（平成28）年までは肺炎、2017（平成29）年は脳血管疾患、2018（平成30）年、2019（令和元）年は老衰となった。超高齢社会となり、近年、肺炎や老衰が増加傾向にある。

2 各年代別の死因

　主な死因の構成割合は、年齢・性によって相当異なる。男女ともに5～9歳では悪性新生物、不慮の事故、10～14歳では悪性新生物、自殺が多い。男性は45歳以降では悪性新生物、心疾患が、女性は25～54歳では悪性新生物、自殺が多くなっている。年齢が上がるにつれ悪性新生物の占める割合が高くなるが、男性では65～69歳、女性では55～59歳でピークとなる。高齢者では、老衰、肺炎、心疾患の割合が高くなり、なかでも80歳以降で老衰の割合の増加は顕著となっている。

★動脈硬化
動脈の血管が硬くなり、また、内腔にプラークがついたり血栓が生じたりして血管が詰まりやすくなる状態。加齢、糖尿病、高血圧、脂質異常、喫煙などさまざまな危険因子が関係している。なかでも、アテローム動脈硬化は、血管の内壁にコレステロールが蓄積した状態（粥状変化）で虚血性心疾患の原因となる。

★ポリファーマシー
多剤服用のこと。高齢者になると複数の疾患や、症状に対する対症療法などにより多剤併用になりやすい。何剤から多剤とするかは厳密な定義はないが、6種類を超えると薬物有害事象が起こる頻度が高くなる。

図1-8　主な死因別にみた死亡率（人口10万対）の年次推移

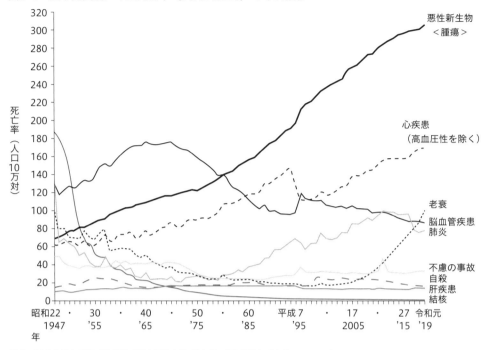

注1：平成6年までの「心疾患（高血圧性を除く）」は、「心疾患」である。
　2：平成6・7年の「心疾患（高血圧性を除く）」の低下は、死亡診断書（死体検案書）（平成7年1月施行）において「死亡の原因欄には、疾患の終末期の状態としての心不全、呼吸不全等は書かないでください」という注意書きの施行前からの周知の影響によるものと考えられる。
　3：平成7年の「脳血管疾患」の上昇の主な要因は、ICD-10（平成7年1月適用）による原死因選択ルールの明確化によるものと考えられる。
　4：平成29年の「肺炎」の低下の主な要因は、ICD-10（2013年版）（平成29年1月適用）による原死因選択ルールの明確化によるものと考えられる。
出典：厚生労働省「令和元年（2019）人口動態統計月報年計（概数）の概況」

◇引用文献
　1）E. H. エリクソン・J. M. エリクソン，村瀬孝雄・近藤邦夫訳『ライフサイクル，その完結 増補版』みすず書房，p.151，2001.

◇参考文献
・内山聖監，原寿郎・高橋孝雄・細井創編『標準小児科学 第8版』医学書院，2013.
・E. H. エリクソン・J. M. エリクソン，村瀬孝雄・近藤邦夫訳『ライフサイクル，その完結 増補版』みすず書房，2001.
・上田礼子『生涯人間発達学 改訂第2版増補版』三輪書店，2012.
・服部祥子『生涯人間発達論——人間への深い理解と愛情を育むために 第2版』医学書院，2010.
・厚生労働省ホームページ「子ども虐待による死亡事例等の検証結果等について（第15次報告）」
　https://www.mhlw.go.jp/stf/houdou/0000190801_00001.html.
・国立教育政策研究所ホームページ「生徒指導支援資料6『いじめに取り組む』」
　https://www.nier.go.jp/shido/centerhp/2806sien/index.htm
　「いじめ追跡調査2013-2015」
　https://www.nier.go.jp/shido/centerhp/2806sien/tsuiseki2013-2015_3.pdf
・日本老年医学会編『老年医学系統講義テキスト』西村書店，2013.
・日本老年医学会編『改訂版 健康長寿診療ハンドブック——実地医家のための老年医学のエッセンス』メジカルビュー社，2019.
・河野眞編『ライフステージから学ぶ地域包括リハビリテーション 実践マニュアル』羊土社，2018.
・厚生労働省「令和元年（2019）人口動態統計月報年計（概数）の概況」

第2章

健康および疾病の
捉え方

　健康と疾病、障害の概念は、生物学的・医学的要因のみ
ならず、個々人の生活状況や価値観、環境要因としての社会
や文化、歴史など、多様な要因から構成され、それらが複合
的に影響しあう、きわめて複雑な構造をもつ。そのために、
健康と疾病、障害を明確に区別することは容易ではない。

　しかしながら、保健医療福祉の臨床・実践の現場におい
て実用的で有効な支援を行うためには、定義や判断基準な
どが必要とされ、さまざまな概念、定義、基準あるいは分
類などが提示されてきた。

　本章では社会福祉における対人支援において必要な健康
と疾病、障害の概念などについて、世界保健機関（WHO）
の健康の概念と国際生活機能分類（ICF）を中心に、社会
学的視点での研究成果も取り入れ、解説する。

学習のポイント

● 世界保健機関（WHO）の健康の定義を理解する
● 一般人が感じる病や病気と医療者が判断する疾病の差異を理解する
● 健康寿命の概念を学ぶ

1 健康の定義

　心身の状態の認識としての健康と不健康について、生物学や医学のみならず、文化人類学、医療社会学などの視点から、あるいは政策上の必要性から、さまざまな概念や見解が提示されてきた。

　1948 年に発効した世界保健機関（WHO）憲章は、その前文で健康について、Health is a state of complete physical, mental and social well-being and not merely the absence of disease or infirmity.「健康とは、肉体的、精神的および社会的に完全によい状態にあることであり、たんに疾病または虚弱でないということではない」と定義している。

　この定義に対して"完全によい状態"という想定は非現実的である、個人と社会の健康を区別したほうがよい、などの批判があり、このほかにもさまざまな代案が WHO などでも検討されてきたが、この定義が現在でも広く用いられている。

2 病と病気、および疾病

1 病と病気

　人が心身に不調を感じた際に、自分は"病、あるいは病気（illness）"だと判断する。その後、休養や市販薬の服用などの**自己療法**（self-care）、家族や友人などの自分の周りの人に相談、宗教施設等での祈り、あるいは何もしない、などさまざまな対処行動を選択することが知られている。病気の認識とその後の対処は、自身の身体心理状況への感受性

Active Learning

自分が病と感じた場合の、病への認識と、医療以外の対処法について考えてみましょう。

の違いなどの個人の特性に加えて社会や文化、歴史の影響を受けやすい。

2 疾病

　医療機関の受診は病気への対処行動における選択肢の一つで、専門家である医師による医学的診断[★]を受ける契機となる。医学的診断により何らかの医学的異常状態と判断された結果を疾病（disease）と表現し、それ以外の、心身の不調を感じている本人や周りの人からの評価や判断としての病や病気と区別される。

　予防医学の進歩により、脂質異常や、軽度の血圧上昇などのように、人が心身の不調を感じない、あるいは軽微であるにもかかわらず、将来の疾患発生の危険が確率論的に高いことにより、医療者から医療の対象と判断されることがある。

★医学的診断
医学的診断とは、医師法により資格と権限が定められた医師が、問診、身体診察、臨床検査などをもとに患者の病的状態を把握し、判断すること。それにより、治療が選択される。

3 病者と医療者の認識の差異

　アメリカの社会精神医学者アイゼンバーグ（Eisenberg, L.）が「患者は病気（illness）を苦しみ、医師は疾病（disease）を扱う」と指摘したように、病者と医療者では病の認識が異なる。そのことを理解することは、病者中心の支援を行ううえで重要である。さらに、支援対象者のこれまでの人生や生活の状況および家族関係などの理解、現状認識や問題解決の方向性の共有、現実に沿った方法で解決策を提案する、などの配慮が必要である。

3　疾病、傷害及び死因の統計分類

　疾病及び関連保健問題の国際統計分類（International Statistical Classification of Diseases and Related Health Problems：ICD）とは、世界保健機関憲章に基づき WHO が作成した分類で、死亡や疾病のデータの体系的な記録を行うことを目的としている。最新の分類は ICD の第 10 回改訂版であり、ICD-10 と呼ばれている[i]。我が国では統計法による統計調査や、医療機関における診療録の管理等に活用されている。

---

i　厚生労働省ホームページ「疾病、傷害及び死因の統計分類」参照
　　https://www.mhlw.go.jp/toukei/sippei/

　健康寿命とは、人の寿命のなかで健康上の問題で日常生活が制限されることなく生活できる期間を表す、集団を対象とした指標である。算出対象集団の各個人の生存期間を「健康な期間」と「不健康な期間」に分け、前者の平均値で表す。

　算出のために「健康」と「不健康」を定義し、測定する必要がある。そのためのいくつかの方法がある。国内では、国民生活基礎調査に含まれる健康状態に関する質問により算出される不健康割合を用いる方法や、介護保険データを用いて要介護 2 以上を「不健康」として算出する方法などが用いられている。WHO は、各個人の生存期間の質を健康状態に応じて重みづけ（調整）し、これをもとに算出した健康度調整平均寿命（health-adjusted life expectancy：HALE）を公表し、国際比較を行っている。

◇**参考文献**
・医療人類学研究会編『文化現象としての医療──「医と時代」を読み解くキーワード集』メディカ出版，1992.
・Eisenberg, L., 'Disease and illness : Distinctions between professional and popular ideas of sickness', *Culture, Medicine and Psychiatry*, 1(1), pp.9-23, 1977.
・Weston, W. W. & Brown, J. B., 'Overview of the patient-centered clinical method', Stewart, M., Brown, J. B., Weston, W. W., McWhinney, I. R., McWilliam, C. L., Freeman, T. R., eds., *Patient-centered medicine Transforming the clinical method*, SAGE Publications, pp.21-30, 1995.

第2節 国際生活機能分類（ICF）

学習のポイント
● 障害の構造的な把握を理解する
● 国際生活機能分類（ICF）の概要を理解する
● 環境が生活機能に与える影響を理解する

1 障害を構造的に捉える意義

　一言で障害と表現しても受けとめる人、もちろんその障害がある人によっても意味するものが違う。たとえば、「障害を克服して社会復帰した」で表される障害とは何か、その解釈には幅がある。そこで、複雑かつ多様性のある障害なるものを構造的に捉える必要が出てくる。ソーシャルワーカーとして障害に向きあうときは、特に心身の機能の問題と認識されがちな障害を、それがあるために社会的な問題が発生しないようにすることが重要となる。障害のある人にとっても、そのための生きづらさが自分自身の原因ではなく、環境が整っていないためであると気づくことができれば、自身の新たなアイデンティティの確立にもつながっていく。障害を一定の枠組みで分類する意義がここにある。

2 国際障害分類（ICIDH）と国際生活機能分類（ICF）

　障害に関する国際的な分類の出発点は、世界保健機関（WHO）が1980 年 に 発 表 し た 国 際 障 害 分 類（ICIDH：International Classification of Impairments, Disabilities and Handicaps）に見出すことができる。国際疾病分類（ICD）を拡張することを目的として提案された ICIDH は、心理的、生理的、解剖学的な構造または機能の欠損などを機能障害（impairment）、人間として正常と見なされる方法や範囲で活動していく能力の制限を能力障害（disability）、その個人の不利益で、正常な役割を果たすことの制限を社会的不利（handicap）としてそれぞれ捉えることで、障害には三つの次元があ

ることを明示した。特に、障害には、社会的不利となる側面があることの提示も重要な見方であった。

　ただし、身体機能の障害があるために、能力障害が生まれ、それが社会的不利を引き起こすという疾病の結果（帰結）を分類すること、すなわち一方通行の単一的な因果関係モデルになりがちであった。

　そこで、WHO は 2001 年に ICIDH の改定版として、**国際生活機能分類**（ICF：International Classification of Functioning, Disability and Health）を採択した。ICF では、すべての健康状態を出発点にするとともに三つの次元にも中立的な表現が採用され、機能障害は心身機能・身体構造へ、能力障害は活動へ、社会的不利は参加へとそれぞれ改められた。それぞれの次元は相互に作用しあうとともに、新たに導入された環境因子によって、社会的・環境的側面を補強し、障害は人間と環境との相互作用によって発生することをいっそう明確にしたといえる。

3 ▶ ICF の基本的な枠組み

1 ICF の目的と構造

　ICF の目的は「健康状況」と「健康関連状況」、すなわち人の健康のすべての側面と well-being（良好な状態）のうち健康に関連する構成要素を記述することにある。そのために、統一的かつ標準的な言語と概念的枠組みを提供している。特に、日本では具体的な分類や評価のためのスケールとしてよりも、概念モデルとして活用されることが多いといわれる。一方、ICF は健康とは関係のない状況については取り扱わない。たとえば、人種や性別（ジェンダー）などを取り巻く社会的な特徴のために、その環境において参加をするうえでいろいろな制約を受けることがあるが、これらについては、ICF で分類される参加の制約にはならないと考えられる。

　図 2-1 に示すように、ICF は、人間の生活機能と障害について、前述のとおり「心身機能・身体構造」「活動」「参加」の三つの次元と「環境因子」「個人因子」など、そこに影響を及ぼす背景となる因子で構成されている。そして、人間の生活機能と障害をアルファベットと数字を組み合わせて約 1500 項目に分類している。ICF には健康の構成要素の定義（説明文）とよりよい状態（well-being）の構成要素のうちで健

★活動
課題や行為の個人による遂行のこと。

★参加
生活・人生場面への関わりのこと。

★環境因子
人々が生活し、人生を送っている物的な環境や社会的環境、人々の社会的な態度による環境を構成する因子のこと。

図2-1　国際生活機能分類（ICF）の構成要素間の相互作用

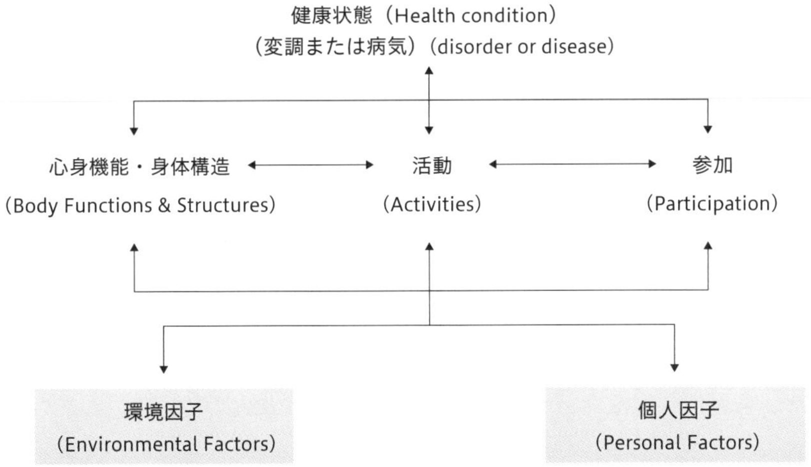

健康状態（Health condition）
（変調または病気）（disorder or disease）

心身機能・身体構造　　　　　　　活動　　　　　　　　　参加
(Body Functions & Structures)　　(Activities)　　　　(Participation)

環境因子　　　　　　　　　　　　　個人因子
(Environmental Factors)　　　　　(Personal Factors)

出典：世界保健機関（WHO），障害者福祉研究会編『ICF 国際生活機能分類──国際障害分類改定版』
中央法規出版，p.17，2002. を一部改変

康に関連したもの（たとえば、教育や労働）の定義が示されている。

　「心身機能・身体構造」「活動」「参加」の三つの次元のうち活動と参加の領域は、領域ごとに活動と参加を区別することが困難（たとえば、調理といっ活動と、家庭で調理の役割を担うことの区別は難しい）なため、単一のリストで示されている。そのうえで個人が活動を行うときに生じる難しさのことを活動制限（activity limitations）といい、個人が何らかの生活・人生場面に関わるときに経験する難しさのことを参加制約（participation restrictions）としている。

2 ICF の特徴

❶環境因子と個人因子

　前述のとおり、障害の概念において、マイナス面を分類する ICIDH と違い、ICFは生活機能というプラス面からの視点に転換するとともに、環境因子等の観点を加えたことが大きな特徴である。そして、ICF はすべての人々の健康状態を出発点にするとともに、あらゆる健康状態に関連した健康状況や健康関連状況を説明できる、まさに、ユニバーサルな考え方に基づいている。

　そのうえで、生活機能に影響を与える環境因子と個人因子を背景因子（contextual factors)として位置づけていることが大きな特徴である。

　環境因子は、「心身機能・身体構造」「活動」「参加」の各要素と相互作用する。環境因子には、それが関係する「活動」や「参加」を可能にする「促進因子」（facilitator）と、逆にそれらを難しくする「阻害因子」

（barrier）の側面がある。

　同じ障害のある人についても、ある環境はその状況によって、促進因子になったり、逆に阻害因子になったりする。たとえば、点字誘導ブロックが敷設されていない歩道において車道を横切るところで、段差をなくすために、縁石をカットしている場合がある。これは車いす利用者にとっては移動の促進因子であるが、全盲の視覚障害者にとっては道路との境目を認識しにくいので移動の阻害因子になり得る。

　個人因子とは、個人の人生や生活の特別な背景であり、健康状態や健康状況以外のその人の特徴である。たとえば、性別、年齢、習慣、生育歴、教育歴、職業などが含まれ、これらはどの次元の障害に対しても影響を与える。しかしながら、個人因子は社会状況による違いが大きく、また、個別性が高い要素であることから分類としては扱われていない。

❷医学モデルと社会モデルの統合

　障害と生活機能の理解にあたっては、さまざまな概念モデルが示されてきたが、その代表が「医学モデル」と「社会モデル」である。医学モデルでは、障害を病気やけがなどの健康状態から直接的に生じる人間個人の問題として捉える。障害への対処は、治癒あるいは個人のよりよい適応と行動変容を目標になされる。

　一方、社会モデルでは、障害は主に社会によってつくられた問題とみなし、障害のある人のあらゆる社会生活の分野への完全参加に必要な環境の変更・調整を社会全体の共同責任とする考え方である。二つのモデルは、対立する概念として用いられてきたが、ICF はこれら二つのモデルを統合する考え方である。そのために、生活機能を「生物・心理・社会的」アプローチに基づいて説明する枠組みをもっている。

4　ICF の活用

1　多様な活用範囲

　ICF は障害のある人自身はもとより、保健医療福祉の専門職者、研究者、政策立案者、一般市民など、幅広い立場における、健康状況と健康関連状況についての共通言語として活用できる。共通言語ゆえに、国の違い、分野、各種サービスあるいは時期を超えたデータを比較することも可能である。障害者に向けたサービスを提供するさまざまな施設や機関などで行われるサービスの計画や評価、記録などにも活用すること

ができる。

すなわち、社会保障、労働、教育、経済、社会政策、立法、環境整備のような多様な領域でも用いることができる。

ICFの活用を車いす利用者Aさんの「簡単な食事の調理」を例に考えてみよう。その際には、「能力（capacity）」と「実行状況（performance）」という二つの観点から評価することになる。この場合の「能力」の評価とは、簡単な食事の調理を遂行する個人の能力を表すものであり、ある時点で達成することができる最高の生活機能レベルを示している。もし、その能力が最高の生活機能レベルに達していれば、Aさんは、自宅で、時間をかけながらマイペースで簡単な食事の調理はできるだろう。

ところが、Aさんが、自宅近くの公民館での簡単な食事づくりのサークル活動に参加したいと思っていても、たとえば、公民館の調理実習室が構造的に利用できない、サークルメンバーの障害に対する理解が足りないといった理由でその活動に参加できないと、「実行状況」としては制約があることになってしまう。「実行状況」は、Aさんの実際の生活背景における「生活・人生場面への関わり」あるいは「生活経験」として評価されるからである。この問題の背景には、物的・社会的・態度的側面すべてが含まれていることがわかり、ICFによって、その課題を明示することで、Aさんが公民館での食事づくりサークルに参加し、近隣住民とともに生き生きと活動することを実現するための課題を的確に俯瞰することができるのである。

2 ICFのコーディング

ICFは健康領域と健康関連領域における各種のカテゴリーを単位として分類する。その際に、ICFは人間を分類するのではなく、その人の状況を整理して記述するものであることに留意したい。そして、常に環境因子や個人因子と関連づけられることになる。

各構成要素はさまざまな領域からなり、それぞれの領域はカテゴリーに分かれ、それらが分類の単位となる。カテゴリーの最初の文字はそれぞれ、心身機能はb、身体構造はs、活動・参加はd、環境因子はeと表す。カテゴリーコードで表されたものは、そこに評価点（qualifiers）をつけてそのカテゴリーにおける生活機能や障害の程度や大きさを示す。そして、そのカテゴリーに環境因子が促進因子または阻害因子として作用する程度も併せて明示することができる。前述の「簡単な食事の

Active Learning

ICFのコーディングの例を参考に、ほかの例も考えてみましょう。

調理」を例にコード化と評価点をみてみる。

❶【例1】活動としての「簡単な食事の調理」

　コードは d6300、さらに「簡単な食事の調理」の困難さの評価を0
～4の5段階で表すと、

　　d6300.0　簡単な食事の調理に困難なし

　　d6300.1　簡単な食事の調理に軽度の困難あり

　　d6300.2　簡単な食事の調理に中等度の困難あり

　　d6300.3　簡単な食事の調理に重度の困難あり

　　d6300.4　簡単な食事の調理に完全な困難あり

と表すことができる。

❷【例2】公民館での簡単な食事づくりのサークル活動に参加する
　うえでの環境因子　「公共の建物内の設備の利用を容易にする設
　計・建設用の生産品と用具」

　コードは e1501、環境因子の評価点は、阻害因子が5段階、促進因
子が5段階でそれぞれ表される。促進因子はコード化のときには「＋」
をつける。

　e1501.4　完全な阻害因子（調理室に入るのに段差があったり、調理
台に車いすでは近づけなかったりなど）

　e1501＋4　完全な促進因子（調理室が完全バリアフリーであるとと
もに車いす対応型の調理台が用意されているなど）

と表すことができる。

3 ICF の展望

　2018 年に WHO が公表した国際疾病分類第 11 回改訂版（ICD-11）
には、ICF に基づく生活機能評価に関する項目が新設された。ICF が
ICD における体系的な生活機能評価に影響を与えたといえ、さまざま
な支援の対象者の生活機能の体系的な評価が進んでいくことが期待され
る。

◇参考文献
・佐藤久夫『障害構造論入門──ハンディキャップ克服のために（障害者問題双書）』青木書店,
　1992.
・世界保健機関（WHO），障害者福祉研究会編『ICF 国際生活機能分類──国際障害分類改定版』
　中央法規出版, 2002.
・日本社会福祉学会事典編集委員会編『社会福祉学事典』丸善出版, 2014.
・厚生労働省ホームページ「第18回社会保障審議会統計分科会生活機能分類専門委員会」資料
　https://www.mhlw.go.jp/stf/shingi 2 /0000199950_00001.html

第3章

身体構造と心身機能

　ヒトの体は約37兆個もの細胞の複雑な集合体である。細胞、組織、臓器、器官などの解剖学的階層構造を構成し、それぞれが多様な機能をもち、神経伝達やホルモンなどの活性物質などにより情報を交換し、影響を及ぼしあって生命活動を営んでいる。

　これらの概要を理解するために、本章では、人体の体表区分や各部位の名称を学び、次に、人体を構成する器官系と、それらを構成する臓器等の名称を学ぶ。

　さらに人体における各器官系の役割と、それらを構成する臓器等の機能を学ぶことにより人体の構造と機能の全体像を理解することを目的とする。

第1節　人体部位の名称

学習のポイント

● 人体の体表における区分や各部位の名称を学ぶ

● 人体を構成する器官系と、各器官系を構成する臓器等の名称を学ぶ

1　体表で区分される人体の名称

　体表で区分される主な人体の名称を**図3-1**に示す。人体は頭、頸、体幹、体肢（四肢）に大別される。体幹は前面の胸、腹、後面の背、腰、殿部に区分される。上肢は、上肢の付け根を肩、肩から肘までを上腕、肘から手首までを前腕、手首から指先までを手と区分される。下肢は、股関節から膝までを大腿、膝から足首までを下腿、足首から指先までを足と区分される。

図3-1　人体の体表区分と各部位の名称

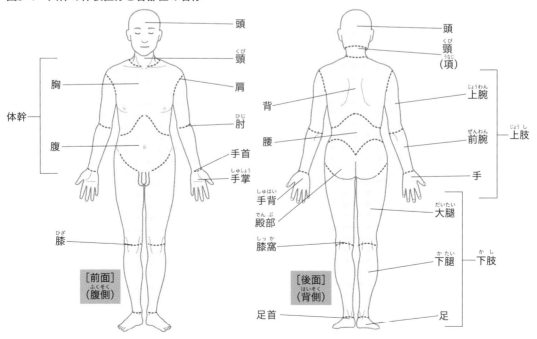

2 人体を構成する器官系と臓器等の名称

人体においても、細胞が集まって組織をつくり、組織が集まって器官（organ）（臓器★）をつくる。さらに、協働して機能する器官の集まりを器官系という。さまざまな器官系が人体を構成し、個体をなす。器官系には骨格系、筋系、循環器系、消化器系、呼吸器系、泌尿器系、生殖器系、内分泌系、神経系、感覚器系がある。

★臓器
器官系を構成する胸腹部の内臓を臓器という。心臓、肺、胃など。

1 骨格系

骨格系は身体の骨組みとなって人体を形成し、筋系により関節において動くことができる。人体は約200個の骨からなる。主な骨を図3-2に示す。骨の表面部はきわめて硬く緻密な緻密質からなる。骨の内部にはスポンジ状の海綿質あるいは髄腔があり、骨髄★を入れる。骨の表面は丈夫な骨膜に覆われる。関節内部の骨表面は軟骨に覆われる。

★骨髄
骨髄には、造血組織を含む赤色骨髄と、脂肪が主な黄色骨髄がある。

図3-2　全身の主な骨の名称

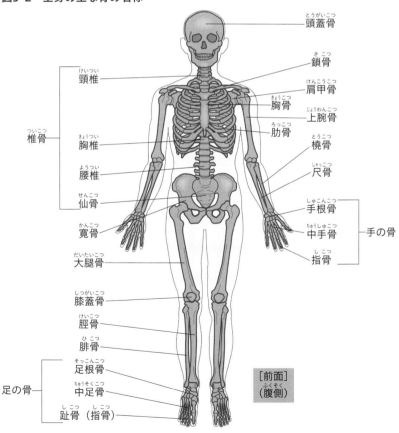

とうがいこつ 頭蓋骨	
さこつ 鎖骨	
けいつい 頸椎	けんこうこつ 肩甲骨
きょうこつ 胸骨	
じょうわんこつ 上腕骨	
ついこつ 椎骨	ろっこつ 肋骨
きょうつい 胸椎	とうこつ 橈骨
ようつい 腰椎	しゃっこつ 尺骨
せんこつ 仙骨	しゅこんこつ 手根骨
かんこつ 寛骨	ちゅうしゅこつ 中手骨
だいたいこつ 大腿骨	しこつ 指骨

手の骨

膝蓋骨 しつがいこつ
脛骨 けいこつ
腓骨 ひこつ
足根骨 そっこんこつ
中足骨 ちゅうそくこつ
趾骨（指骨） しこつ しこつ

足の骨

［前面］
（腹側）ふくそく

2 筋系

筋組織には**骨格筋**、**心筋**、**平滑筋**の３種類がある。

骨格筋は、腱を介して骨に付着し、意識的に筋を収縮して身体（骨や皮膚）を動かす随意筋である。主な骨格筋を**図3-3**に示す。**心筋**は心臓壁をつくる。心筋は不随意筋であり、刺激伝導系および自律神経系により調節される。**平滑筋**は、心臓以外の臓器（消化管、気管、膀胱、子宮など）の筋層や、血管壁、立毛筋、瞳孔などを構成する。平滑筋も自律神経系に調節される不随意筋である。

3 循環器系

全身の主な動脈を**図3-4**に示す。循環器系は、血液を全身に送る**心臓**、血液を流す血管、リンパ（液）を流すリンパ系からなる。血管には、心臓から全身に血液を運ぶ**動脈**、動脈と静脈を結ぶ**毛細血管**、心臓に戻る血液を運ぶ**静脈**がある。毛細血管は非常に細く、血液と細胞との間で物質を交換する場である。血液は「心臓（心室）→動脈→毛細血管→静脈→心臓（心房）」と流れる。**リンパ（液）**は血管外に出た血液成分などでできており、リンパ管を通って静脈に注ぐ。

心臓は胸骨の後ろに位置し、左右の肺の間（縦隔）に位置する。大き

図3-3　全身の主な骨格筋の名称

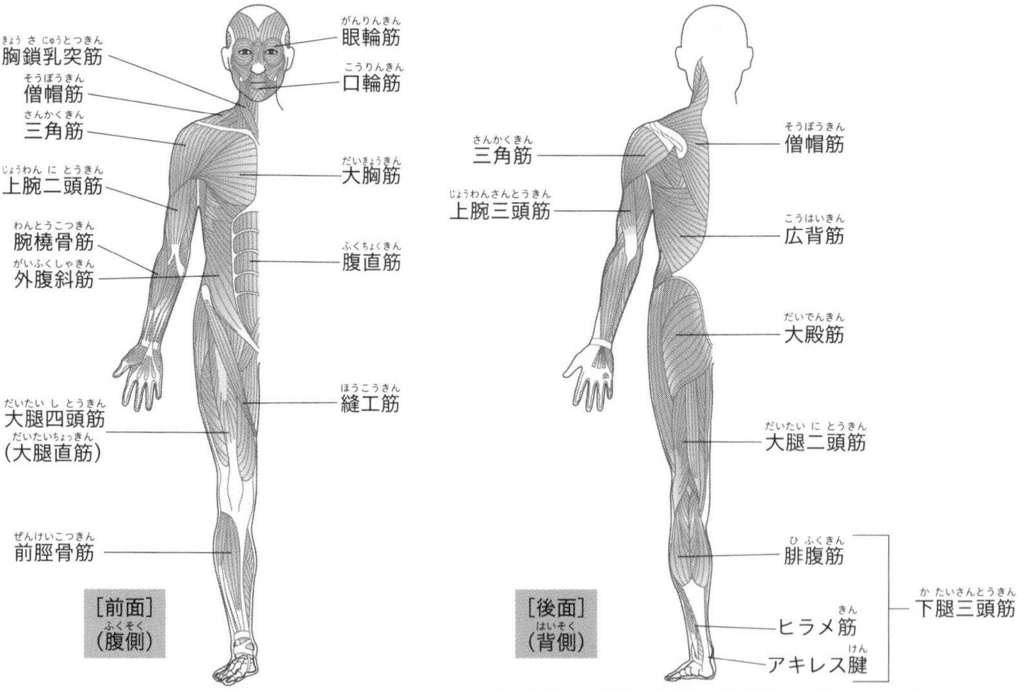

胸鎖乳突筋（きょうさにゅうとつきん）
僧帽筋（そうぼうきん）
三角筋（さんかくきん）
上腕二頭筋（じょうわんにとうきん）
腕橈骨筋（わんとうこつきん）
外腹斜筋（がいふくしゃきん）
大腿四頭筋（だいたいしとうきん）（大腿直筋）（だいたいちょっきん）
前脛骨筋（ぜんけいこつきん）

眼輪筋（がんりんきん）
口輪筋（こうりんきん）
大胸筋（だいきょうきん）
腹直筋（ふくちょくきん）
縫工筋（ほうこうきん）

[前面]（ぜんめん）（腹側）（ふくそく）

三角筋（さんかくきん）
上腕三頭筋（じょうわんさんとうきん）

僧帽筋（そうぼうきん）
広背筋（こうはいきん）
大殿筋（だいでんきん）
大腿二頭筋（だいたいにとうきん）
腓腹筋（ひふくきん）
ヒラメ筋（きん）
アキレス腱（けん）
下腿三頭筋（かたいさんとうきん）

[後面]（こうめん）（背側）（はいそく）

※下腿三頭筋は、腓腹筋の外側頭、腓腹筋の内側頭、ヒラメ筋よりなる。
　アキレス腱は下腿三頭筋の停止腱である。

図3-4　全身の主な動脈

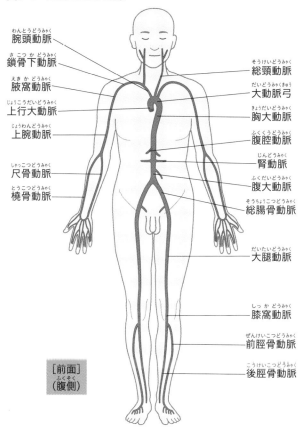

腕頭動脈（わんとうどうみゃく）
鎖骨下動脈（さこつかどうみゃく）
腋窩動脈（えきかどうみゃく）
上行大動脈（じょうこうだいどうみゃく）
上腕動脈（じょうわんどうみゃく）
尺骨動脈（しゃっこつどうみゃく）
橈骨動脈（とうこつどうみゃく）

総頸動脈（そうけいどうみゃく）
大動脈弓（だいどうみゃくきゅう）
胸大動脈（きょうだいどうみゃく）
腹腔動脈（ふくくうどうみゃく）
腎動脈（じんどうみゃく）
腹大動脈（ふくだいどうみゃく）
総腸骨動脈（そうちょうこつどうみゃく）

大腿動脈（だいたいどうみゃく）

膝窩動脈（しっかどうみゃく）
前脛骨動脈（ぜんけいこつどうみゃく）
後脛骨動脈（こうけいこつどうみゃく）

［前面］
（腹側）（ふくそく）

図3-5　心臓の構造と血液の流れ

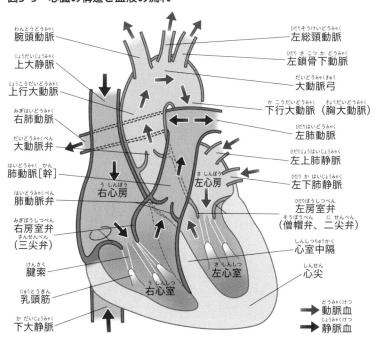

腕頭動脈（わんとうどうみゃく）
上大静脈（じょうだいじょうみゃく）
上行大動脈（じょうこうだいどうみゃく）
右肺動脈（みぎはいどうみゃく）
大動脈弁（だいどうみゃくべん）
肺動脈［幹］（はいどうみゃく　かん）
肺動脈弁（はいどうみゃくべん）
右房室弁（みぎぼうしつべん）
（三尖弁）（さんせんべん）
腱索（けんさく）
乳頭筋（にゅうとうきん）
下大静脈（か　だいじょうみゃく）

右心房（うしんぼう）
右心室（うしんしつ）

左総頸動脈（ひだりそうけいどうみゃく）
左鎖骨下動脈（ひだりさこつかどうみゃく）
大動脈弓（だいどうみゃくきゅう）
下行大動脈（胸大動脈）（かこうだいどうみゃく　きょうだいどうみゃく）
左肺動脈（ひだりはいどうみゃく）
左上肺静脈（ひだりじょうはいじょうみゃく）
左下肺静脈（ひだりかはいじょうみゃく）
左房室弁（ひだりぼうしつべん）
（僧帽弁、二尖弁）（そうぼうべん　にせんべん）
心室中隔（しんしつちゅうかく）
心尖（しんせん）

左心房（さしんぼう）
左心室（さしんしつ）

➡ 動脈血（どうみゃくけつ）
➡ 静脈血（じょうみゃくけつ）

さは握り拳の 1 ～ 2 倍ほどで、重さは 200 ～ 300g ほどである。心臓の構造と血液の流れを**図3-5**（p.35）に示す。心臓には四つの部屋（2心房と2心室）があり、四つの弁によって血液は一方向に送られる。心臓における動脈血および静脈血の流れは以下のとおりである。

Active Learning

動脈血と静脈血の性質の違いを調べましょう。

・動脈血：（肺）→**右・左肺静脈**→**左心房**→**左房室弁（僧帽弁）**→**左心室**→**大動脈弁**→**上行大動脈**→（全身）
・静脈血：（全身）→**上・下大静脈**→**右心房**→**右房室弁（三尖弁）**→**右心室**→**肺動脈弁**→**肺動脈［幹］**→**右・左肺動脈**→（肺）

心臓への酸素や栄養などは**右冠状動脈**と**左冠状動脈**が供給する。心臓は**刺激伝導系**によって規則正しく拍動し、全身の血液を循環させる。

■4 消化器系（図3-6）

消化器系は、口腔から肛門までの消化管と、消化液を分泌する肝臓や膵臓などの消化腺からなる。摂食した飲食物は、**口腔**→**咽頭**→**食道**→**胃**→**小腸**（**十二指腸**→**空腸**→**回腸**）→**大腸**（**盲腸**→**上行結腸**→**横行結腸**→**下行結腸**→**S状結腸**→**直腸**）→**肛門**、と通過する。消化腺には唾液腺（耳下腺、顎下腺、舌下腺）、肝臓、膵臓等がある。

口腔には歯や舌があり、咀嚼に関与する。成人の永久歯はすべて生えそろうと 32 本（切歯 8 本、犬歯 4 本、小臼歯 8 本、大臼歯 12 本）である。小児の乳歯はすべて生えそろうと 20 本（乳切歯 8 本、乳犬歯 4本、乳臼歯 8 本）である。口腔には**大唾液腺**（耳下腺、顎下腺、舌下腺）や小唾液腺から唾液が分泌される。

嚥下された食べ物は、**咽頭**を通過し、食道に向かう。咽頭は、食べ物と呼吸による空気との両方が通過する交差点である。

食道は長さ約 25cm で、気管の後ろを下行し、**横隔膜**を貫通して胃につながる。

胃は左上腹部に位置する。袋状であり、食べ物を一時的にため、消化する。胃の食道側を**噴門**、十二指腸側を**幽門**という。

小腸は口側から十二指腸、空腸、回腸と区分される。十二指腸は長さ約 25cm で、C字状をなし、膵臓（の膵頭）を囲むように走行する。十二指腸の内腔には**総胆管**と膵管が開口している（**図3-6**）。空腸と回腸は合わせて数 m ほどで、両者の境界は不明瞭であるが、口側（十二指腸側）の約 5 分の 2 が空腸、肛門側（大腸側）の約 5 分の 3 が回腸である。小腸の内壁には輪状ヒダや腸絨毛が発達している。

大腸は長さ約 1.5m で、盲腸、結腸、直腸と区分され、さらに結腸は

★唾液腺
唾液腺には、大唾液腺と小唾液腺がある。

★膵管
膵管には、主膵管と副膵管がある。

図3-6 消化器の構造

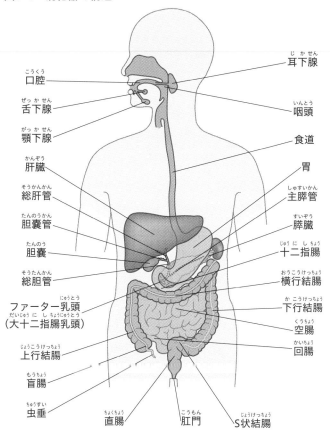

口腔（こうくう）
舌下腺（ぜっかせん）
顎下腺（がっかせん）
肝臓（かんぞう）
総肝管（そうかんかん）
胆嚢管（たんのうかん）
胆嚢（たんのう）
総胆管（そうたんかん）
ファーター乳頭（にゅうとう）
（大十二指腸乳頭）（だいじゅうにしちょうにゅうとう）
上行結腸（じょうこうけっちょう）
盲腸（もうちょう）
虫垂（ちゅうすい）
直腸（ちょくちょう）
肛門（こうもん）
S状結腸（じょうけっちょう）
耳下腺（じかせん）
咽頭（いんとう）
食道
胃
主膵管（しゅすいかん）
膵臓（すいぞう）
十二指腸（じゅうにしちょう）
横行結腸（おうこうけっちょう）
下行結腸（かこうけっちょう）
空腸（くうちょう）
回腸（かいちょう）

上行結腸、横行結腸、下行結腸、S状結腸と区分される。盲腸は長さ約
6 cm の袋状で、下端にはさらに細長い袋状の**虫垂**がある。結腸は、盲
腸から右体壁を上行する**上行結腸**、右体壁から左体壁に向かう**横行結
腸**、左体壁を下行する**下行結腸**、左下腹部で蛇行する**S状結腸**に区分
される。結腸の内壁には半月ヒダがあり、外観では結腸ヒモ、結腸膨
起、腹膜垂がみられる。**直腸**は長さ約 20cm で、**肛門**に続く。肛門に
はリング状の**内肛門括約筋**（不随意筋）と**外肛門括約筋**（随意筋）があ
る。また、直腸静脈叢が発達している。

　口腔には 3 種類の大唾液腺（耳下腺、顎下腺、舌下腺）がある。**耳
下腺**は耳の前下方の皮下に位置し、頬の内側で上の歯列との間（口腔前
庭）に唾液を分泌する。**顎下腺**と**舌下腺**は舌の下側に唾液を分泌する。

　肝臓は重さ約 1 ～ 1.5kg で、右上腹部に位置する、最大の腹部内臓
である。肝臓の下面には長さ約 8 cm の胆嚢がある。肝臓で産生された
胆汁は総肝管を出て胆嚢に蓄えられ、濃縮される。胆汁は総胆管を経て
十二指腸の内腔に分泌される（**図3-6**）。

膵臓は長さ約15cmで横に長く、胃の後ろに位置する。右端の膨らんだ部位を膵頭という。膵臓で産生された膵液は膵管を経て、膵頭で十二指腸の内腔に分泌される（**図3-6**）。

5 呼吸器系 （図3-7）

呼吸器系は、空気の通路である**上気道**および**下気道**と、ガス交換を行う肺からなる。上気道は「外鼻、鼻腔、副鼻腔、咽頭、喉頭」、下気道は「気管、気管支、細気管支」と区分される。ほかに胸膜、胸郭、横隔膜も呼吸に必要な構造物である。

外鼻は顔面中央の突出した部位であり、鼻腔は外鼻孔から中の腔であり、鼻中隔で左右に分かれる。鼻腔には行き止まりの空洞である**副鼻腔**（上顎洞、前頭洞、蝶形骨洞、篩骨洞）が開口している。

咽頭は、食べ物と呼吸による空気との両方が通過する交差点である。咽頭には、中耳の鼓室に通じる**耳管**が開口する。

喉頭は複数の軟骨からなり、**甲状軟骨**は喉仏の隆起をなす。

気管は長さ約10cm、太さ約2cmで、喉仏の下数cmから胸骨角の高さまである。気管は食道の前を下行し、左右の**気管支**に分岐する。気管支は肺の中で樹枝のように分岐して細気管支となり、末端は直径0.2mmほどの**肺胞**となる。肺胞でガス交換が行われる。

右肺は3葉、左肺は2葉からなり、心臓がやや左寄りに位置するた

図3-7　呼吸器系の構造

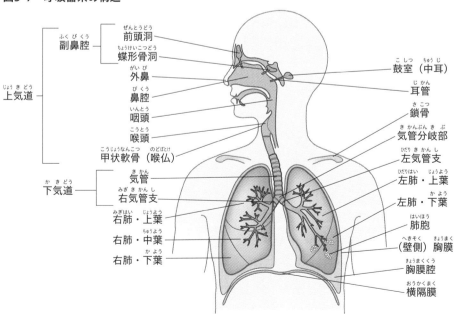

め、右肺のほうが大きい。肋骨、胸骨、胸椎からなる籠状の骨格を胸郭という。肺と胸郭の間には胸膜による胸膜腔という常に陰圧の閉鎖空間があるため、肺は膨らむことができ、呼吸ができる。

肺のすぐ下に位置する横隔膜は骨格筋（随意筋）であり、収縮して下方に下がることで呼吸を行う（腹式呼吸）。

Active Learning

肺のすべての肺胞の壁の内腔の面積を合計するとその面積はいくらか調べましょう。

6 泌尿器系（図3-8）

泌尿器系は、尿をつくる腎臓と、尿を排泄する排尿路（尿管、膀胱、尿道）からなる。

腎臓は長さ約10～12cm、重さ約120～150gで、腰の背側に左右1対あり、半分が肋骨に隠れる高さに位置する。腎臓は表層の皮質と深部の髄質からなる。皮質には直径約0.2mmの腎小体が約100万個（左右の腎臓で200万個）あり、血液を濾過して原尿を1日に約150L生成している。原尿は尿細管（近位尿細管、ヘンレのワナ、遠位尿細管）を流れ、水分（原尿の約99％）、糖（ほぼ100％）、ナトリウムなどが再吸収されて血液に戻される。残りの約1％である約1～1.5Lが尿となる。腎小体と尿細管をあわせて腎単位（ネフロン）という。尿は尿細管から集合管を経て腎盂（腎盤）に送られる。

尿管は、長さ約30cm、直径約5mmで、尿を腎臓の腎盂（腎盤）

図3-8 泌尿器系の構造

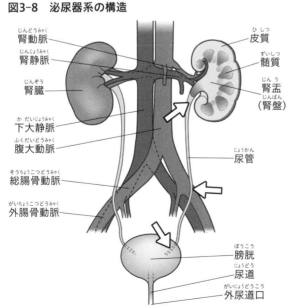

注1：矢印は尿管の三つの生理的狭窄部を示す。
　　2：図の尿道および外尿道口は女性の模式図を示す。男性の尿道は前立腺および陰茎の中を通り、外尿道口に通じる。

から膀胱に送る。

　膀胱は尿をためる平滑筋性の袋であり、恥骨結合のすぐ後ろに位置する。

　尿道は膀胱内の内尿道口から外尿道口までをいい、男女差が大きい。男性の尿道は長さ約 16 ～ 20cm、女性の尿道は長さ約 3 ～ 4 cm である。男性の尿道は前立腺を貫き、陰茎を通り、陰茎亀頭の外尿道口に開口する。女性の外尿道口は膣前庭に開口する。

★男性の尿道
男性の尿道の前立腺を通過する部位には、精液が通る射精管が開口する。

■7 生殖器系

　生殖器は性腺（生殖腺）（精巣、卵巣）、生殖路、附属生殖器からなり、男性生殖器と女性生殖器とでは構造も機能も大きく異なる。男性と女性それぞれの交接器のほか、女性は受精や胎児を育成する器官と乳腺をもつ。

❶男性生殖器

　男性生殖器には精巣のほか、生殖路として精巣上体、精管、射精管、附属生殖器として精嚢、前立腺、尿道球腺（カウパー腺）、交接器としての陰茎や、陰嚢がある。

　精巣と精巣上体は陰嚢の中に位置する。精子は「精巣→精巣上体→精管→射精管→尿道→外尿道口」と進み、射精される。精子は、大きさ約 3 ～ 5 μm の頭部に長さ約 50 ～ 60 μm の細長い尾部をもつ。精管は長さ約 40 ～ 50cm で、精嚢の開口部と合わさって射精管となり、前立腺の内部で尿道に開口する。

　前立腺は栗の実ほどの大きさで、膀胱の下、直腸の前に位置する。

　尿道球腺（カウパー腺）は前立腺の下方で尿生殖隔膜の中に位置する。

　陰茎は陰茎海綿体と尿道海綿体よりなる。性的興奮により勃起する。

❷女性生殖器

　女性生殖器は、卵巣と生殖路（卵管、子宮、膣）を内生殖器、外陰部を外生殖器という。膣と外陰部は交接器と産道でもある。

　卵巣は骨盤内に左右 1 対ある。卵子は卵巣から排卵され、「卵巣→卵管→子宮→膣」と進む。卵子の大きさは約 0.2mm の球形である。

　左右の卵管は長さ約 10 ～ 15cm で、骨盤のおおよそ中央に位置する子宮の上部（子宮底）に接続する。子宮は長さ約 7 cm、幅 4 ～ 5 cm の逆三角形で、膀胱の後ろに位置する。

　膣は子宮から続く長さ約 7 cm の管状器官で、膀胱と直腸の間に位置し、膣前庭に開口する。膣前庭は左右の小陰唇に囲まれた部位である。

左右の小陰唇が前方で合わさった部位を陰核という。小陰唇の左右を大陰唇が囲む。大前庭腺（バルトリン腺）は膣前庭の後方の両側に開口する。

乳腺は左右の乳房の中にあり、乳頭の乳管から母乳を分泌する。

8 内分泌系

内分泌系の器官（臓器）はホルモンを産生し、主に血液中にホルモンを放出する。内分泌器官には下垂体、甲状腺、副甲状腺（上皮小体）、副腎、膵島（ランゲルハンス島）、性腺（精巣、卵巣）、松果体などがある。中枢神経系である間脳の視床下部も下垂体に作用するホルモンを分泌する。

下垂体は大きさ約 1 cm で間脳の下に位置し、前葉と後葉からなる。下垂体前葉からは成長ホルモン（GH）、プロラクチン（PRL）、甲状腺刺激ホルモン（TSH）、副腎皮質刺激ホルモン（ACTH）、卵胞刺激ホルモン（FSH）、黄体形成ホルモン（LH）が分泌される。下垂体後葉からはオキシトシンとバソプレシン（抗利尿ホルモン（ADH））が分泌される。

図3-9　主な内分泌腺とホルモン

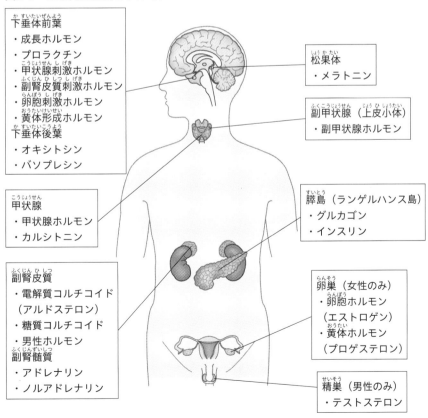

下垂体前葉
・成長ホルモン
・プロラクチン
・甲状腺刺激ホルモン
・副腎皮質刺激ホルモン
・卵胞刺激ホルモン
・黄体形成ホルモン
下垂体後葉
・オキシトシン
・バソプレシン

松果体
・メラトニン

副甲状腺（上皮小体）
・副甲状腺ホルモン

甲状腺
・甲状腺ホルモン
・カルシトニン

膵島（ランゲルハンス島）
・グルカゴン
・インスリン

副腎皮質
・電解質コルチコイド
（アルドステロン）
・糖質コルチコイド
・男性ホルモン
副腎髄質
・アドレナリン
・ノルアドレナリン

卵巣（女性のみ）
・卵胞ホルモン
（エストロゲン）
・黄体ホルモン
（プロゲステロン）

精巣（男性のみ）
・テストステロン

甲状腺は気管上部で喉仏（甲状軟骨）の下方に位置する。甲状腺ホルモンにはサイロキシン（T_4）とトリヨードサイロニン（T_3）がある。また、カルシトニンも分泌する。

副甲状腺（上皮小体）は甲状腺の後面に位置する米粒大の組織で、副甲状腺ホルモン（PTH）を分泌する。

副腎は左右の腎臓の上に位置し、表層の皮質と深部の髄質からなる。副腎皮質からは電解質コルチコイド※（アルドステロン）、糖質コルチコイド、男性ホルモンが分泌される。副腎髄質からはアドレナリンやノルアドレナリンが分泌される。

膵島（ランゲルハンス島）は膵臓に散在する細胞塊で、グルカゴン、インスリン、ソマトスタチンを分泌する。

精巣からは男性ホルモンであるテストステロンが分泌され、卵巣からは女性ホルモンである卵胞ホルモン（エストロゲン）と黄体ホルモン（プロゲステロン）が分泌される。

松果体は大きさ約 1 cm で、間脳の視床の後方に位置し、メラトニンを分泌する。

★電解質コルチコイド
鉱質コルチコイドともいう。

9 神経系

神経系は、情報処理を行う中枢神経系と、さまざまな情報を伝える末梢神経系に区分される（図 3-10）。中枢神経系は脳と脊髄に区分され、末梢神経系は、脳に出入りする脳神経と、脊髄に出入りする脊髄神経に区分される。

❶中枢神経系

脳は、脳の大部分をなす大脳、後下方に位置する小脳、そして脳幹からなる。大脳は終脳と中央下方に包まれるように位置する間脳に区分する。脳幹は中脳、橋、延髄と区分し、脊髄につながる。間脳を脳幹に含めることもある。大脳は左右の大脳半球に区分される。間脳は視床と視床下部に区分される。

大脳の表層を大脳皮質といい、灰白質からなる。その深層は白質からなる。大脳は前頭葉、頭頂葉、後頭葉、側頭葉に区分される。

脊髄は長さ約 40 〜 50cm、太さ約 1 〜 1.5cm の細長い棒状の器官である。脊髄を頭側から尾側に向かって、頸髄、胸髄、腰髄、仙髄、尾髄と区分する。

❷末梢神経系

脳神経は脳に出入りする 12 対の神経で、ローマ数字の I 〜 XII で記

★終脳
終脳を大脳ということもある。

図3-10 神経系の全体像

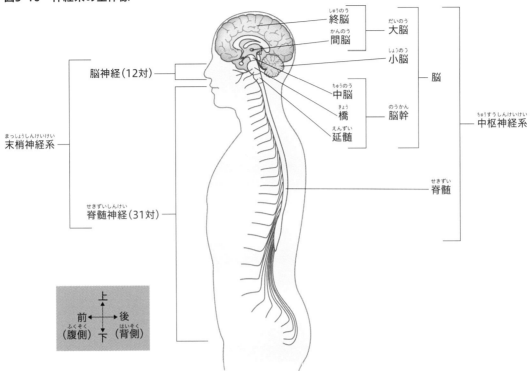

載する。脳神経は嗅神経（I）、視神経（II）、動眼神経（III）、滑車神経（IV）、三叉神経（V）、外転神経（VI）、顔面神経（VII）、内耳神経（VIII）、舌咽神経（IX）、迷走神経（X）、副神経（XI）、舌下神経（XII）からなる。三叉神経（V）は眼神経（V_1）、上顎神経（V_2）、下顎神経（V_3）の三つに分枝する。

　脊髄神経は脊髄に出入りする 31 対の神経で、頸髄に頸神経（8 対）、胸髄に胸神経（12 対）、腰髄に腰神経（5 対）、仙髄に仙骨神経（5 対）、尾髄に尾骨神経（1 対）が出入りする。

❸脳室系と髄膜

　脳室は中枢神経系の内部にある腔である。左右の大脳半球（終脳）には左右の側脳室、間脳には第 3 脳室、中脳には中脳水道、橋・延髄・小脳の間には第 4 脳室、脊髄には中心管がある。左右の側脳室、第 3 脳室、中脳水道、第 4 脳室、中心管はつながっており、腔内を満たす脳脊髄液がゆっくり流れている。

　髄膜は中枢神経系（脳と脊髄）を包む膜のことであり、深層（脳表側）から浅層（頭蓋骨側）に向けて、軟膜、くも膜、硬膜の 3 層からなる。

　脳室系内を満たす脳脊髄液はくも膜下腔に流れ、硬膜静脈洞を経て静脈に注ぐ。

10 感覚器系

感覚器系には、体外からの情報を検出する視覚器、聴覚器、味覚器、嗅覚器のほか、身体の情報を検出する平衡覚器などがある。

❶視覚器（図3-11）

視覚器は、眼球とその付属器（眼瞼、結膜、涙器、外眼筋）からなる。

眼球は直径約2.5cmの球状で、頭蓋骨の眼窩に収まっている。眼球の表層は3層からなる眼球壁であり、内部には水晶体（レンズ）、硝子体、眼房水などが含まれる。

眼球壁の最外層（外膜）は前方中央の透明な角膜と、他の乳白色の強膜からなる。中膜は色素に富み、ブドウ膜ともいう。ブドウ膜の前方は穴が開いており、この穴を瞳孔という。瞳孔は黒色に見えるが、この黒色は眼球内部の色である。瞳孔の周囲を虹彩★といい、日本人では濃茶色である。虹彩の周囲の肥厚部を毛様体という。毛様体と水晶体は毛様体小帯（チン小帯）という無数のごく細い線維でつながっている。眼球壁の最内層（内膜）を網膜といい、光を感知する視細胞（杆体、錐体）がある。

瞳孔および虹彩のすぐ後ろに水晶体が位置し、外界の映像を網膜にうつす。角膜と水晶体の間を眼房水が満たし、眼球内部を硝子体が満たす。

眼瞼はまぶたのことで、上眼瞼と下眼瞼がある。結膜は眼瞼の裏側と強膜の前方を覆う。

涙器には、涙液を分泌する涙腺や、涙液を鼻腔に流す鼻涙管がある。

外眼筋には、眼球を動かす上直筋、下直筋、外側直筋、内側直筋、上斜筋、下斜筋と、上眼瞼を動かして開眼する上眼瞼挙筋がある。眼輪筋

★虹彩
白人の虹彩は青色や緑色等を呈することもある。

図3-11　眼球の水平断面

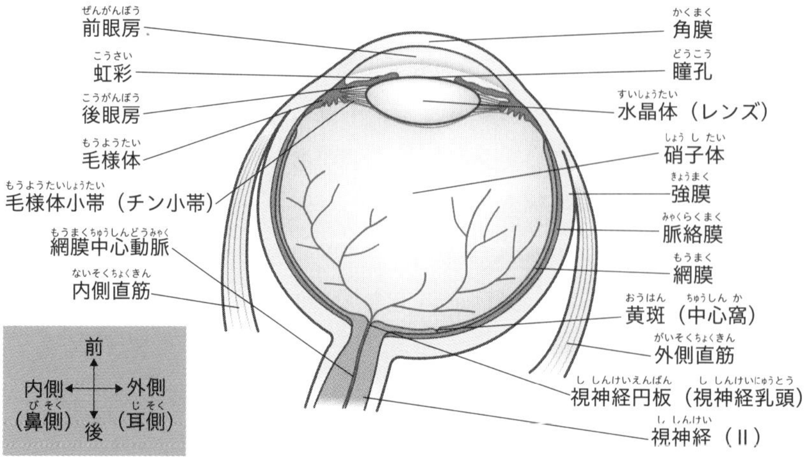

前眼房　角膜　虹彩　瞳孔　後眼房　水晶体（レンズ）　毛様体　硝子体　毛様体小帯（チン小帯）　強膜　網膜中心動脈　脈絡膜　内側直筋　網膜　黄斑（中心窩）　外側直筋　視神経円板（視神経乳頭）　視神経（Ⅱ）

前　内側（鼻側）　外側（耳側）　後

が閉眼する。

❷聴覚器、平衡覚器（図3-12）

聴覚器は**外耳**、**中耳**、**内耳**からなる。外耳道の行き止まりに**鼓膜**があり、中耳との境をなす。中耳には**耳小骨**（**ツチ骨**、**キヌタ骨**、**アブミ骨**）がある。内耳には音を感知する**蝸牛**がある。

内耳にある三つの**半規管**と、**前庭**の**球形嚢**および**卵形嚢**が平衡覚を感知する。

❸味覚器、嗅覚器

味覚は、舌にある**味蕾**の**味細胞**が感知する。
嗅覚は、**鼻腔上壁**の嗅上皮にある**嗅細胞**が感知する。

★鼓膜
鼓膜は中耳に属する。

11 皮膚

皮膚は**表皮**、**真皮**、**皮下組織**の3層からなる。皮下組織は脂肪組織に富む。皮膚には**脂腺**、**汗腺**、**乳腺**がある。汗腺にはエクリン汗腺（小汗腺）とアポクリン汗腺（大汗腺）がある。手掌や足底を除く、ほぼ全身に**毛**が生えている。毛には**立毛筋**がついている。手と足の指先には**爪**がある。

図3-12 聴覚器、平衡覚器の構造

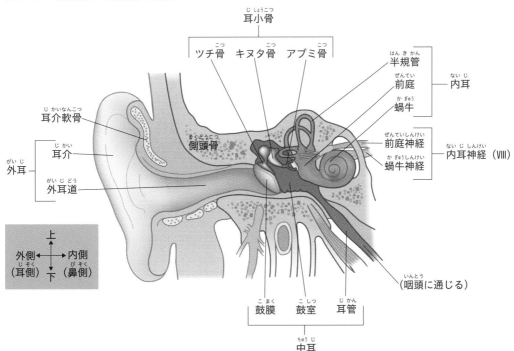

　血液は**液体成分**（血漿）と**細胞成分**（血球）からなる。採血した血液を放置すると凝固する。凝固した塊を**血餅**といい、分離した液体を**血清**という。

　細胞成分は**赤血球**、**白血球**、**血小板**からなる。赤血球は直径 7 ～ 8 μm の大きさである。白血球は**顆粒球**、**リンパ球**、**単球**に大別される。顆粒球には**好中球**、**好酸球**、**好塩基球**がある。リンパ球には**T 細胞**と**B 細胞**がある。単球は血管外で**マクロファージ**となる。

第2節 器官系と臓器の役割

学習のポイント

● 各器官系の機能および人体における役割の全体像を学ぶ

● 各器官系を構成する臓器等の機能を学ぶ

1 人体の器官系の機能の概要

　人体ではさまざまな器官系が正常に機能して個体の生命が維持されている。すなわち、複数の器官（organ）（臓器）からなる器官系が、さまざまな生命活動を支える重要な機能を担っている。

　人体をつくる器官系は、主に生命維持に働く植物機能と、行動や思考に大切な動物機能とに大別される。植物機能を営む器官系には循環器系、消化器系、呼吸器系、泌尿器系、生殖器系、内分泌系がある。動物機能を営む器官系には骨格系、筋系、神経系、感覚器系がある。

2 各器官系と構成する臓器等の機能

1 骨格系

　骨の機能には、❶人体の支持、❷関節での運動、❸重要な内臓（脳、脊髄、心臓、肺など）の保護、❹赤色骨髄での血球産生、❺カルシウムやリンなどの貯蔵、がある。骨の表面を覆う骨膜は血管や神経に富み、骨の発生、成長、再生、知覚（痛覚）に関与する。

2 筋系

　筋は収縮により運動を可能にする。筋収縮にはアデノシン三リン酸（ATP）とカルシウムイオン（Ca^{2+}）が必要であり、ミオシンフィラメントとアクチンフィラメントの相互作用により筋は収縮する。随意筋である骨格筋は意識的に身体を動かすことを可能にしている。心筋や平滑筋は、自律神経系などにより調節され、無意識で臓器などの動きを担い、さまざまな器官系の機能に関与している。筋は常に収縮して熱を産

生しており、体温維持に貢献する。運動時には特に熱産生量が増加する。

3 循環器系

　循環器系は、血液を全身に循環させ、酸素や二酸化炭素のほか、栄養や老廃物などのさまざまな物質を全身の細胞に運ぶ。血液には酸素を多く含む動脈血と、酸素を失い二酸化炭素を多く含む静脈血がある。

　循環器系は、全身に血液を送る体循環（大循環）と、肺に血液を送る肺循環（小循環）からなる。体循環は、全身に血液を循環させ、全身の組織に動脈血から酸素や栄養素を与えるとともに、二酸化炭素や老廃物を回収する。肺循環は、心臓（右心室）から静脈血を肺に送り、肺でガス交換をし、動脈血を心臓（左心房）に送る。

　心臓から1回の収縮で拍出される血液量を1回心拍出量といい、全身と肺にそれぞれ約70mLの血液を拍出する。1分間に一つの心室から拍出される血液量を心拍出量という。拍出する回数を心拍数といい、安静時の成人の心拍数は60〜90回/分である。小児の心拍数は成人より高い。心臓の拍動による動脈壁の振動が末梢血管に伝播され、体表近くを通る動脈で脈拍として触知できる。

　血管内を流れる血液により血管壁にかかる圧力を血圧といい、通常は動脈血圧を指す。心室収縮期の最も高い血圧を最高血圧（収縮期血圧、最大血圧）といい、正常値は130mmHg未満である。心室拡張期の最も低い血圧を最低血圧（拡張期血圧、最小血圧）といい、正常値は85mmHg未満である。

　心臓は、正常な刺激伝導系の働きによって電気的興奮が心房から心室の全体に広がり、血液を全身に拍出する。この電気的興奮が広がる様子を記録したものが心電図（ECG）である。心電図の波形はP波、QRS群（QRS波）、T波からなる。

　心音はⅠ音とⅡ音からなる。Ⅰ音は心室収縮の初期に房室弁が閉じる音であり、Ⅱ音は心室収縮期の終わりに動脈弁が閉じる音である。

　リンパ（液）は血管外に出た血漿成分やリンパ球などからなる。リンパ（液）はリンパ管を流れ、リンパ節で濾過され、静脈に注ぐ。リンパ節は免疫反応を起こす場であり、生体内に侵入した細菌やがん細胞のフィルター機能をもつ。リンパ（液）は消化管で吸収された脂質の運搬の働きを担う。

★1回心拍出量
右心室と左心室の1回心拍出量は等しい。

★心拍出量
心拍出量は〔1回心拍出量×心拍数〕で求められる。右心室と左心室の心拍出量は等しい。

4 消化器系

　消化器系は摂食した飲食物を消化し、三大栄養素（炭水化物（糖質）、たんぱく質、脂質）を吸収し、そして吸収されなかった残りを便として排泄する。炭水化物（糖質）は主に口腔と小腸で消化され、たんぱく質は主に胃と小腸で消化され、脂質は小腸で消化される。ほとんどの栄養素は小腸で吸収される。

　口腔で唾液腺から分泌される唾液にはアミラーゼという消化酵素が含まれており、炭水化物をマルトース（麦芽糖）に分解する。口腔で咀嚼され、唾液と混じりあった食塊は嚥下され、咽頭を通って食道★に送られる。咽頭にはワルダイエル咽頭輪があり、免疫を担っている。

　胃の胃腺からは粘液、塩酸、ペプシノゲンが分泌される。粘液は胃の細胞を障害から守る。塩酸は殺菌をし、ペプシノゲンを活性型のペプシンに変える。ペプシンはたんぱく質をポリペプチドに分解する。

　栄養の消化と吸収のほとんどは小腸★で行われるため、小腸は非常に重要な部位である。十二指腸の内腔には肝臓からの胆汁と膵臓からの膵液が分泌される。胆汁は肝臓でつくられ、脂質を消化・吸収しやすくする。膵液には、デンプンを分解するアミラーゼ、たんぱく質を分解するトリプシンやキモトリプシン、脂肪を分解するリパーゼ等が含まれている。また、膵液は胃酸を中和する。空腸や回腸は分解された栄養素を吸収する。小腸は消化管内に入った水分の約8～9割を吸収する。

　大腸は、水分を吸収し、便の形成と排泄を行う。肛門にある内肛門括約筋は無意識下で肛門を閉ざす。外肛門括約筋は意識的な排便の調整や、自分の意思で肛門を閉める。

　肝臓は、胆汁の産生のほか、グリコーゲンの合成や貯蔵と分解、たんぱく質の合成、たんぱく質の分解により生じたアンモニアを尿素に解毒、などの多くの機能を担う非常に重要な臓器である。胆嚢は肝臓で産生された胆汁を貯蔵して濃縮し、放出する。

　膵臓★の大部分（外分泌腺部）は前述の膵液を産生する。

5 呼吸器系

　呼吸器系は、呼吸により体内に酸素を取り入れ、二酸化炭素を排出する。呼吸（ガス交換）には外呼吸と内呼吸の2種類がある。外呼吸は、肺胞において空気中の酸素を血液中に取り入れ、血液中の二酸化炭素を呼気に排出する。内呼吸は、全身の細胞が血液から酸素を取り入れ、血液に二酸化炭素を排出する。

★食道
食道には三つの生理的狭窄部（食道の起始部、気管分岐部の高さ、横隔膜の貫通部）がある。

★小腸
小腸から分泌されるインクレチンというホルモンはインスリン分泌を促進させる。GIPとGLP-1の二つが知られている。

★膵臓
膵臓には膵島（ランゲルハンス島）という内分泌腺組織が散在し、グルカゴンやインスリンを分泌している。グルカゴンは血糖値を上げ、インスリンは血糖値を下げる。

外気は気道を通過する際に、加湿され、体温近くまで温められる。また、鼻毛や粘液などにより、外気中の塵埃や細菌などの異物を取り除く機能も担っている。気道に分泌された粘液にはリゾチームやIgA（免疫グロブリンA）が含まれ、殺菌作用がある。

喉頭には声門があり、発声器でもある。喉頭にある喉頭蓋は嚥下の際に飲食物が喉頭から気管に誤嚥するのを防ぐ役割がある。

肺の肺胞においてガス交換（外呼吸）が行われる。健康な成人の呼吸数は約12 ～ 20回／分であるが、小児の呼吸数は成人より多い。通常、成人の1回の呼気あるいは吸気（1回換気量）は約500mLである。肺活量とは最大吸息位から最大呼息位までの空気量であり、通常の成人男性で3 ～ 4L、成人女性で2 ～ 3Lである。

胸部において胸郭が前後に厚くなったり薄くなったりして行われる呼吸を胸式呼吸という。腹部においておなかを膨らませて行われる呼吸を腹式呼吸といい、主に横隔膜が収縮して下がることによる。

6 泌尿器系

泌尿器系は、血液を濾過することにより血液から尿素や不要物などを体外へ排泄する。また、水分やナトリウムの排泄量を調節することで、水分などの体液量やナトリウムの濃度、浸透圧の調整に関与し、ホメオスタシス（恒常性）に貢献している。

腎臓には、心臓から拍出される血液（心拍出量）の約20 ～ 25％が流入し、濾過される。腎小体での血液濾過により、肝臓でアンモニアから無毒化されて生成された尿素などが尿中に含まれて体外に排泄される。

下垂体後葉から分泌されるバソプレシンは腎臓での水の再吸収を促進する。これにより尿量が減り、血液循環量の増加、血漿浸透圧の低下、血圧の上昇が促される。

副腎皮質から分泌されるアルドステロンはNa⁺（ナトリウムイオン）の再吸収を促進し、体内から尿へのNa⁺の流出を減らす。これはさらに水の再吸収を促進するため、尿量の減少、血液循環量の増加、血圧の上昇を促す。

腎臓から分泌されるエリスロポエチンは骨髄に作用し、赤血球の産生を増加させる。

腎臓はビタミンDを活性型ビタミンDに変え、カルシウムの再吸収を促進する。

尿管には三つの生理的狭窄部（尿管の起始部、総腸骨動・静脈あるい

は外腸骨動・静脈をのりこえる部位、膀胱壁の貫通部）がある。

膀胱の貯尿量が約 150 ～ 300mL で尿意を生じる。

排泄される尿量は通常 1 ～ 2 L/ 日である。

7 生殖器系

生殖器系は子孫を残す機能を営む。男性と女性では異なる機能をもつ。生殖細胞（精子、卵子）の産生、受精、妊娠、分娩、授乳を行う。思春期の第二次性徴により働きが活発になる。精巣と卵巣は内分泌系としての機能も有する。

❶男性生殖器

精巣では精子が形成される。精巣のライディッヒ細胞は男性ホルモンを分泌する。

精嚢は袋状の腺で、果糖を含む粘稠なアルカリ性の液を分泌する。

前立腺は乳白色で精液臭（栗の花臭）のアルカリ性の液を分泌する。

尿道球腺（カウパー腺）は女性の大前庭腺（バルトリン腺）に相当し、粘稠なアルカリ性の液を分泌する。

陰茎は性的刺激により副交感神経によって勃起し、交接器として機能する。さらに性的刺激を受けると交感神経により精液を射精する。射精1 回による精液は約 3 mL である。精液 1 mL には精子が約 1 億個含まれる。精子は約 1 ～ 2 日間生きている。

❷女性生殖器

卵巣では卵子が形成される。卵巣の卵胞は卵胞ホルモン（エストロゲン）を、黄体は黄体ホルモン（プロゲステロン）を女性ホルモンとして

図3-13　女性生殖器の構造と排卵から着床まで

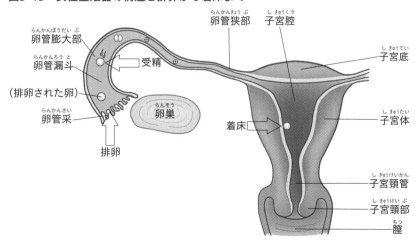

分泌する。卵巣から毎月1個の卵子が排卵される。排卵された卵子は卵管内（卵管膨大部）で受精し、受精卵は卵割を繰り返しながら卵管を進み、子宮の内壁に着床する（図3-13（p.51））。着床し妊娠が成立する。着床しなければ月経となる。卵子が受精可能なのは約1日である。

大前庭腺（バルトリン腺）は男性の尿道球腺（カウパー腺）に相当し、アルカリ性の粘液を分泌する。

月経が止まることを閉経といい、日本人の平均閉経年齢は約50歳である。

8 内分泌系（p.41の図3-9参照）

内分泌系はホルモンを分泌し、ホルモンが標的器官や標的細胞に作用することで、血液や体内環境の調整に関与する。多くのホルモンは負のフィードバックにより調節される。以下に主な内分泌器官、ホルモン、主な作用を列挙する。

下垂体前葉から分泌される成長ホルモンは骨や子どもの身体の成長を促し、プロラクチンは乳腺の発達と乳汁の分泌促進、甲状腺刺激ホルモンは甲状腺ホルモンの分泌促進、副腎皮質刺激ホルモンは副腎皮質ホルモンの分泌促進、卵胞刺激ホルモンは卵巣の卵胞の発育を促進し、黄体形成ホルモンは排卵と黄体形成を促進する。下垂体後葉から分泌されるオキシトシンは子宮収縮と射乳作用をもち、バソプレシンは腎臓での水の再吸収を促す。

甲状腺から分泌される甲状腺ホルモンは基礎代謝を亢進させ、カルシトニンは血中のCa^{2+}濃度を下げる。副甲状腺（上皮小体）から分泌される副甲状腺ホルモンは血中のCa^{2+}濃度を上げる。

副腎皮質から分泌されるアルドステロンは腎臓でのNa^+の再吸収を促し、糖質コルチコイドは血糖値を上げる。副腎髄質から分泌されるアドレナリンやノルアドレナリンは心機能の促進や血糖値の上昇を促す。

膵島(ランゲルハンス島)から分泌されるグルカゴンは血糖値を上げ、インスリンは血糖値を下げる。

小腸から分泌されるインクレチンはインスリン分泌を促進する。GIPとGLP-1の二つが知られている。

精巣から分泌されるテストステロンは第二次性徴や精子形成を促進する。卵巣から分泌される卵胞ホルモン（エストロゲン）と黄体ホルモン（プロゲステロン）は第二次性徴や月経に関与する。

松果体から分泌されるメラトニンは概日リズム（サーカディアンリズ

ム）に関与する。

９ 神経系

　神経系は、末梢神経系を通じて体内および体外のさまざまな情報を中枢神経系に伝え、情報処理をする。これらは感覚性（求心性あるいは上行性ともいう）の伝導路により伝えられる。そして末梢神経系を通じて指令を諸器官に伝え、身体の随意運動や自律神経系による内臓の調節を行う。これらは運動性（遠心性あるいは下行性ともいう）の伝導路により伝えられる。

❶中枢神経系

　大脳皮質は運動や感覚、思考などの高次機能をつかさどっており、これらの機能は特定の部位に局在している。これを機能局在という（図3-14）。前頭葉には一次運動野、頭頂葉には一次感覚野、後頭葉には視覚野、側頭葉には聴覚野があり、これらは左右の大脳半球にある。多くの人では左大脳半球の前頭葉に運動性言語野（ブローカ野）があり、聴覚野の後方に感覚性言語野（ウェルニッケ野）がある。

　間脳の視床はさまざまな感覚の中継核である。視床下部には、体温調節中枢、摂食・満腹中枢、飲水中枢や、自律神経系の重要な中枢がある。視床下部は内分泌系である下垂体前葉への促進あるいは抑制ホルモンを分泌するほか、下垂体後葉ホルモンを分泌する神経核がある。

　脳幹には呼吸中枢や消化に関する中枢のほか、多くの脳神経の神経核が存在する。

図3-14　大脳皮質の機能局在

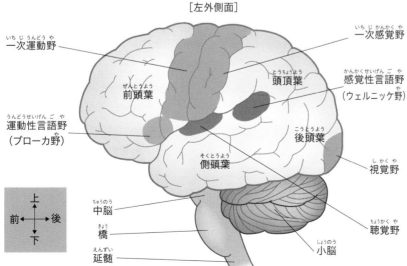

[左外側面]

小脳は、身体の平衡や姿勢の制御、運動の統合的調整を担っている。

❷末梢神経系

　脳神経はそれぞれ独自の機能を担っており、その主な機能を表3-1に示す。嗅神経（I）は嗅覚を伝える。視神経（II）は視覚を伝える。動眼神経（III）は眼球を動かすほか、開眼や瞳孔括約筋を支配する。滑車神経（IV）、外転神経（VI）は眼球を動かす。三叉神経（V）は顔面、鼻腔、口腔および歯などの感覚を伝えるほか、側頭筋などの咀嚼筋を支配する。顔面神経（VII）は眼輪筋や口輪筋などの表情筋の支配、舌の前部の味覚、顎下腺と舌下腺からの唾液の分泌を支配する。内耳神経（VIII）は聴覚と平衡覚を伝える。舌咽神経（IX）は舌根部の味覚と感覚、咽頭の運動と感覚、耳下腺からの唾液の分泌を支配する。迷走神経（X）は胸腹部内臓の副交感神経支配と喉頭での発声をつかさどる。副神経（XI）は胸鎖乳突筋と僧帽筋を支配する。舌下神経（XII）は舌筋を支配する。

　脊髄神経は身体の筋の運動神経や皮膚の感覚神経のほか、自律神経系の成分を含む。

❸自律神経系

　自律神経系は主に内臓を支配する神経系であり、交感神経系と副交感神経系からなる。自律神経系は不随意（無意識）に機能している。ほとんどの内臓は交感神経系と副交感神経系の両方に支配されており、これを二重支配という。自律神経系の主な機能を表3-2に示す。

表3-1　脳神経の主な機能

脳神経	運動系	感覚系	副交感神経系
嗅神経（I）		嗅覚	
視神経（II）		視覚	
動眼神経（III）	眼球の運動、開眼		瞳孔の収縮（縮瞳）
滑車神経（IV）	眼球の運動		
三叉神経（V）	咀嚼筋	顔面、鼻腔、口腔、歯、舌の知覚	
外転神経（VI）	眼球の運動		
顔面神経（VII）	表情筋	舌の前部（約3分の2）の味覚	唾液の分泌（舌下腺、顎下腺）
内耳神経（VIII）		聴覚、平衡覚	
舌咽神経（IX）	咽頭の筋	舌根部（舌の後ろ約3分の1）の味覚と感覚（知覚）	唾液の分泌（耳下腺）
迷走神経（X）	発声（喉頭の筋）		胸腹部内臓の副交感神経支配
副神経（XI）	胸鎖乳突筋、僧帽筋		
舌下神経（XII）	舌の運動		

表3-2　自律神経系の主な機能

器官（臓器）	交感神経系	副交感神経系
瞳孔	拡大（散瞳）	縮小（縮瞳）
唾液腺	粘性の高い唾液を少なく分泌	薄い唾液を多く分泌
気管支	拡張	収縮
心拍数	増加	減少
血圧	上げる	下げる
消化器官	抑制	促進
男性生殖器	射精	勃起
汗腺	発汗	
立毛筋	収縮（鳥肌）	

　交感神経系は身体活動を活発にするように働く。具体的には、心拍数を増し、血圧を上げ、気管支を拡張し、瞳孔を散大し、発汗を増加させる一方で、消化機能を抑制する。「闘争か逃走か」を迫られている緊急事態を考えればよい。交感神経は、脊髄神経の胸神経および腰神経に含まれる。

　副交感神経系は身体活動をリラックスさせるように働く。具体的には、心拍数や呼吸はゆっくりとし、気管支は収縮し、瞳孔を縮小し、他方、消化機能は促進される。副交感神経は、脳神経の**動眼神経（III）**、**顔面神経（VII）**、**舌咽神経（IX）**、**迷走神経（X）**および脊髄神経の仙骨神経に含まれる。

10 感覚器系

　感覚器系は、外界の情報を**視覚**、**聴覚**、**嗅覚**、**味覚**、**触覚**、**痛覚**、**温冷覚**として検出するほか、身体の**平衡覚**、**内臓感覚**、**運動感覚**を検出する。

❶視覚

　水晶体（レンズ）は外界の映像を**網膜**に結像させる。眼のピント調節（遠近調節）は**毛様体**の収縮と水晶体の弾力により調節される。網膜の**視細胞（杆体、錐体）**が外界からの光を感知し、**視神経（II）**が視覚情報を脳に伝える。杆体は明暗を感知する。錐体には赤色、緑色、青色を感知する3種類がある。網膜には最も視力が高い**黄斑(中心窩)**と、まったく視力のない**視神経円板（視神経乳頭）**がある。**涙腺**からの涙液は眼球表面を潤したのち、**鼻涙管**を通って鼻腔に流れる。眼球を動かす六つの外眼筋は脳神経である**動眼神経（III）**、**滑車神経（IV）**、**外転神経（VI）**

★錐体
L錐体（赤錐体）、M錐体（緑錐体）、S錐体（青錐体）がある。

が動かす。

❷聴覚

外界の音は鼓膜を振動し、その振動は耳小骨を通じて内耳に伝わり、蝸牛が振動を音として感知する。ヒトが感知できる音の範囲は 20 ～ 20,000Hz くらいである。**内耳神経（VIII）**の蝸牛神経が音情報を脳に伝える。

❸平衡覚

内耳にある三つの**半規管**は頭部の回転を検出し、**前庭**の**球形嚢**および**卵形嚢**は頭部の傾きを検出する。平衡覚は**内耳神経（VIII）**の前庭神経が脳に伝える。

❹味覚

味蕾の味細胞が感知する味覚の基本味は、甘味、酸味、塩味、苦味、旨味の五つである。味覚は**顔面神経（VII）**と**舌咽神経（IX）**が脳に伝える。辛味は味覚ではなく、三叉神経および舌咽神経が知覚（痛覚）の一種として脳に伝える。

❺嗅覚

鼻腔の上壁にある嗅細胞が嗅覚を検知し、**嗅神経（I）**が脳に伝える。

11 皮膚

脂腺は皮脂を分泌し、皮膚の乾燥を防ぐ。**汗腺**は汗をかき、水分の蒸散により体温を下げる。**乳腺**は乳汁（母乳）を分泌する。皮膚は触覚、痛覚、温度覚を感じる。

12 血液

赤血球はヘモグロビンを含み、肺胞において外呼吸で得た酸素を運ぶ。**白血球**や**リンパ球**は免疫を担う。体内に入った細菌を**食作用**により殺菌する。また、**抗体**により破壊する。

血小板は血小板血栓を形成し、**血液凝固**に関与する。凝固した血液が溶けることを**線維素溶解（線溶）**という。

ヒトの血液型は **ABO 式血液型**により A 型、B 型、AB 型、O 型に分けられる。輸血は同一の血液型をしなくてはならない。Rh 式血液型には Rh（＋）と Rh（−）がある。

第4章

疾病と障害の
成り立ちおよび
回復過程

　疾病発生の原因として、外的要因と内的要因があり、疾病の成立には外的要因と内的要因が種々の割合で関与している。外的要因は、物理的因子、化学的因子、生物学的因子、栄養的因子に分けられ、それぞれ外傷（損傷）、中毒、感染症、栄養障害などにより起こる疾病を中心に取り上げる。内的要因は、生理的因子と病理的因子とに分けられ、前者は、年齢、性別、人種、組織・臓器などにみられる一般的素因のこと、後者は、先天的・後天的な素因で個人的要素のことである。外的要因および内的要因による生体反応として病変が成立するが、その機序を炎症、変性、虚血、発がん、免疫反応に分けて説明する。

疾病の発生原因と成立機序

学習のポイント

● 疾病の発生原因について理解する

● 病変の成立機序について理解する

---

1 疾病の発生原因

1 疾病の発生

疾病の発生には原因（**病因**）が存在する。その原因が単一のこともあれば、複数の因子が関与することもある。たとえば、自身の不注意による転倒で骨折した場合は、転倒が骨折の原因である。一方、悪性新生物（肺癌、大腸癌、胃癌など）、心疾患（心不全、心筋梗塞、不整脈など）、脳血管疾患（脳梗塞、脳出血、くも膜下出血など）をはじめ多くの疾病では、生活習慣や遺伝子異常など複数の要因が関与して発生する。

このような病因は、**外的要因**と**内的要因**に大きく分類される。そして、実際には外的要因と内的要因とが種々の割合で関与し、相互・相乗作用により疾病が引き起こされることが多い。

2 外的要因

疾病の外的要因とは、身体の外側、すなわち身の回りの外界に存在する病因のことである。外部から身体に対して傷害・障害[★]するように働くもので、刺激とも表現できる。外的要因は物理的因子、化学的因子、生物学的因子、栄養的因子に大きく分けられる。

❶物理的因子

機械的外力や外的環境（気温や気圧など）を物理的因子という。

① 機械的損傷

損傷とは、身体を構成する組織の正常な連絡が断たれた状態のことで、「傷がつく」ことをいう。機械的な外力が原因となる損傷が機械的損傷である。また、皮膚の破綻を伴う開放性損傷を「創」、皮膚の破綻を伴わない非開放性（閉鎖性）損傷を「傷」とそれぞれ示し、まとめて創傷と呼ばれる。

★傷害・障害
「傷害」とは文字どおり、傷をつけることである。「障害」とは妨げることで、機能的に問題が生じる状態、すなわち機能不全を意味する。

❶　鋭器損傷

鋭器（鋭い・鋭利な物体）の種類により分類される。

・切創：刃物（包丁、ナイフなど）を一定方向に移動させて切る。
・割創：重量のある刃物（鉈、斧など）でたたき切る。
・刺創：先の尖った物（アイスピック、刃物など）が突き刺さる。

❷　鈍器損傷

身の回りのすべてのもの（地面や水面も含む）が鈍器となり得る。

・擦過創（傷）：表皮が摩擦で剥離し、真皮が露出した状態。
・皮下血腫：皮膚の離開はなく、皮下の血管が破綻して皮下組織に出血した状態。
・挫創（傷）：打撲や急激な圧迫で生じる。特に組織の損傷が高度の場合には挫滅創と呼ばれる。慢性的な圧迫では褥瘡★となる。
・裂創：皮膚が過度に伸展し、弾性の限界を越えると裂けて生じる。
・杙創：先端が鈍な太い物体（杭、材木など）が突き刺さって生じる。

❸　その他

銃器・銃弾による銃創、爆発による爆傷、動物（犬、猫、蛇、人など）による咬傷なども挙げられる。

いずれの機械的損傷も、事件や事故、自傷行為から虐待★と原因が広い範囲にわたる可能性があり、十分な注意が必要である。

②　温度

❶　寒冷・低温

異常な寒冷による局所的な障害では凍瘡（＝しもやけ）や凍傷が発生する。軽症例は氷やドライアイスに触れることでも起こり得る。

また、冬季の屋外や水中などの低温環境では、体内での熱の産生が放散に追いつかず体温が下がる。**低体温症**では全身的な障害が発生し、凍死に至ることもある。重症例は事故や災害（例：山岳での遭難事故、海・川での水難事故、飲酒後のアルコール酩酊による戸外での睡眠）によるものがほとんどである。

❷　温熱・高温

夏季の屋外などでの暑熱環境では、身体の体温調節機能が十分に作用しないと体内に熱がこもり（＝うつ熱）、**熱中症**を引き起こす。熱中症の重症度は以下のとおりⅠ～Ⅲ度に分類される。Ⅰ度では、手足のしびれや気分の不快、めまい・失神による「立ちくらみ」（熱失神）や、筋肉痛・筋肉の硬直、すなわち「こむら返り」（熱痙攣）を起こす。Ⅱ度（熱疲労）では、頭痛、吐き気、嘔吐、全身の倦怠感・虚脱感が

Active Learning

歩行中あるいは運転中などでの交通外傷ではどのような損傷になるか考えてみましょう。

第**4**章　疾病と障害の成り立ちおよび回復過程

★褥瘡
「床ずれ」ともいう。寝たきりで、身体が支持面（布団、ベッドなど）で圧迫されることが原因で、局所の血流不全から壊死をきたす。骨が突出した部位（仙骨部、尾骨部、踵骨部、大転子部など）に好発する。

★虐待
古くは暴行による身体的虐待のことを指す用語であった。しかし近年では、身体的虐待のみならずネグレクトや心理的虐待、性的虐待も含めて「虐待」と表される。

Active Learning

熱中症は温度だけでなく湿度も影響しますが、温度と湿度を加味した指標について調べてみましょう。

出現し、軽度の意識障害をきたすこともある。Ⅲ度（熱射病）になると、Ⅱ度の症状に加えて、明らかな意識障害、全身の痙攣、40℃以上の高体温から、重症例では死亡に至ることも多い。

また、高温による局所的な障害では熱傷（ねっしょう）（＝やけど）が発生する。身体の広範囲にわたると死亡に至ることもある（＝熱傷死）。熱傷の面積が全身の50％に及んだ場合、死亡率も50％に上る。熱傷の重症度は以下のとおり第1〜4度に分類される。第1度では、皮膚の発赤・腫脹（しゅちょう）がみられ、疼痛（とうつう）を伴う。第2度でも、疼痛があり、皮膚には水疱（すいほう）を形成する。第3度になると、皮膚が壊死（えし）を起こし、疼痛を感じない。第4度では、組織の炭化をみる。なお、火災による死亡のことを焼死（しょうし）という。

③ 気圧

❶ 低気圧

高地では地上と比べて大気中の酸素分圧が低く、身体は低酸素状態に置かれる。海抜およそ2500m以上の高地で酸素欠乏に陥ると、数時間の経過で高山病（高度障害）を起こし、さまざまな症状が発生する。軽症例では頭痛、吐き気、嘔吐、眠気、めまいなどが出現するが、数日で身体が順応し（＝高地順化）、自然に軽快することが多い。しかし重症例では脳浮腫や肺水腫を起こし、死亡に至ることもある。

❷ 高気圧

作業やレジャーで潜水（ダイビング）を行うと、水深が深くなるにつれて身体に水圧がかかる。その状況でボンベなどを使用して呼吸すると、地上と比べて多くの窒素が血液や組織に取り込まれる。その後、水中から急激に浮上して大気中に戻ると、減圧により血液中に窒素の気泡が発生する。窒素の気泡は血管の塞栓（そくせん）や組織の傷害を起こし、減圧症（減圧障害）を引き起こす。初期には頭痛や疲労感をきたし、軽症例では関節や筋肉の痛みが典型的である。重症例では呼吸困難、脊髄・脳の障害、空気塞栓症から、死亡に至ることもある。

④ 光線（紫外線・赤外線）

光線のうち、眼で見える可視光線よりも波長の長いものを赤外線、短いものを紫外線と呼ぶ。これらの紫外線や赤外線は不可視光線ともいわれる。紫外線はたんぱく質を変性（へんせい）させるため、皮膚では日光皮膚炎（日焼け、色素沈着）や皮膚癌、眼では眼炎や白内障の原因となる。赤外線は、紫外線よりも組織傷害性が低いとされるが、長期間の曝露（ばくろ）★は眼に影響を及ぼすことがある。

★曝露
物理的な刺激や化学物質などに身体がさらされる状態を意味する。この「曝露」と、秘密や悪事をあばく「暴露」とを混同しないように注意が必要である。

⑤　**放射線**

　急性の障害では、多くの場合、まず吐き気、嘔吐、全身の倦怠感などの症状が出現し、放射線宿酔（ほうしゃせんしゅくすい）と呼ばれる。悪性腫瘍（あくせいしゅよう）に対する放射線治療の初期の症状としてよく発生する。臓器症状としては骨髄や皮膚に障害が出現しやすい。骨髄障害により白血球と血小板とが減少し、免疫能の低下や出血をきたす。皮膚障害では脱毛や紅斑（こうはん）・水疱・潰瘍（かいよう）が発生する。晩発の影響としては、白血病や皮膚癌をはじめとした発がん、生殖腺の障害や遺伝的な影響がある。

⑥　**電流**

　作業時の感電や落雷により電流が生体内を流れると、電流通過部の熱傷、中枢神経の損傷、心臓の心筋障害による不整脈などを生じる（＝電撃傷（でんげきしょう）・雷撃傷（らいげきしょう））。死亡に至った場合には、感電死や落雷死と呼ぶ。

⑦　**騒音**

　断続的な騒音環境に置かれると心身に不調をきたし、精神疲労や不眠を引き起こす。また、過度に大きな音では聴力低下（難聴）をきたし、音響外傷や騒音性難聴という。

⑧　**振動**

　日常的なものとして、車や船での乗り物酔いが挙げられる。長期間にわたり振動を伴う作業では振動障害（振動病）を引き起こす。

❷化学的因子

　化学物質を化学的因子という。

①　**腐食剤（腐食毒）**

　腐食剤（腐食毒）である強酸、強塩基・強アルカリ、重金属塩類は損傷をきたす。

　なかでも強アルカリはたんぱく質を分解する作用が強く、体表から深部にかけての重度の損傷になりやすいため、特に注意が必要である。

②　**金属性毒物（ヒ素および有害性重金属）**

　金属性毒物であるヒ素（As）や有害性重金属により中毒が引き起こされる。

　特に被害の大きいものは、カドミウム中毒のイタイイタイ病、有機水銀中毒の水俣病・新潟水俣病（第二水俣病）などの公害病として知られている。また、日本最古の公害である足尾銅山鉱毒事件では、主に銅を含んだ鉱毒水や有毒ガス（主に亜硫酸ガス）による被害が起きた。

③　**有毒ガス**

❶　一酸化炭素(CO)、プロパンガス(プロパン(C_3H_8)やブタン

★**強酸**
硫酸（H_2SO_4）、硝酸（HNO_3）、塩酸（HCl）など。なお、弱酸の酢酸（CH_3COOH）、シュウ（蓚）酸（$(COOH)_2$）、ギ（蟻）酸（HCOOH）なども腐食性を有する。

★**強塩基・強アルカリ**
水酸化ナトリウム（NaOH）、水酸化カリウム（KOH）など。なお、弱塩基・弱アルカリの水酸化アンモニウム（NH_4OH）＝アンモニア水なども腐食性を有する。

★**重金属塩類**
塩化水銀(II)（$HgCl_2$）、塩化亜鉛（$ZnCl_2$）、硝酸銀（$AgNO_3$）、硫酸銅(II)（$CuSO_4$）など。

★**有害性重金属**
鉛（Pb）、カドミウム（Cd）、銅（Cu）、亜鉛（Zn）、スズ（錫）（Sn）、水銀（Hg）など。

Active Learning

水俣病やイタイイタイ病などの代表的な公害病の症状について調べてみましょう。

（C$_4$H$_{10}$）などの混合ガス）、硫化水素（H$_2$S）、塩素ガス（Cl$_2$）などによる中毒

一酸化炭素は、炭素や炭素を含む有機物の不完全燃焼により発生する。血液中の赤血球に含まれるヘモグロビン（Hb）と強く結合し、一酸化炭素ヘモグロビン（COHb）を形成する。そして血液での酸素運搬能を低下させ、組織での酸素欠乏をきたし、一酸化炭素中毒を引き起こす。

❷　硫黄酸化物（SO$_x$：ソックス）や窒素酸化物（NO$_x$：ノックス）などによる大気汚染からの被害

硫黄酸化物の一つである亜硫酸ガスは呼吸器を刺激して気管支喘息を起こす。四大公害病の一つである四日市ぜんそくが有名である。また、工場や自動車などの排気ガスに含まれる窒素酸化物は光化学スモッグの原因となり、皮膚や粘膜の刺激症状を起こす。

④　有機溶媒

アルコール（メタノール（CH$_3$OH）、エタノール（C$_2$H$_5$OH）など）、アセトン（除光液や染み抜きなどに用いられる）、ヘキサン（燃料に用いられるベンジンの主成分）などの有機溶媒は中毒を生じる。

メタノールは工業用・燃料用、エタノールは飲料用・工業用（医薬品を含む）・燃料用に、それぞれ広く用いられている。メタノールを飲用すると、中毒で網膜や視神経を損傷して失明する。アルコール飲料・酒類に用いられるエタノールでも、乱用すれば急性アルコール中毒やアルコール依存症をはじめさまざまな害悪を引き起こす。

⑤　薬剤

一般に薬剤には作用（効果）と副作用（望ましくない作用）とが存在する。作用（効果）が大きいものを「薬」として利用し、副作用（望ましくない作用）が大きいものを「毒」と呼ぶ。「薬」とされる薬剤でも副作用が強く出現することや、薬害を引き起こす可能性がある。用法・用量を守らずに過剰に使用した場合、その薬剤によっては中毒をきたす。また、乱用により健康被害を及ぼす薬剤（麻薬、大麻、覚醒剤、ニコチン、カフェインなど）にも十分注意しなければならない。

⑥　その他

粉塵による塵肺（例：珪肺、石綿（アスベスト）肺など）、内分泌攪乱化学物質（いわゆる「環境ホルモン」）による障害や内分泌系への影響などが知られている。

❸生物学的因子

病原微生物（ウイルス、細菌、真菌）や寄生虫が口、気道、皮膚、粘膜などから体内に侵入し、あるいは節足動物（ダニ、昆虫）が皮膚を刺すことにより、感染症を引き起こす。

❹栄養的因子

生命を維持するためには、身体外から体内に栄養を摂取しなければならない。一般に食物として体内に摂取された栄養は、消化・分解されて栄養素となる。そして、吸収された栄養素は代謝され、身体の活動のためのエネルギーとなり、身体をつくり、身体の調子を整える。身体のエネルギーになる栄養素はたんぱく質、脂質、炭水化物（糖質）で、これらを三大栄養素という。このうちたんぱく質と脂質は身体をつくる役割も担う。また、三大栄養素にミネラルとビタミンを加えると五大栄養素となる。ミネラルやビタミンは身体の調子を整える働きをもつ。

体内に吸収された栄養素が過剰または不足した場合には、身体に障害をきたす。たとえば、エネルギー源である脂質や炭水化物（糖質）が過剰であれば脂質異常症や糖尿病、肥満となる。栄養素の不足（欠乏）やバランスの偏りは脱水症、ビタミン欠乏症や栄養失調となり、極端な場合には飢餓・餓死に至ることもある。なお、高度の栄養障害は、監督者や保護者の責任によるもの、特に児童、高齢者、障害者などの社会的弱者では虐待の可能性も考えられるため、十分に注意しなければならない。

❺その他

社会的・文化的因子として、住宅や上・下水道の環境、人間関係、ストレスなども疾病の一因となる。

3 内的要因

疾病の内的要因とは、身体の内側、すなわち体内に存在する病因のことである。疾病にかかりやすい素質（素因）ともいえる。内的要因は、生理的因子と病理的因子とに分けられる。

❶生理的因子

生理的因子とは、人間を集団的に捉えた場合の素因のことで、一般的素因ともいわれる。年齢、性別、人種、組織・臓器などにみられる共通の素因のことである。

① 年齢素因

加齢（老化）の影響で動脈硬化性疾患（狭心症や心筋梗塞などの虚血性心疾患、脳梗塞や脳出血などの脳血管障害）は高齢者に多い。癌をは

じめとする悪性腫瘍も一般に高齢者で発生しやすいが、一部の悪性腫瘍は小児（例：神経芽腫、網膜芽細胞腫、腎芽腫（ウィルムス腫瘍）、肝芽腫など）や若年者（例：胚細胞腫瘍・性腺腫瘍、脳腫瘍、骨軟部肉腫、子宮頸癌など）に好発する。

② 性別素因

多くの悪性腫瘍、痛風、尿路結石症、心筋梗塞などは男性で起こりやすい。一方、関節リウマチ、ほとんどの膠原病、脂質異常症、骨粗鬆症などは女性に起こりやすい。ただし、これらの疾病の発生には職業や生活習慣（飲酒、喫煙、食嗜好など）の違いも関係している。

③ 人種素因

民族や人種間でかかりやすい疾病に違いがある。過去には日本人は胃癌、欧米人は大腸癌といわれていたが、近年は日本でも大腸癌が増加している。生活環境や生活習慣の違いが関係すると考えられる。

④ 組織・臓器素因

組織や臓器ごとに発症しやすい疾病に偏りがみられる。特に結核は肺に好発する。

❷病理的因子

病理的因子とは、先天的・後天的に獲得された素因で、一般に体型・体質といわれるもので、個人的要素とも呼ばれる。

① 先天的素因

❶ 代謝酵素異常

新生児マス・スクリーニングで発見できる「先天性代謝異常等」として、アミノ酸代謝異常症（フェニルケトン尿症、メープルシロップ尿症、ホモシスチン尿症など）、有機酸代謝異常症、脂肪酸代謝異常症、糖質代謝異常症（ガラクトース血症）、内分泌疾患（先天性甲状腺機能低下症、先天性副腎過形成症）がある。

❷ 常染色体異常

ヒトの常染色体は 22 対である。ダウン症候群は、そのうち 21 番染色体が 3 本になる 21 トリソミーで、常染色体異常のなかでは最も有名である。13 番染色体や 18 番染色体のトリソミーも存在するが、それら以外の異常では流産になる場合が多い。

❸ 性染色体異常

ヒトを含む多くの哺乳類の性染色体は、雄（男性）が XY、雌（女性）が XX である。

・X 染色体の過剰：クラインフェルター症候群（XXY や XXXY など）

Active Learning

ダウン症の発生率には母体年齢が関係するが、どの程度か調べてみましょう。

やスーパー女性（XXX や XXXX など）

・Y 染色体の過剰：スーパー男性（XYY や XYYY など）

・X 染色体のうち 1 本の完全または部分的な欠損：ターナー症候群
（XO や X）

・X 染色体は生存に欠かせない遺伝子をもっているため、Y のみ（YY、
YO、Y）では致死となる。

❹　原発性免疫不全症候群

　　X 連鎖無ガンマグロブリン血症（B 細胞の障害）、重症複合免疫不
全症（T 細胞の障害）、慢性肉芽腫症（好中球の障害）など、非常に
多くの疾病が存在する。

② **後天的素因**

❶　免疫異常

・後天性免疫不全症候群（AIDS）：ヒト免疫不全ウイルス（HIV）
の感染により免疫細胞が破壊される。

・アレルギー（蕁麻疹、花粉症など）：外部からの抗原（アレルゲン）
に対する過剰な免疫反応によって起こる。

・自己免疫疾患（関節リウマチ、膠原病など）：自己のもつ抗原に対
する免疫反応によって起こる。

❷　ホルモン異常

　　ホルモンを産生・分泌する内分泌腺の機能低下や機能亢進により疾
病が引き起こされる。

・機能低下：慢性甲状腺炎（橋本病）による甲状腺機能低下症、副甲
状腺機能低下症、アジソン病など。

・機能亢進：バセドウ病による甲状腺機能亢進症、クッシング症候群、
原発性アルドステロン症、褐色細胞腫など。

2　病変の成立機序

　さまざまな病因により、身体で**生体反応**（例：炎症、変性、虚血、発
がん、免疫反応など）が起きて、病変を発生させる。

1　炎症

　炎症とは、何らかの外的要因に対して、それを排除するように起こる
生体反応である。本来は生体防御として作用する重要な反応であるが、

炎症自体は組織を傷害するように働く。

炎症の特徴である発赤、熱感、腫脹、疼痛は「ケルススの四徴候」として知られ、機能障害を加えて「ガレノスの五徴候」となる。

組織に傷害が生じると、マクロファージや白血球をはじめとする炎症細胞などから化学物質[*]が放出される。それにより血管が拡張し、血管壁の透過性が亢進する。直後から血漿成分の滲出や白血球の浸潤が起こり、炎症の徴候を生じる。

炎症は、その経過から**急性炎症**と**慢性炎症**に分類される。急性炎症は傷害部位で初期に生じる炎症で、血漿成分の滲出や白血球の浸潤がみられ、数時間から数週間以内の経過でおさまるものである。慢性炎症になると傷害部位には主にリンパ球やマクロファージなどの炎症細胞が浸潤し、経過は4週間以上にわたる。

★化学物質
炎症に関与する化学物質をケミカルメディエーターという。ヒスタミン、ブラジキニン、プロスタグランジン、ロイコトリエンなどがある。

2 変性

代謝障害により**退行性病変**[*]および**進行性病変**[*]を生じる。

変性とは、退行性病変の一つで、代謝障害により細胞内・組織内に異常な代謝物質が沈着するものや、正常な物質でも沈着が大量あるいは沈着の部位が異常なものである。この変化は可逆的で、代謝機能が正常に戻れば細胞・組織も正常な状態に回復する。たとえば、糖質代謝異常による糖原変性、脂質代謝異常による脂肪変性、たんぱく質・核酸代謝異常による水腫性変性、空胞変性、粘液変性、硝子様変性、アミロイド変性などや、ほかには石灰変性・病的石灰化などが挙げられる。

★退行性病変
細胞や組織が障害されて萎縮や変性などをきたしたものである。

★進行性病変
組織や細胞への刺激に対応した肥大・過形成などである。

3 虚血

虚血とは循環障害の一種で、血管の狭窄や閉塞により血流が低下あるいは遮断されて、細胞や組織への血液供給が不足した状態のことである。虚血がさらに進行すると細胞・組織が壊死に陥り、**梗塞**と呼ばれる状態になる。血管が狭窄・閉塞する原因として**血栓**や**塞栓**が挙げられる。

生活習慣病である高血圧、糖尿病、脂質異常症では、血管の内皮細胞の障害により動脈硬化を引き起こす。動脈硬化を起こした血管では血流の停滞が起こり、血栓ができやすい。血管内で血栓を形成すると、その部位で血管を狭窄・閉塞する。心臓の冠状動脈で起こると心筋梗塞、脳動脈で起こると脳梗塞となる。

長時間の座位などで同じ姿勢を取り続けると、下肢や骨盤内の深部静脈に血栓が生じやすくなる。この血栓が血流に乗って肺静脈を閉塞する

Active Learning
虚血の原因となる血栓と塞栓はどう違うのか調べてみましょう。

と、肺血栓塞栓症（エコノミークラス症候群）となる。

その他、骨折した骨の骨髄や周囲の皮下組織の脂肪滴が血管に流入して塞栓を起こす脂肪塞栓症、羊水が母体中に流入して引き起こされる羊水塞栓症、減圧症での窒素の気泡による空気塞栓症もある。

４ 発がん

正常な細胞の DNA が繰り返し傷害を受けると DNA の異常や変異が生じ、細胞の増殖と死の制御に異常をきたす。その結果、細胞の増殖が起こり、腫瘍が発生する。一般に増殖速度が緩徐で、正常の細胞や組織に悪影響を及ぼさず、生命予後に影響しないものを良性腫瘍と呼ぶ。一方、増殖速度が速く、正常の細胞や組織の機能を障害し、またリンパ節や他の臓器に転移することで全身に影響を及ぼして、生命予後を脅かすものが悪性腫瘍★である。特に癌★は現代人の死因の上位を占める重大な疾病である。

① 遺伝的要因

がん遺伝子やがん抑制遺伝子の変異が発がんに関与するため、家系内にがんが集積することがある。家族性大腸ポリポーシスやリンチ症候群による大腸癌、遺伝性乳癌・卵巣癌症候群、腎芽腫（ウィルムス腫瘍）、網膜芽細胞腫などが知られている。

② 環境要因

種々の化学物質、たばこ、放射線などは発がん性を有する。また、ヒトパピローマウイルス（HPV）（子宮頸癌、中咽頭癌、肛門癌など）や EB ウイルス（EBV）（悪性リンパ腫、上咽頭癌、胃癌）、ヘリコバクター・ピロリ（ピロリ菌）（胃癌）などの感染が発がんにつながることが明らかになってきている。

③ 多段階発がん

前がん病変から多段階を経て発生する多段階発がんのメカニズムが広く支持されている。多段階発がんはイニシエーション★、プロモーション★、プログレッション★の段階に分かれる。

５ 免疫反応

① 免疫と抗原・抗体

免疫とは、体内に侵入した病原体に対して、排除して発病しないように働く生体反応であり、生体防御として作用する重要な反応である。免疫反応を起こす病原体を抗原といい、外来性抗原（花粉や病原微生物な

Active Learning

DNA と RNA の違いについて調べてみましょう。

★悪性腫瘍
身体や臓器の表面を覆う上皮細胞から発生する、上皮性のものを癌（あるいは癌腫）、骨・軟骨や筋肉など上皮細胞以外の細胞から発生する、非上皮性のものを肉腫と呼ぶ。

★癌（「癌」と「がん」）
医学的に肺癌や大腸癌など上皮性の悪性腫瘍は漢字で「癌」と表す。ひらがなの「がん」は、癌や肉腫、血液腫瘍も含む悪性腫瘍全般のことを指す。がん検診やがん対策などの施策や、一般名の場合もひらがなで表記される。

★イニシエーション
正常な細胞に発がん因子が加わり、がん遺伝子やがん抑制遺伝子の DNA に不可逆的な変異を生じる。変異を生じた細胞により前がん病変がつくられる。

★プロモーション
発がん過程を助長するプロモーターの存在により、イニシエーションを受けた変異細胞が自律的に増殖を開始する。

★プログレッション
イニシエーションを受けた変異細胞がプロモーターの存在下に増殖している間、さらに新たな発がん因子が加わって新たな DNA の変異を蓄積すると、がん細胞が発生する。

第４章 疾病と障害の成り立ちおよび回復過程

ど）と生体内抗原（腫瘍細胞、自己抗原など）とが存在する。抗原に対して特異的に反応する物質として体内でつくられたものを抗体という。

抗体は免疫グロブリン（Ig）とも呼ばれ、IgG、IgM、IgA、IgE、IgDの５種類が存在する。抗原の刺激に対してIgMが最初に出現するため、感染症の診断に用いられる。それに遅れてIgGが産生される。このIgGは胎盤通過性を有するため、母子免疫に重要である。IgAは涙や唾液などの分泌液中に存在し、粘膜の防御に働く。IgEはアレルギー反応に、IgDはリンパ球B細胞の分化に、それぞれ関与する。

② 免疫細胞

免疫反応を主に担当している細胞は、血液中の白血球に含まれるリンパ球と組織中の樹状細胞である。リンパ球はT細胞とB細胞とに分類される。T細胞は骨髄に由来し、胸腺で分化・成熟する。ヘルパーT細胞やキラー（細胞傷害性）T細胞などが存在する。B細胞は骨髄で産生されて分化し、リンパ節や脾臓で成熟する。樹状細胞は抗原提示細胞とも呼ばれ、体内に入った抗原を取り込んで分解し、その断片を細胞表面に提示することで、T細胞に抗原情報を伝える。

③ 細胞性免疫

胸腺で分化・成熟したT細胞が担当する局所の免疫反応である。

ヘルパーT細胞が抗原を提示した樹状細胞を認識してサイトカイン★を産生し、キラーT細胞を活性化させる。キラーT細胞は抗原を有する細胞を直接攻撃し、排除する。

④ 液性免疫

骨髄由来のB細胞が担当する体液中の抗体による免疫反応である。

ヘルパーT細胞が産生するサイトカインにより、B細胞は形質細胞へと分化する。形質細胞は抗原に対して大量の抗体を生成して抗原抗体反応を起こし、抗原を有する細胞を排除する。

★サイトカイン
免疫系の細胞をはじめさまざまな種類の細胞から分泌されるたんぱく質で、免疫や炎症など多様な作用を示す。その作用からインターロイキン、ケモカイン、インターフェロンなどに分類され、数百種類が発見されている。

◇参考文献
・桜井勇監『Qシリーズ 新病理学 フルカラー・改訂第5版』日本医事新報社，2012.
・全国栄養士養成施設協会・日本栄養士会監『サクセス管理栄養士講座 人体の構造と機能及び疾病の成り立ちII 解剖生理学・病理学 第4版』第一出版，2016.
・太田秀一監『看護学入門3巻 疾病の成り立ち・感染と予防 第3版』メヂカルフレンド社，2017.
・環境省『熱中症環境保健マニュアル2018』（平成30年3月改訂），2018.
・日本救急医学会『医学用語解説集』（最終更新日：2009年10月26日）
https://www.jaam.jp/dictionary/

第5章

リハビリテーションの概要と範囲

　社会福祉やその関連領域において、リハビリテーションは心身機能改善のみならず住環境整備や社会適応援助などを包括する広汎な体系をもつ、対人サービスのプロセスである。対象者のあらゆる障害に対して、身体的、精神的、あるいは社会的に最も適した機能水準の達成を支援し、可能とすることにより、各個人が自らの人生を変革していく手段を提供する。

　本章ではリハビリテーションの定義、目的、対象、そしてさまざまな領域で開発されてきた手法を学ぶことにより、その概要を理解し、実践に必要な知識を得ることを目的とする。

第1節 リハビリテーションの定義

学習のポイント

● リハビリテーションの定義について学ぶ
● リハビリテーションの概念に含まれる側面について学ぶ
● 医学的リハビリテーション・リハビリテーション医療の概念を理解する

★リハビリテーション
リハビリテーションという言葉は日常生活のなかで「復帰するためのトレーニングや準備中」という意味合いで使われている。我が国ではリハビリテーションは略して、リハビリということが多い。英語では Rehab と略されるが、この場合は薬物依存症などからの更生の意味合いが強い。我が国の医療関係者のなかには、リハ、およびそれから派生して、リハ医、リハ・マインドなどの言葉を個人独特の意味を含めて使うことがあり、いっそう理解しにくい言葉になっている。本章では日本リハビリテーション医学会の提言を受けてリハビリテーションは省略しないで用いる。

Active Learning

なぜ障害のある人にリハビリテーションを行うのか、考えてみましょう。

1 リハビリテーションの定義

リハビリテーション★（rehabilitation）という言葉の元来の意味は、失われた地位の回復、権利や名誉の回復、復権の意味であるが、健康状態の回復という意味でも用いられる。リハビリテーションという言葉が社会福祉や医学・医療との関連で使われるようになったのは 20 世紀以降である。この場合のリハビリテーションの意味は「心身に障害を残した患者が心理・社会的に再適応し社会復帰すること」である[1]。**表 5-1** に医学・医療との関連で用いられるリハビリテーションの定義をまとめた。

2 リハビリテーションの側面

リハビリテーションには、❶医学的リハビリテーション、❷社会的リハビリテーション、❸職業的リハビリテーション、❹教育的リハビリ

表5-1　リハビリテーションの定義

1942年	全米リハビリテーション評議会	リハビリテーションとは、障害者が、身体的、精神的、社会的、職業的、ならびに経済的に可能な限り最高度の有用性を獲得するよう回復させることである
1982年	国連・障害者に関する世界行動計画	身体的、精神的、かつまた社会的に最も適した機能水準の達成を可能にすることによって、各個人が自らの人生を変革していくための手段を提供していくことをめざし、かつ、時間を限定したプロセスである

テーション、などの理念が含まれている。

　医学的リハビリテーションは、リハビリテーション医学とリハビリテーション医療から構成される。リハビリテーション医学（rehabilitation medicine, physical medicine and rehabilitation：PM&R）は、医学的リハビリテーションを提供するための学問的体系である。リハビリテーション医学という学術的な裏づけのもとにエビデンスが蓄えられて根拠のある質の高いリハビリテーション医療が提供されることになる。リハビリテーション医療にはリハビリテーション診断とリハビリテーション治療が含まれる（**表 5-2**）。リハビリテーション診断は、障害の評価や予後予測にかかわる。リハビリテーション診断を経てリハビリテーションのゴールの設定がなされ、患者の合併症や併発症の把握、リハビリテーション治療に伴うリスク管理も含めたリハビリテーション治療の処方（医師による指示）が作成され、リハビリテーション治療が開始される。

表5-2　リハビリテーション診断と治療

リハビリテーション診断	リハビリテーション治療
身体所見の診察 ADL・QOL などの評価 　FIM（機能的自立度評価法）、Barthel Index など 高次脳機能検査 画像検査 　超音波、単純 X 線、CT、MRI、シンチグラフィーなど 血液検査 電気生理学的検査 　筋電図、神経伝導検査、脳波、体性感覚誘発電位（SEP）、心電図など 生理学的検査 　呼吸機能検査、心肺機能検査など 摂食嚥下機能検査 　嚥下内視鏡検査、嚥下造影検査など 排尿機能検査 病理検査 　筋・神経	理学療法 　運動療法 　物理療法 作業療法 言語聴覚療法 摂食嚥下療法 義肢装具療法 認知療法・心理療法 電気刺激療法 磁気刺激療法 　rTMS（repetitive transcranial magnetic stimulation）など ブロック療法 薬物療法（漢方を含む） 　疼痛、痙縮、排尿排便、精神神経、循環・代謝、異所性骨化など 生活指導 排尿排便管理 栄養管理（リハビリテーション診療での栄養管理） 手術療法 　腱延長術、腱切離術など 新しい治療 　ロボット、BMI（brain machine interface）、再生医療、AI（artificial intelligence）など

出典：久保俊一「リハビリテーション医学・医療の概念」日本リハビリテーション医学会監，久保俊一総編集，加藤真介・角田亘編『リハビリテーション医学・医療コアテキスト』医学書院, p.4, 2018.

社会的リハビリテーションは、主に障害者の社会への参加に関連する
ものである。

職業的リハビリテーションは、主に障害者に対する復職や職業訓練な
どに関連するものである。

教育的リハビリテーションは、主に障害児の教育に関連するものであ
る。

3 ▶ 医学的リハビリテーション

■ リハビリテーション医学

❶リハビリテーション医学の歴史

★物理医学
物理医学には1895年
のレントゲンによるX
線の発見と臨床応用か
ら始まった放射線医学
と電気治療を主体とす
る理学療法の分野が含
まれていた。なお、物
理療法には運動療法に
加えて、欧州・イギリ
ス・日本などでの温泉
療法に起源をもつ水治
療や温熱療法などが含
まれている。物理医学
の臨床・教育・研究は
アメリカでは1930年
頃から慢性疾患や障害
者の治療に応用される
ようになった。

★療育
療育とは障害のある小
児の治療と同時に教育
を行う考え方である。
我が国のリハビリテー
ション医学・医療の源
流の一つには高木憲次
が始めた療育にあると
される。

リハビリテーション医学は、歴史的には物理医学*（physical medicine）とリハビリテーションが統合された医学の一分野である。現代的なリハビリテーション医学は1940年代にアメリカで専門医制度が整備され、医学の一専門分野として体系づけられた。アメリカでは第二次世界大戦中に主に戦傷者の社会復帰や職業訓練の概念が加えられ、物理医学とリハビリテーションを基盤とした現代のリハビリテーション医学の基礎がつくられ、日本など各国に広められた。1999年から国際的に公式の場でもRehabilitation Medicineという名称が使われるようになった。

❷我が国のリハビリテーション医学の変遷

我が国においては、傷痍軍人に対する施策、高木憲次による障害のある小児に対する療育の理念と実践がなされてきた。20世紀前半はリハビリテーションと関連する主な対象は、戦傷による脊髄損傷や四肢の損傷と急性灰白髄炎（ポリオ・小児麻痺）の後遺症による肢体不自由などであった。第二次世界大戦後からの復興期には労働災害、交通事故による外傷（脊髄損傷など）がリハビリテーション医療の対象になった。その後、高齢化社会が進み、がん、心臓病、脳血管疾患、認知症がリハビリテーション医療の対象に加わり、生活習慣病やフレイルの予防が重要な対象に加わった。我が国におけるリハビリテーション医学・医療の変遷を**表5-3**にまとめた。

---

i 高木憲次 1889-1963. 東京大学整形外科教授。1942年に整肢療護園を設立。

❸医学的リハビリテーションの背景にある概念

現在のリハビリテーション医療の概念の形成には、社会の変化に応じて三つの背景となる概念がある。第一次世界大戦・第二次世界大戦の戦中戦後の時代からの障害者の復権、1960年代からのノーマライゼーションと自立生活運動である。

① 障害者の復権

障害者の復権は、障害者の社会参加と捉えることができる。第一次世界大戦後に職業リハビリテーション法がアメリカで制定され、戦傷者、障害者の社会復帰が目的とされた。アメリカでは1940年代に戦傷者、障害者の身体的、心理的、職業的、社会的な機能を最大限に引き出す効果を上げる目的で医学・医療におけるリハビリテーションが実践された。

② ノーマライゼーション

ノーマライゼーション（normalization）は1960年前後の北欧に源流を求められる概念であり、障害者が健常者と互いに区別されることな

表5-3 我が国のリハビリテーション医学・医療の変遷

年代	社会情勢の変遷	我が国のリハビリテーション医学・医療の変遷		欧米のリハビリテーション医学・医療の変遷	
1900年		1906年	廃兵院の開設、のちに傷兵院 傷痍軍人の収容	1918年	理学療法士、作業療法士のトレーニングコース設置（アメリカ）
	第一次世界大戦（1914～1918年）	1936年	戦傷脊髄損傷療養所（のちの国立療養所箱根病院）	1938年	物理医学の創始（アメリカ、Krusen*）
	第二次世界大戦（1939～1945年）	1942年	整肢療護園の開設 高木憲次による療育の実践	1942年	戦傷者に対するリハビリテーションのプログラムの実践（アメリカ、Rusk**）
	ポリオの流行（1940年代から1960年代）	1949年	身体障害者福祉法	1947年	リハビリテーション医学の専門医制度（アメリカ）
	労働災害（戦後から復興期）	1965年	理学療法士及び作業療法士法	1983～1992年	国連・障害者の十年
		1987年	義肢装具士法		
		1996年	リハビリテーション科が標榜診療科として認められる		
		1997年	言語聴覚士法		
	高齢化社会	1997年	介護保険法		
2000年				1999年	Rehabilitation Medicine の名称の使用 International Society of Physical and Rehabilitation Medicine
		2018年	日本専門医評価認定機構による専門医制度：リハビリテーション科は19の基本領域の一つ		

注：＊：Krusen, F. H.（1898-1973）：アメリカで Physical Medicine を体系づけた。"founder" of the field of physical medicine and rehabilitation.
　　＊＊：Rusk, H. A.（1901-1989）：現代的な医学的リハビリテーションをアメリカ空軍病院で実践、New York University 教授。"Father of comprehensive rehabilitation."

★ピアカウンセリング
障害のある当事者仲間
（ピア）が、互いに平
等な立場で話しあいな
がらサポートし、地域
での自立生活を支援す
る。

★バリアフリー
障害のある人が社会生
活をしていくうえで障
壁となるものを除去す
るという意味で、段差
などの物理的障壁の除
去をいうことが多い。
より広く障害者の社会
参加を困難にしている
社会的・制度的・心理
的な障壁の除去という
意味でも用いられる。

く社会生活をともにすることができる社会が普通のことであるとする考
え方と運動である。

③　自立生活運動

　自立生活運動（Independent Living Movement：IL 運動）は重度
障害者自身が主体的に地域で暮らす取り組み・運動である。1960 ～
1970 年代にアメリカで重度障害のある学生が地域のなかで自立活動を
周囲の支援を受けながら主体的に行うことができるように自ら要求して
実行するようになった。ピアカウンセリング※（peer counseling）やバ
リアフリー※の考え方の源流にもなっている。

◇引用文献
　1 ）千野直一監，椿原彰夫・才藤栄一・出江紳一・道免和久編『現代リハビリテーション医学 改訂
　　　第 4 版』金原出版，p.1，2017.

◇参考文献
　・日本リハビリテーション医学会監，久保俊一総編集，加藤真介・角田亘編『リハビリテーション
　　医学・医療コアテキスト』医学書院，2018.
　・安保雅博監，渡邉修・松田雅弘編『PT・OT ビジュアルテキスト専門基礎 リハビリテーション
　　医学』羊土社，2018.
　・千野直一監，椿原彰夫・才藤栄一・出江紳一・道免和久編『現代リハビリテーション医学 改訂第
　　4 版』金原出版，2017.
　・栢森良二『学生のためのリハビリテーション医学概論 第 3 版』医歯薬出版，2020.
　・厚生労働省社会・援護局障害保健福祉部企画課「身体障害者ケアガイドライン〜地域生活を支援
　　するために〜」2002. https://www.mhlw.go.jp/topics/2002/04/tp0419-3c.html

●おすすめ
　・栢森良二『学生のためのリハビリテーション医学概論 第 3 版』医歯薬出版，2020.

第2節 リハビリテーションの目的

学習のポイント

● リハビリテーション医学・医療の目的について学ぶ
● 日常生活動作（ADL）と生活の質（QOL）について学ぶ

1 リハビリテーション医学・医療の目的

リハビリテーション医学・医療の目的は、生活機能の低下、活動の制限や参加の制約の改善に医学的視点からかかわること、日常生活動作（ADL）の改善、生活の質（QOL）を高めることである。

リハビリテーション医学・医療では、疾病、外傷により生じた機能障害についてリハビリテーション診断を行い、運動療法、物理療法、作業療法、言語療法、装具療法などの手段を用いてリハビリテーション治療を行う。単に身体面の機能の回復ばかりでなく、生活活動、社会参加、職業復帰、心理的側面までをできる限り最大レベルまで高めていくことを目的にする。もし身体機能の回復が十分に得られない場合には、残された機能を活用することで機能を代償し、装具を用いたり、環境の整備を行うことで生活上の不自由さや社会参加の制約を軽減し、日常生活動作（ADL）の改善、生活の質（QOL）を高めることを目的にする。

「機能を回復する」「障害を克服する」「活動を育む」というキーワードを用いて、日本リハビリテーション医学会はリハビリテーション医学を説明している。[1] リハビリテーション医学は、対象とする疾患について、機能障害（本章第3節参照）と能力低下の診断を行ったうえで治療を行う。加えて、医学的な視点から日常生活のなかでの自立や賦活、さらに発展して学校生活、社会生活、就業、地域活動やスポーツなど活動や参加の過程の賦活化を図る。

2 ▶ 日常生活動作（ADL）と手段的日常生活動作（IADL）、生活の質（QOL）

1 日常生活動作（ADL）

　日常生活動作（activities of daily living：ADL）とは、食事・更衣・移動・排泄・整容・入浴など1人の人間が独立して行う、基本的で各人ともに共通に毎日繰り返される一連の動作群である。それぞれについて自立ないし部分介助・全介助のいずれであるかを評価する。代表的なADL の評価尺度には、バーセルインデックス（Barthel Index：BI）と機能的自立度評価法（Functional Independence Measure：FIM）などがある。バーセルインデックスは食事・移乗・整容・トイレ・入浴・歩行・階段昇降・着替え・排便・排尿の10項目で構成されている（**表5-4**）。FIM は ADL を13の運動項目と5項目の認知項目の18項目で評価し、各項目を1〜7点で評価することから定量的な評価が可能になる（**表5-5**）。

2 手段的日常生活動作（IADL）

　手段的日常生活動作（instrumental activities of daily living：IADL）は ADL を応用して行われる一連の動作群である。IADL には、電話をする、買い物、バスに乗る、食事のしたく、服薬管理、金銭管理

表5-4　バーセルインデックス（Barthel Index：BI）

	自立	部分介助	全介助
食事	10	5	0
移乗	15	10・5*	0
整容	5	0	0
トイレ	10	5	0
入浴	5	0	0
歩行	15	10・5**	0
階段昇降	10	5	0
着替え	10	5	0
排便	10	5	0
排尿	10	5	0

注：＊：5点：部分介助：起き上がって座れるが移れない
　　＊＊：5点：歩けないが車いす操作可能
合計点は0点（全介助）から100点（完全自立）になる
出典：千野直一監，椿原彰夫・才藤栄一・出江紳一・道免和久編『現代リハビリテーション医学　改訂
　　　第4版』金原出版，p.116，2017. を参考に作成

表5-5　機能的自立度評価法（Functional Independence Measure：FIM）

運動項目（13項目）			認知項目（5項目）
食事	トイレ動作	浴槽移乗	理解
整容	排尿管理	移動	表出
清拭	排便管理	階段	社会的交流
更衣上半身	移乗		問題解決
更衣下半身	トイレ移乗		記憶

注：各項目を介助の必要度により1点（全介助）から7点（完全な自立）で採点する。
　　合計点は18点から126点になる。ADLを行う場面において介護者がいる必要がなければ7点か6点であり、どのような理由にせよ介護者が立ち会うのであれば5点以下になる。
出典：千野直一編著，里宇明元・園田茂・道免和久『脳卒中患者の機能評価——SIASとFIMの実際』シュプリンガー・フェアラーク，pp.52-53，1997．を参考に作成

などが含まれる。

3 生活の質（QOL）

　生活の質（quality of life：QOL）とは、主観的な幸福感、生活の質であり、身体的、精神的、社会的、環境的な要因などすべてを含めた生活の質を意味する。医療に関して、生活の質に受ける影響を評価する場合は健康関連QOL（HRQOL：health related quality of life）が用いられ、疾患や障害を特定しない包括的尺度と疾患特異的尺度に分類される。包括的尺度としてSF-36（MOS 36-Item Short-Form Health Survey）が挙げられる。SF-36ではさまざまな疾患の健康関連QOLを測定することが可能であり、疾病の異なる患者間のQOLの比較が可能であり、患者の健康状態を一般の人と比較することができる。

★ **SF-36**
Medical Outcome Study（MOS）は、1980年代にアメリカで行われた大規模なアウトカム研究である。MOS調査では健康度、機能障害、心理的状態、役割機能などを測定するための40の健康概念と149項目のバージョンが作成された。SF-36はMOS調査票の短縮版（short form）であり、主要な八つの健康概念（身体機能・日常役割機能（身体）・体の痛み・全体的健康感・活力・社会生活機能・日常役割機能（精神）・心の健康）を測定するための36項目の質問から構成されている。

◇引用文献
1）久保俊一「リハビリテーション医学・医療の概念」日本リハビリテーション医学会監，久保俊一総編集，加藤真介・角田亘編『リハビリテーション医学・医療コアテキスト』医学書院，p.3，2018．

◇参考文献
・日本リハビリテーション医学会監，久保俊一総編集，加藤真介・角田亘編『リハビリテーション医学・医療コアテキスト』医学書院，2018．
・安保雅博監，渡邉修・松田雅弘編『PT・OTビジュアルテキスト専門基礎 リハビリテーション医学』羊土社，2018．
・千野直一監，椿原彰夫・才藤栄一・出江紳一・道免和久編『現代リハビリテーション医学 改訂第4版』金原出版，2017．
・千野直一編著，里宇明元・園田茂・道免和久『脳卒中患者の機能評価——SIASとFIMの実際』シュプリンガー・フェアラーク，1997．
・栢森良二『学生のためのリハビリテーション医学概論 第3版』医歯薬出版，2020．
・鈴鴨よしみ・福原俊一「SF-36® 日本語版の特徴と活用」『日本腰痛学会雑誌』第8巻第1号，pp.38-43，2002．

●おすすめ
・栢森良二『学生のためのリハビリテーション医学概論 第3版』医歯薬出版，2020．

第5章 リハビリテーションの概要と範囲

第3節 リハビリテーションの対象

学習のポイント

● 障害の概要について学ぶ

● リハビリテーション医学・医療の対象となる疾患・障害の概要を学ぶ

● 廃用症候群の概要を学ぶ

1 ▶ 障害の概要

1 障害者基本法における障害者

障害者基本法では、障害者とは「身体障害、知的障害、精神障害（発達障害を含む。）その他の心身の機能の障害がある者であって、障害及び社会的障壁により継続的に日常生活又は社会生活に相当な制限を受ける状態にあるもの」とされている。

「平成28年生活のしづらさなどに関する調査（全国在宅障害児・者等実態調査）」結果の概要によると、障害者手帳所持者数は、559万4000人と推計され、内訳は身体障害者手帳が428万7000人、療育手帳が96万2000人、精神障害者保健福祉手帳が84万1000人であった。

❶身体障害

身体障害は、視覚障害、聴覚・平衡機能障害、音声・言語・そしゃく障害、肢体不自由、内部障害に代表される。それぞれに対応した診療科・専門医が対応する。「平成28年生活のしづらさなどに関する調査（全国在宅障害児・者等実態調査）」では、身体障害者手帳所持者に占める肢体不自由の割合が最も高く全体の45.0%となっており、年齢階級別では65歳以上の割合が増加している。

❷精神障害

精神保健及び精神障害者福祉に関する法律（精神保健福祉法）では、精神障害者とは、「統合失調症、精神作用物質による急性中毒又はその依存症、知的障害、精神病質その他の精神疾患を有する者」と定義されている。

精神障害者保健福祉手帳とは精神疾患のある人に交付される手帳で精神保健福祉法に基づいた制度である。対象となるのはすべての精神疾患

★肢体不自由
上下肢あるいは体幹の運動障害のことである。具体例として、脳血管障害による片麻痺、頸髄部の脊髄損傷による四肢麻痺、外傷・腫瘍による四肢の切断、膝・股関節などの人工関節置換などが挙げられる。

で、統合失調症、気分障害（うつ病、躁うつ病など）、てんかん、薬物やアルコールによる急性中毒またはその依存症、高次脳機能障害、発達障害（自閉症、学習障害、注意欠陥多動性障害等）その他の精神疾患（ストレス関連障害等）が含まれる。

❸知的障害

知的障害には法令上の定義はない。知的障害のある人に**療育手帳**が都道府県知事または指定都市の市長から交付される。厚生労働省の知的障害児（者）基礎調査では、知的障害を「知的機能の障害が発達期（おおむね18歳まで）にあらわれ、日常生活に支障が生じているため、何らかの特別の援助を必要とする状態にあるもの」と定義している。

2 ICF の機能障害の定義

ICF（International Classification of Functioning, Disability and Health：**国際生活機能分類**）では「機能障害（構造障害を含む）（impairments）とは、著しい変異や喪失などといった、心身機能または身体構造上の問題である」とされている[1]。

3 身体障害者福祉法と身体障害者手帳

身体障害者福祉法の身体障害者手帳の交付の対象となる障害は、⑴視覚障害、⑵聴覚または平衡機能の障害、⑶音声機能、言語機能またはそしゃく機能の障害、⑷肢体不自由、⑸心臓、じん臓または呼吸器の機能の障害その他政令で定める障害（いわゆる身体障害者福祉法で規定する**内部障害**は、2020（令和2）年現在、❶心臓機能障害、❷じん臓機能障害、❸呼吸器機能障害に加えて、❹ぼうこうまたは直腸の機能障害、❺小腸の機能障害、❻ヒト免疫不全ウイルスによる免疫機能障害、❼肝臓機能障害の七つ）である。身体障害者手帳は、身体障害者福祉法に定める身体上の障害がある者が、都道府県知事の定める医師の診断書・意見書を添えて、居住地の都道府県知事（指定都市と中核市では市長）に申請し、交付される。

4 高次脳機能障害者

脳損傷による高次脳機能障害のある人に対して、厚生労働省は2001（平成13）年度から高次脳機能障害支援モデル事業を実施し、**高次脳機能障害診断基準**が作成された（**表5-6**）。厚生労働省のこの診断基準では、後天的な脳の器質的病変により記憶障害、注意障害、遂行機能障害、

表5-6　高次脳機能障害診断基準

> **診断基準**
> **Ⅰ．主要症状等**
>   1．脳の器質的病変の原因となる事故による受傷や疾病の発症の事実が確認されている。
>   2．現在、日常生活または社会生活に制約があり、その主たる原因が記憶障害、注意障害、遂行機能障害、社会的行動障害などの認知障害である。
> **Ⅱ．検査所見**
>   MRI、CT、脳波などにより認知障害の原因と考えられる脳の器質的病変の存在が確認されているか、あるいは診断書により脳の器質的病変が存在したと確認できる。
> **Ⅲ．除外項目**
>   1．脳の器質的病変に基づく認知障害のうち、身体障害として認定可能である症状を有するが上記主要症状（Ⅰ-2）を欠く者は除外する。
>   2．診断にあたり、受傷または発症以前から有する症状と検査所見は除外する。
>   3．先天性疾患、周産期における脳損傷、発達障害、進行性疾患を原因とする者は除外する。
> **Ⅳ．診断**
>   1．Ⅰ〜Ⅲをすべて満たした場合に高次脳機能障害と診断する。
>   2．高次脳機能障害の診断は脳の器質的病変の原因となった外傷や疾病の急性期症状を脱した後において行う。
>   3．神経心理学的検査の所見を参考にすることができる。

出典：厚生労働省「高次脳機能障害診断基準」（2004年2月20日作成）

社会的行動障害の四つの認知障害のために日常生活または社会生活が困難なものを**高次脳機能障害者**としている。この診断基準は精神障害者保健福祉手帳の取得、障害者の日常生活及び社会生活を総合的に支援するための法律（障害者総合支援法）に基づく障害福祉サービスの申請に利用されている。なお、高次脳機能障害という用語は脳損傷に起因する認知障害全般を意味しており、具体的には、失語、失行、失認のほかに、記憶障害、注意障害、遂行機能障害、社会的行動障害などが含まれる（第6章第2節参照）。なお、失語症については「音声機能、言語機能またはそしゃく機能の障害」として身体障害者手帳の申請が可能である。

2　リハビリテーション医学・医療の対象

　リハビリテーション医学・医療の診療領域は、脳血管疾患、脳の外傷や腫瘍、脊椎や脊髄の疾患や外傷、筋ジストロフィーやパーキンソン病などの神経筋疾患、変形性関節症や関節リウマチなどの骨・関節の疾患と外傷（骨折など）、四肢の切断、脳性麻痺を含む小児疾患、急性心筋梗塞や心不全などの心疾患、呼吸器疾患、周術期、がんなどさまざまな

疾患や障害を対象としている。そのほか、廃用症候群（不動、身体的不活動）の予防、精神科領域のリハビリテーション、主に生活期の高齢者を対象としたリハビリテーション（通所リハビリテーション（デイケア）（本章第4節参照））などがリハビリテーション医学・医療の対象に含まれる。そのほか、高齢化時代を踏まえた転倒予防につながる筋力維持や体力維持、生活習慣病予防を目的とした個人の運動習慣の啓発、ロコモティブシンドロームの予防、フレイル（第6章第17節参照）やサルコペニア（第6章第17節参照）などへの取り組みもリハビリテーション医学の重要な対象になっている。

1 廃用症候群（不動、身体的不活動）

　廃用症候群とは、身体の不活動状態によって二次的に生じた障害である。不動（immobilization）、身体的不活動（physical inactivity）という言葉を用いることが学術的には多くなっているが、医療保険制度上は廃用症候群という言葉が用いられている。廃用症候群による障害、身体的不活動状態は、疾病などの要因で過度に安静にすることや、医療上必要な安静の指示やギプスなどによる固定などで生じる。活動性が低下したことによる日常生活の不活発や安静に伴って生じる体力の低下や身体的、精神的症状を総称した概念であり、比較的短期間の安静臥床で、健康な若年者にも生じ得る。

　廃用症候群で生じる障害は、関節拘縮、筋力低下、筋萎縮など運動機能の低下、心肺機能の低下、起立性低血圧、下肢静脈血栓による肺塞栓症、褥瘡（いわゆる、床ずれ）、消化器、泌尿器、精神面など多岐にわたる（表5-7）。高齢者や障害者では、不動による生理学的変化が、短期間でしかも顕著に起こり、その回復は容易ではない。急性期リハビリテーション医療では不動による運動機能の障害である筋力低下、関節拘縮と心肺機能低下を予防するため、離床が可能になれば早期離床を行い、ベッドサイドでの起立、筋力維持・増強訓練を行う。廃用症候群は予防が最も重要である。廃用症候群の予防は急性期リハビリテーション（本章第4節参照）の重要な目的である。

2 ロコモティブシンドローム（ロコモ）

　ロコモティブシンドローム（locomotive syndrome）（略称：ロコモ）は、「運動器の障害のために移動機能の低下をきたした状態」のことを表し、2007（平成19）年に日本整形外科学会によって新しく提唱され

★運動器
身体を動かすためにかかわる組織や器官。骨・筋肉・関節・靱帯・腱・神経など。

表5-7 廃用症候群

臓器・器官	現象	対応
運動器 　筋 　骨・関節	筋萎縮・筋力低下 持久力低下 関節拘縮 骨萎縮・骨粗鬆症	早期離床、筋力維持・増強訓練 早期離床、関節可動域訓練、良肢位保持
心肺・血管機能	運動耐用性低下 起立性低血圧 静脈血栓症・塞栓症 胸郭可動性の低下 肺活量低下 排痰機能低下 沈下性肺炎 無気肺	早期離床 傾斜台（チルトテーブル）
認知・心理機能	抑うつ状態 せん妄・見当識障害	早期離床・心理的賦活・交流の機会を増やす
消化器	便秘 食欲低下	早期離床
泌尿器	尿路結石・尿路感染症	早期離床
皮膚	褥瘡	早期離床、除圧、体位変換
その他	高カルシウム血症 疼痛閾値の低下（末梢神経） その他	

★がんロコモ
がんの医療・医学の進歩による治療成績が改善し、抗がん剤治療や放射線療法が外来で行われることが日常的になった。がん患者ががんと共存して生きる時代になり、最期まで動けることを目指す、がん患者における運動器管理・がん診療の取り組み・概念が「がんロコモ」として2018（平成30）年に提唱された。

た概念である。がん患者の歩行・移動の機能維持を目的とした「がんロコモ」の取り組みが提唱されている。

◇引用文献
1）世界保健機関（WHO），障害者福祉研究会編『ICF 国際生活機能分類——国際障害分類改定版』中央法規出版，p.9，2002.

◇参考文献
・日本リハビリテーション医学会監，久保俊一総編集，加藤真介・角田亘編『リハビリテーション医学・医療コアテキスト』医学書院，2018.
・安保雅博監，渡邉修・松田雅弘編『PT・OT ビジュアルテキスト専門基礎 リハビリテーション医学』羊土社，2018.
・千野直一監，椿原彰夫・才藤栄一・出江紳一・道免和久編『現代リハビリテーション医学 改訂第4版』金原出版，2017.
・森岡秀夫・河野博隆編著『がん患者の運動器疾患の診かた——新たなアプローチ「がんロコモ」』中外医学社，2019.
・栢森良二『学生のためのリハビリテーション医学概論 第3版』医歯薬出版，2020.
・緒方直史「がんロコモの概念と意義——がんロコモによるがん患者の運動器機能維持」『The Japanese Journal of Rehabilitation Medicine』第57巻第4号，pp.284-288，2020.

● おすすめ
・栢森良二『学生のためのリハビリテーション医学概論 第3版』医歯薬出版，2020.

第4節 リハビリテーションの方法

学習のポイント

- リハビリテーション治療の概要を学ぶ
- リハビリテーション医学・医療にかかわる関連専門職について学ぶ
- 急性期・回復期・生活期のリハビリテーション医学・医療の概要を学ぶ

1 リハビリテーション治療

リハビリテーション治療には、理学療法、作業療法、言語聴覚療法などがある（**表5-8**）。

表5-8　リハビリテーション治療

I. **理学療法**
　1）運動療法
　　　関節可動域（ROM）訓練、筋力増強訓練、基本動作訓練、起居動作訓練、座位・立位訓練、移乗訓練、起立・歩行訓練、呼吸理学療法、有酸素運動など
　　　その他：
　　　　協調性訓練、治療体操（Frenker体操、Burger体操、Codman体操など）、固有受容性神経筋促通法（PNF）など
　2）物理療法
　　　温熱療法、寒冷療法、電気刺激療法、水治療法、光線療法（紫外線、レーザー）、牽引療法
II. **作業療法**
　1）身体障害作業療法
　　　ADL訓練、利き手交換、高次脳機能障害の訓練、上肢装具（スプリント）の作成と訓練、自助具・住環境整備の対応など
　2）精神障害作業療法
　　　レクリエーション活動（手芸、園芸など）など
III. **言語聴覚療法**
　　　失語症の評価・訓練、発声訓練、構音訓練、聴能訓練など
IV. **摂食嚥下療法**
　　　直接嚥下訓練、間接嚥下訓練、口腔ケアなど
V. **義肢・装具療法**
　　　上肢装具、下肢装具、義肢（義手、義足）など
VI. **薬物治療・手術療法***
　　　ボツリヌス治療、腱切断術、腱延長術など（＊：医師による治療）
VII. **研究段階の新しい治療**
　　　ロボット、Brain Machine Interface（BMI）など

2 リハビリテーション医療における 多職種の協働

1 チーム医療

Active Learning

目的をもったチームにおいて、有効な多職種協働を行うために、どのようにしたらよいか考えてみましょう。

リハビリテーション医療は、患者を中心とした各種の専門職がそれぞれの専門性を活かしたチーム医療で行われる。関連専門職間の連携、協働が重要である（図5-1）。チーム医療では患者のリハビリテーション治療のゴール設定や必要なアプローチなどについて専門職間のカンファレンスで治療の方向性を確認し、協働して治療にあたる。

2 リハビリテーション医学・医療にかかわる関連専門職

医療機関においてリハビリテーション治療は医師の指示（リハビリテーションの処方）を受けて、主に理学療法士、作業療法士、言語聴覚士などの関連専門職によって行われる。

❶理学療法士

理学療法に携わる者を理学療法士（physical therapist：PT）という。理学療法士及び作業療法士法では、「『理学療法』とは、身体に障害のある者に対し、主としてその基本的動作能力の回復を図るため、治療体操その他の運動を行なわせ、及び電気刺激、マッサージ、温熱その他の物理的手段を加えることをいう」とされている。

図5-1　関連専門職間の連携：多職種協働型チーム医療

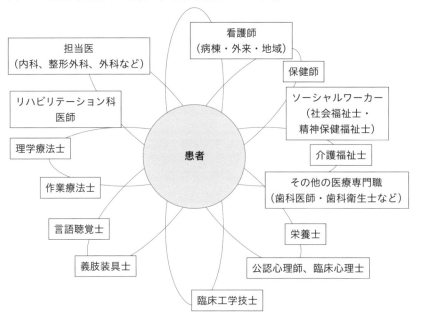

❷作業療法士

作業療法に携わる者を**作業療法士**（occupational therapist：OT）
という。理学療法士及び作業療法士法では、「『作業療法』とは、身体又
は精神に障害のある者に対し、主としてその応用的動作能力又は社会的
適応能力の回復を図るため、手芸、工作その他の作業を行なわせること
をいう」とされている。

❸言語聴覚士

言語聴覚士は、言語聴覚士法では、「音声機能、言語機能又は聴覚に
障害のある者についてその機能の維持向上を図るため、言語訓練その他
の訓練、これに必要な検査及び助言、指導その他の援助を行う」とされ
ている。

❹その他

理学療法士、作業療法士、言語聴覚士以外にも、多職種の専門職と介
護福祉に関連するその他の多くの職種がチーム医療として連携・協働し
てかかわることになる（**図 5-1**）。

3 包括的リハビリテーション

包括的リハビリテーションにはリハビリテーション医療を含む疾病の
治療と再発予防、服薬指導、生活習慣の改善を目的とした栄養指導、体
力維持のための自己練習指導などが含まれ、多職種の連携・協働のもと
で行う。包括的リハビリテーションには患者に対する教育的な側面も含
まれる。包括的リハビリテーションの具体的な例としては、心臓リハビ
リテーション（例：急性冠症候群患者の生活期での外来における通院で
の運動療法、禁煙指導、服薬指導）や呼吸リハビリテーション（例：慢
性呼吸不全患者の生活期での外来通院・訪問での栄養指導、在宅酸素療
法、歩行機能維持の自己練習指導など）が挙げられる。

3 急性期・回復期・生活期のリハビリテーション医学・医療

リハビリテーション医学・医療は、疾患や外傷の発生した時期から急
性期・回復期・生活期の三つのフェーズに分けることができる
（**図 5-2**）。

第**5**章
リハビリテーションの概要と範囲

■1 急性期のリハビリテーション治療

急性期のリハビリテーション治療は、疾病、外傷、手術などの発症や処置直後から原疾患の治療と並行して行われる。廃用症候群を予防し、早期の ADL 向上と社会復帰を図るために、十分なリスク管理のもとにできるだけ発症後早期から積極的なリハビリテーション治療を行う。リハビリテーション医療の実施に伴い生じ得るリスクを**表 5-9** にまとめた。手術が行われる場合は**周術期のリハビリテーション治療**として呼吸理学療法などが術前から開始されることがある。リハビリテーション治療の内容は、疾病・疾患・手術の内容によるが、早期からの離床促進目的で、座位・立位・歩行訓練を開始し、必要に応じて摂食・嚥下訓練、ADL 訓練などが実施される。

図5-2　施設からみたリハビリテーション診療と介護におけるリハビリテーションマネジメント

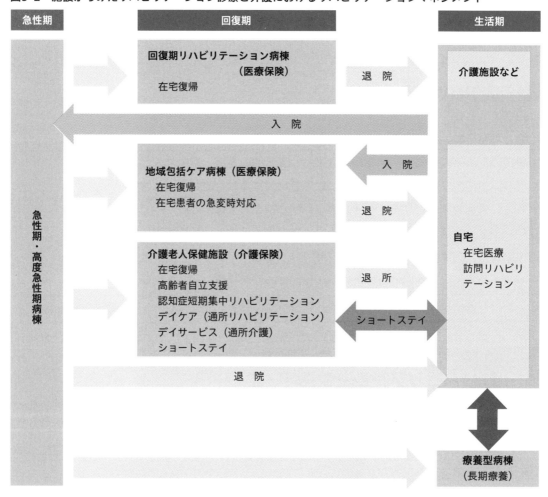

出典：久保俊一「リハビリテーション医学・医療の概念」日本リハビリテーション医学会監，久保俊一総編集，加藤真介・角田亘編『リハビリテーション医学・医療コアテキスト』医学書院，p.9，2018.

2 回復期のリハビリテーション医療

　回復期のリハビリテーション医療は、急性期の治療を受け病状が安定し始めた時期（おおよそ発症から1～2か月程度）から、集中的なリハビリテーション治療が回復期リハビリテーション病棟や地域包括ケア病棟で実施される。この時期の目的は活動の最大限の賦活化であり、機能の回復や日常生活で必要な動作の改善を図り、社会や家庭への復帰を図ることである。疾病の再発予防に必要な投薬治療なども継続して行われる。**表5-10**に医療保険制度上で規定されている回復期リハビリテーション病棟の対象を示した。

3 生活期のリハビリテーション医療

　生活期のリハビリテーション医療は、急性期の治療や集中的な回復期リハビリテーション病棟での治療を受けたあとのフェーズのリハビリテーション医療である。生活期のリハビリテーション医療の目的は、障

表5-9　リハビリテーション医療の実施に伴い生じ得るリスク

疾病・病態に伴うリスク
急変：心肺停止、意識障害、呼吸不全、肺塞栓、痙攣、てんかん発作など 再発：脳血管障害、虚血性心疾患など 感染：多剤耐性菌感染症、院内感染など
疾病・病態、運動や訓練中に伴うリスク
起立性低血圧 血圧の変動 不整脈 嘔吐、誤嚥 その他
訓練中に伴うリスク
転倒・転落 裂傷 熱傷 炎症症状の増悪 呼吸状態の悪化 筋・腱・靭帯損傷 誤嚥・窒息 自助具・福祉用具の不具合 医療機器の不具合、医療用の点滴・チューブ類の抜去 その他
入院中に生じ得るリスク（リハビリテーション医療と直接関連しないものを含む）
せん妄 覚醒レベル低下 無断離院、自傷（自殺を含む）・他害 その他

表5-10　回復期リハビリテーション病棟に入院できる状態と日数（医療保険制度上）

疾　　患	病棟に入院できる期間
脳血管疾患、脊髄損傷、頭部外傷、くも膜下出血のシャント手術後、脳腫瘍、脳炎、急性脳症、脊髄炎、多発性神経炎、多発性硬化症、腕神経叢損傷等の発症後若しくは手術後の状態又は義肢装着訓練を要する状態	150日
高次脳機能障害を伴った重症脳血管障害、重度の頸髄損傷及び頭部外傷を含む多部位外傷	180日
大腿骨、骨盤、脊椎、股関節若しくは膝関節の骨折又は二肢以上の多発骨折の発症後又は手術後の状態	90日
外科手術又は肺炎等の治療時の安静により廃用症候群を有しており、手術後又は発症後の状態	90日
大腿骨、骨盤、脊椎、股関節又は膝関節の神経、筋又は靱帯損傷後の状態	60日
股関節又は膝関節の置換術後の状態	90日

資料：「基本診療料の施設基準等」（平成20年厚生労働省告示第62号）別表第9　回復期リハビリテーションを要する状態及び算定上限日数
出典：回復期リハビリテーション病棟協会ホームページを一部改変
　　　http://www.rehabili.jp/patient/index.html

★通所リハビリテーション（デイケア）
通所リハビリテーション（デイケア）とは、要介護者が介護老人保健施設、介護医療院、病院、診療所その他の厚生労働省令で定める施設に通って、理学療法士、作業療法士、言語聴覚士などの専門職による機能の維持回復訓練や日常生活自立のための訓練が受けられる。リハビリテーションが主要となる介護保険のサービスであり、主治医の指示によって受けることになる。

害のある子ども・成人・高齢者とその家族が住み慣れた地域でその人らしく自分らしい暮らしを続けられることにあり、**地域包括ケアシステム**の概念と重なるものである。生活期のリハビリテーション医療では、**介護保険制度**の対象者では介護保険のサービスで提供される訪問リハビリテーションや**通所リハビリテーション（デイケア）**などのリハビリテーション治療が含まれる。また、急性期または回復期のリハビリテーション医療で可能になった活動を維持し、可能な範囲で実生活の場でさらなる活動の向上を目指すことになる**維持期**である。生活期のリハビリテーション医療は在宅や施設において行われる。

4　疾患別リハビリテーション

　医療保険制度では、2006（平成18）年に疾患別リハビリテーション料が創設され、2020（令和2）年現在は**表5-11**に示した概要である。

表5-11 疾患別リハビリテーションの対象となる患者

（医療保険制度上の区分、抜粋、2020（令和 2 ）年現在）

心大血管疾患リハビリテーション

急性心筋梗塞、狭心症、開心術後、経カテーテル大動脈弁置換術後、大血管疾患（大動脈解離、解離性大動脈瘤、大血管術後）
慢性心不全、末梢動脈閉塞性疾患その他の慢性の心大血管疾患

脳血管疾患等リハビリテーション

急性発症またはその手術後
　脳梗塞、脳出血、くも膜下出血、脳外傷、脳炎、急性脳症（低酸素脳症等）、髄膜炎等
　脳膿瘍、脊髄損傷、脊髄腫瘍、脳腫瘍摘出術などの開頭術後、てんかん重積発作等
多発性神経炎（ギランバレー症候群等）、多発性硬化症、末梢神経障害（顔面神経麻痺等）等
パーキンソン病、脊髄小脳変性症、運動ニューロン疾患（筋萎縮性側索硬化症）、遺伝性運動感覚ニューロパチー、末梢神経障害、皮膚筋炎、多発性筋炎等
失語症、失認および失行症、高次脳機能障害
難聴や人工内耳植込手術等に伴う聴覚・言語機能の障害
顎・口腔の先天異常に伴う構音障害
舌悪性腫瘍等の手術による構音障害
脳性麻痺等（治療開始時において、FIM：115以下、BI：85以下の状態）

廃用症候群リハビリテーション

急性疾患等に伴う安静による廃用症候群
（治療開始時において、FIM：115以下、BI：85以下の状態）

運動器リハビリテーション

急性発症した運動器疾患またはその手術後（骨折等）
関節の変性疾患、関節の炎症性疾患、熱傷瘢痕による関節拘縮、運動器不安定症等

呼吸器リハビリテーション

肺炎、無気肺等
肺腫瘍、胸部外傷その他の呼吸器疾患またはその手術後
慢性閉塞性肺疾患（COPD）、気管支喘息、気管支拡張症、間質性肺炎、塵肺、びまん性汎細気管支炎（DPB）、神経筋疾患で呼吸不全を伴うもの、気管切開下、人工呼吸管理下、肺結核後遺症等
食道癌、胃癌、肝臓癌、咽・喉頭癌等の手術前後の呼吸機能訓練を要する患者

がん患者リハビリテーション

入院中のがん患者が対象
全身麻酔による手術予定または手術後、放射線治療、化学療法の予定または実施後など
緩和ケア主体で治療中で在宅復帰を目的としたリハビリテーションが必要な患者

◇参考文献
・日本リハビリテーション医学会監，久保俊一総編集，加藤真介・角田亘編『リハビリテーション医学・医療コアテキスト』医学書院，2018.
・安保雅博監，渡邉修・松田雅弘編『PT・OT ビジュアルテキスト専門基礎 リハビリテーション医学』羊土社，2018.
・千野直一監，椿原彰夫・才藤栄一・出江紳一・道免和久編『現代リハビリテーション医学 改訂第 4 版』金原出版，2017.
・栢森良二『学生のためのリハビリテーション医学概論 第 3 版』医歯薬出版，2020.

●おすすめ
・栢森良二『学生のためのリハビリテーション医学概論 第 3 版』医歯薬出版，2020.

第**5**章 リハビリテーションの概要と範囲

第6章

疾病と障害および
その予防・治療・予後・
リハビリテーション

　本章では、臓器別、病態別にそれぞれの領域における代表的な疾病や障害について原因や症状、予防や治療について、また必要に応じて予後やリハビリテーションについても概説する。各臓器別以外の項目として、感染症（第1節）、高齢者に多い疾患（第17節）、生活習慣病（総論）、内部障害（第18節）、悪性腫瘍と緩和ケア（第19節）、といった臓器横断的な分野も本章に入っている。一つひとつ病態を理解するのは大変だが、よく耳にするような代表的な疾患も多くしっかり学んでほしい。

感染症

学習のポイント
- 主な感染症の概要について学ぶ
- 医療従事者を介した院内・施設内感染の拡大がないように、感染対策について学ぶ

1 インフルエンザ

1 概要

インフルエンザは、気道粘膜にインフルエンザウイルスが感染して引き起こされる呼吸器感染症である。インフルエンザウイルスはＡ型、Ｂ型、Ｃ型に分かれており、Ａ型とＢ型が公衆衛生上問題となるヒトへの感染と流行を起こす。

感染後の潜伏期間は 1 ～ 2 日で、突然の発症、38℃を超える発熱から始まり、咽頭痛、頭痛、関節痛、倦怠感など全身症状が強いのが特徴である。消化器症状（嘔吐、下痢）を伴うこともある。2 ～ 3 日で解熱傾向となり、その頃から鼻汁、咳嗽などの呼吸器症状が目立ってくる。ただし、典型症状を呈さない患者もいる。健康成人では、1 ～ 2 週間で自然回復するが、高齢者や基礎疾患をもつ人は、肺炎を起こしやすく注意が必要である。また 65 歳以上では、インフルエンザ感染による死亡数（人口 10 万人年対）が 22.1 人と高く、注意を要する。

2 治療

細胞に感染したインフルエンザウイルスが細胞内で増殖し、感染細胞から遊離される際に必要なノイラミニダーゼを阻害することにより、ウイルスの遊離を抑制し、ウイルスの増殖を抑制する作用をもつノイラミニダーゼ阻害薬で治療する。このためウイルスの増殖が強くなりすぎると効果が弱まるため、発症後から 48 時間以内での使用が推奨される。

2018（平成 30）年にキャップ依存性エンドヌクレアーゼ阻害薬という新しい機序の抗インフルエンザ薬が登場した。2020（令和 2）年 4 月時点において、キャップ依存性エンドヌクレアーゼ阻害薬は、12 歳未満の小児では、慎重に投与を検討する。また、免疫不全患者や重症患

★Ａ型
Ａ型は、ヘマグルチニン（HA）とノイラミニダーゼ（NA）の型の違いによってさらにサブグループに分かれ、HA は 1 ～ 16、NA は 1 ～ 9 あり、全部で 144 通りの組み合わせが理論上は存在する。

★Ｂ型
Ｂ型は、ヒトの間でのみ感染するといわれている。亜型は存在せず、山形系統とビクトリア系統という二つの系統のみが存在する。

★キャップ依存性エンドヌクレアーゼ阻害薬
インフルエンザウイルス特有の酵素のキャップ依存性エンドヌクレアーゼに作用し、ウイルスの転写反応を阻害し、ウイルスの増殖を抑えることで、ウイルスが他の細胞へ感染していくのを防ぐ。商品名はゾルフーザ。

者では、単独での積極的な投与は推奨されない。インフルエンザウイルス感染は基本的には自然治癒する病気であり、必ずしも全例にノイラミニダーゼ阻害薬やキャップ依存性エンドヌクレアーゼ阻害薬が必要なわけではない。医療資源は限られていることの認識や、耐性ウイルス出現の危険性も十分考慮し、適正使用を考慮する。

3 予防等

予防のために毎シーズン前の**ワクチン接種**が推奨される。アルコールは有効な消毒薬で、**手指衛生**は重要である。また、飛沫感染・接触感染をきたすため、咳エチケットを含む標準予防策、接触予防策が重要である。

2 ノロウイルス感染

1 概要

ノロウイルスに汚染された食物（二枚貝等）、食品、井戸水等の直接摂取による経口感染と、ノロウイルス感染者の手指、感染者の汚物を処理した際にドアノブや手すり、便座等の環境を汚染し、第三者がそれらに触れ、手指等を介して口に入った場合の接触感染がある。

年間を通じて感染が生じるが、特に冬～春季に流行する。感染力が強く、汚染した食物や水を介して、ヒトからヒトへ伝播し、胃腸疾患の爆発的な集団発生を引き起こす。感染後の潜伏期間は 1 ～ 2 日で、その後、突然の悪心・嘔吐、下痢、腹痛で発症する。発熱は 37 ～ 38℃と軽微である。感染しても症状が出ない場合や、軽症で快方に向かう場合が多いが、小児や高齢者では、重症化するおそれがある。また、嘔吐後は飛沫感染や空気感染することがある。

2 治療

治療は、脱水に陥らないように、体液および電解質の補充を行う。

3 留意事項

ノロウイルスは、アルコールによる消毒効果が弱いため、石けんと流水による手洗いを念入りに 2 回繰り返す。固形石けんはウイルスを媒介する可能性があり、液体石けんの使用が望ましい。感染可能期間は、

Active Learning

多くのウイルスではアルコール消毒が有効ですが、ノロウイルスなどアルコールによる消毒効果が弱いのはどうしてでしょうか。

下痢消失後 48 時間までとされる。体調が悪いときに食事の準備（調理）をしないようにする。標準予防策を遵守し、おむつや便失禁があれば接触予防策を行う。糞便や吐物により激しく汚染したところを掃除する場合はマスクを着用する。有効な消毒薬は次亜塩素酸ナトリウムで、特にトイレは念入りに消毒する。

エイズ（AIDS：後天性免疫不全症候群）

1 概要

ヒト免疫不全ウイルス（human immunodeficiency virus：HIV）が感染し、獲得免疫のなかで重要な働きをしている CD 4 陽性 T 細胞＝ヘルパー T 細胞の機能低下をきたすことでエイズが発症する。HIV 感染から約 10 年程度で発症し、免疫不全によって、通常は感染症をきたさない弱毒菌による感染（日和見感染）と発がんをきたす。

HIV の主な感染経路は、同性間・異性間の性的接触、母子感染、血液や血液製剤である。2019（令和元）年に報告された新規 HIV 感染者数は 903 人、新規エイズ感染者数は 333 人である。HIV 感染者の感染経路は同性間の性的接触が 72.1 ％、異性間の性的接触が 15.1 ％である[1]。

2 治療

核酸系逆転写酵素阻害薬 2 剤を中心とした 3 剤以上の抗ウイルス薬の終生使用で、エイズへの進展を遅らせることができる。

3 予防等

コンドームの正しい使用、安全な性行為の理解、血液が付着した器具を共用しない等の予防が大切である。

4 重症急性呼吸器症候群（SARS）／新型コロナウイルス感染症（COVID-19）

1 概要

重症急性呼吸器症候群（SARS）は、2002 年に中国南部から発生し、香港、シンガポール、カナダなど 32 か国に広がった。2003 年に新種

の SARS コロナウイルス（SARS-CoV）が分離された。飛沫感染や接触感染が主で、潜伏期間は 5 〜 6 日である。症状は、38℃以上の発熱、咳嗽、息切れなどの呼吸器症状が主体である。マスク、ゴーグルによる目の保護、ガウン、手袋が伝播阻止に重要であることが証明されている。二次感染の大部分は医療従事者であった。

2019 年に、SARS コロナウイルス（SARS-CoV）に似た、新種のウイルス、新型コロナウイルス（SARS-CoV-2）が中国武漢で発見され、2020 年に世界的に大流行した。このウイルスによる疾患は**新型コロナウイルス感染症（COVID-19）**と呼ばれる。平均潜伏期間は曝露後 5 日くらいまでと推定される。筋肉痛、疲労・全身倦怠感、咳嗽、ぼんやりする、わずかな発熱などの前駆症状があるが、8 割は無症状から軽症で治癒する。しかし、2 割弱は、2 週目には徐々に進行して息切れ、呼吸困難、肺炎を発症する。

Active Learning

新型コロナウイルスで注目されていますが、PCR 検査と抗体検査とはどう違うのでしょうか。

2 予防等

2020 年 12 月 1 日時点で、有効な治療法はなく、全世界で 146 万人以上が死亡している。「換気の悪い密閉空間」「多数が集まる密集場所」「間近で会話や発声をする密接場面」のいわゆる三つの「密」が重なるところで感染のリスクが高まり、予防のためには、流行期にこれらの場所を避ける必要がある。飛沫感染と接触感染が主であり、**咳エチケット**、マスクの着用、**手指衛生**（アルコールを含む消毒液および石けん、水）、人と距離をとる等の予防策が重要である。患者と濃厚接触するときは、N95 マスク、ガウン、ゴーグル、キャップ、手袋を着用する。

5 ウイルス性肝炎

概要

ウイルス性肝炎は、肝炎を引き起こすウイルスに感染し体内でウイルスが増殖して肝細胞が障害を受け、食欲不振、悪心、全身倦怠感、黄疸などの症状を引き起こした状態である。急性肝炎は、場合によっては重篤化し、生命の危機もあり得るが、ウイルスが排除されれば肝障害は沈静化し、病気は治癒する。しかし、一部の肝炎ウイルスは増殖が持続し、慢性化することがある。詳細は、本章第 8 節「1　肝胆膵疾患」を参照。

第**6**章　疾病と障害およびその予防・治療・予後・リハビリテーション

6 結核

1 概要

結核は結核菌が浮遊する空気を吸い込むことによって、感染を起こす。すべての結核感染者が発病するわけではなく、約10％程度が発病すると考えられている。

肺結核が主病態であるが、全身のさまざまな臓器に感染し得る。空気感染を起こすため、その予防策を行う必要がある。患者にはサージカルマスクの着用、対応する医療従事者はN95マスクを着用、患者を陰圧室に隔離するなどの予防策を行う。詳しくは、本章第6節「4　肺結核」を参照。

2 治療

治療は、抗結核薬を組み合わせた併用療法を半年以上行う。抗結核治療を2週間以上行い、かつ、3回喀痰検査（24時間おき）で陰性を確認できれば空気感染予防策を解除できる。

7 MRSA（メチシリン耐性黄色ブドウ球菌）

1 概要

黄色ブドウ球菌はヒトに感染を起こす代表的な細菌の一つである。手術後の人工物などの異物と創部を好む傾向があり、容易に血流感染を引き起こす。蜂窩織炎などの皮膚軟部組織感染症、骨髄炎、化膿性脊椎炎、カテーテル関連血流感染症、手術部位感染症、感染性心内膜炎などが代表的な感染症である。

MRSA（メチシリン耐性黄色ブドウ球菌）は黄色ブドウ球菌が薬剤耐性化したものである。メチシリンだけでなく多種多様の抗菌薬に耐性をもっている。院内感染の原因菌として1970年代から問題となっていたが、現在は市中にも広がっており、日本での分離頻度は黄色ブドウ球菌中50％前後を占める。

2 治療

治療は、バンコマイシン、リネゾリド、ダプトマイシンなどの抗

★血流感染
血流感染とは、細菌が血液中に入り、定着・増殖し感染に至った状態のことをいう。

★蜂窩織炎
蜂窩織炎は、皮膚とそのすぐ下の組織に生じ、周囲に広がりやすい細菌感染症である。皮膚に発赤、痛み、圧痛がみられるほか、発熱や悪寒が生じたり、より重篤な症状が現れたりすることもある。

★薬剤耐性
普通なら効果のある抗菌薬を使っても、細菌が殺されなかったり、その増殖が抑えられなくなること（実際は通常よりきわめて多い量を投与しなければ効果を得られなくなること）をいう。

MRSA 作用をもつ抗菌薬投与であるが、発症せず保菌状態[*]であれば、必ずしも治療の必要はない。

3 留意事項

菌がついた手指や衣類により媒介され、菌を有する患者の気道吸引時に飛散し、医療従事者に感染し得る。健常者では通常発症することはまれであるが、全身状態が低下した高齢者や術後患者、新生児などでは重篤な感染を引き起こす。

菌の汚染を広げないために、医療従事者は手指衛生を頻繁に行う必要がある。気道吸引時には手袋、ガウン、マスク、ゴーグルなどを着用し、処置後は必ず手指衛生を行う。高齢者施設では入所にあたり、MRSAの保菌検査を行うところもあるが、陽性者を拒否することなく、適切に接触感染予防を行うことが重要である。

8 腸管出血性大腸炎

1 概要

腸管出血性大腸炎は、病原性をもつ大腸菌が産生毒素により出血性大腸炎を引き起こし発症する。O157 をはじめとするベロ毒素が原因となり、溶血や急性腎不全をきたす。6 ～ 10 月の高温期に多発しやすい。感染からの潜伏期間は 2 ～ 5 日で、下痢、嘔吐、腹痛、血便などの症状を呈する。患者からの排菌は 1 週間を過ぎると減少する。

2 治療

治療は体液および電解質の補充が主体である。

3 留意事項

経口感染により発症するが、食品の十分な加熱（75℃で 1 分以上）で予防できる。また、接触感染を起こすため、手指衛生を頻繁に行う必要がある。

<aside>
★保菌状態
保菌とは、感染症の病原体を体内に保有しながらも、その病気を発症していない状態を指す。病原体と本人の免疫力の均衡が保たれている状態である。臨床症状はみられないものの、菌を体外へ排出している場合は他人への感染源となる。
</aside>

<aside>
第 6 章

疾病と障害およびその予防・治療・予後・リハビリテーション
</aside>

9 疥癬

1 概要

疥癬はヒゼンダニが皮膚へ外寄生し、強いかゆみを生じる疾患である。ヒトからヒトへの直接的な接触で起きる直接感染と、衣類や寝具等を介して起きる間接感染がある。高齢者施設や入院病床で集団感染を起こすことがある。指間、手掌、腋窩、男性の陰部、下腹部や背部での感染が多い。

2 治療

イベルメクチン内服、フェノトリン外用、イオウ剤外用等で治療する。

3 留意事項

医療従事者を介した感染拡大がないように、接触感染予防を行うことが重要である。

10 日和見感染症

概要

手術、抗がん剤、免疫抑制薬等により、我々の体を微生物から守っている免疫機能が低下した状態で、弱毒菌など免疫が正常なときは発症しない微生物が感染して病原性を現す。このような感染症を**日和見感染症**と呼ぶ。感染をきたした患者は易感染性宿主と呼ばれる。ニューモシスチス肺炎、サイトメガロウイルス感染症、クリプトコッカス髄膜炎、カンジダ感染症などがある。

11 院内・施設内感染対策

1 ワクチン接種

医療従事者は、自身の麻疹、風疹、水痘、流行性耳下腺炎への罹患歴やワクチン接種歴を認識し、不明な場合は抗体価を調べる。もし抗体価が不十分な場合は、そのワクチン接種を済ませることが重要である。B

型肝炎ウイルスにおいても、ワクチン未接種ないし抗体価が不十分な場合は、ワクチン接種を行う。冬季になれば、シーズンごとにインフルエンザワクチン接種を行う。

2 咳エチケット

　マスクを着用していても鼻の部分に隙間があったり、顎の部分が出たりすると、効果が十分ではない。くしゃみ、咳をするときは、ティッシュペーパーやマスクで口と鼻を覆い、人がいない方向を向いて行う。このとき使用したティッシュペーパーはすぐにごみ箱に捨てる。またこのあとは、こまめに石けんやアルコール消毒液で手洗いを行う。これら咳エチケットは医療従事者でなくても、一般的に行われるべきことである。

3 帰宅ポリシー

　自身が感染源となり、ほかの職員や患者にうつさないために、帰宅ポリシーを遵守する。これは有症状の職員は仕事を休まなければならないということを定めたルールである。体調不良で仕事を休むとほかのスタッフに迷惑をかけてしまうと考え、無理をして仕事に出てくることは、流行性疾患の流行時期には決して行ってはならない。体調不良のときは職場を離れることが重要である。また、くしゃみや咳が出ているときはマスクを着用し、使用したマスクは放置せずごみ箱に捨てる。

4 手指衛生

　手指衛生が必要な五つの場面を次に示す。❶患者に近づくとき（患者に触れる前）、❷血管カテーテル挿入、ドレーン開放、分泌物吸引など無菌・清潔操作の前、❸すべての体液の吸引、創部の包帯交換、皮下注射など、体液に曝露するリスクのあと、❹患者に触れたあと患者から離れるとき、❺リネン交換、輸液の速度調整、アラーム停止、床頭台の清掃等で患者の周りに触れたあとには必ず手指衛生を行う。

5 標準予防策と接触予防策

　表 6-1 に示す状況に応じて、医療従事者は標準予防策（スタンダードプリコーション）を行う。

　接触予防策は、標準予防策に追加して行う予防策である。接触予防策が必要な患者に接するときは、汚染の疑われる周囲に接触したあとの手指衛生、患者に直接接触する場合や汚染の疑われる周囲に接触する場合

表6-1　医療従事者が行う標準予防策と接触予防策

手指衛生	血液、体液、分泌物、排泄物、汚染物に触れたあと
手袋	血液、体液、分泌物、排泄物、汚染物に触れる場合：粘膜や創のある皮膚に触れる場合
ガウン	衣類・露出した皮膚が血液・血性液体、分泌物、排泄物に接触することが予想される処置および患者ケアの間
マスク・ゴーグル・フェイスシールド	血液、体液、分泌物のはねやしぶきをつくりやすい処置および患者ケアの間（特に吸引や気管内挿管）

の手袋の着用、患者と濃密に接触する場合のガウン着用を行う。

　また、結核患者や新型コロナウイルス感染症の患者と濃厚接触するときは、N95マスクを着用する。結核、麻疹等の空気感染予防策としてN95マスク着用が重要である。また、飛沫感染予防や空気感染予防が必要なときは、患者にサージカルマスクを着用してもらう。

　患者から医療従事者への感染、また医療従事者を介しての、さらなる患者や医療従事者への院内・施設内感染の拡大がないように、医療従事者は常に感染対策を意識することが重要である。

◇引用文献
1）厚生労働省エイズ動向委員会「令和元（2019）年エイズ発生動向年報（1月1日～12月31日）」
https://api-net.jfap.or.jp/status/japan/nenpo.html

神経疾患、認知症、高次脳機能障害

学習のポイント

● 中枢神経系は、複数の「システム」が連携しあいながら機能していることを理解する

● 代表的な神経疾患の症状、検査、診断、治療について学ぶ

● 神経難病の特徴として、障害を抱える期間が長いことを理解する

 中枢神経系の概要、特に高次脳機能について

1 「システム」およびその障害

中枢神経系にはいくつかの「システム」（系統）があり、それぞれが連携しあいながら働いている。代表的なもの〔およびそれが障害された代表疾患〕には、❶「大脳新皮質」：人間らしい理性（合理的、分析的な思考）や言語などに関与〔アルツハイマー病〕、❷「大脳基底核・脳幹系」：随意運動や筋緊張の制御〔パーキンソン病〕、❸「小脳系」：身体のバランスをとり、随意運動を調節〔脊髄小脳変性症〕、❹「上位運動系」：運動の実行〔筋萎縮性側索硬化症〕などがある。そのほかにも「感覚系」などがあり、さらに中枢神経系は、末梢神経系（「下位運動系」を含む）や自律神経系と連関して全体として機能している。

2 高次脳機能とは

動物が進化してヒトになるにつれ、急激に発達した脳が「大脳新皮質」である。ここはヒトが生物学的のみならず文化的、社会的な「人間」として生活するのに必要な機能を担っている。たとえば野に咲く花を見て「ああきれいだなあ。摘んでいってお母さんにあげよう。きっと喜ぶだろうな」と考え、それを実行したとする。そこには、花を見て、これが花であると認識する（認知）、それをきれいだと思う（判断）、きれいだという気持ちを母にも共感してもらいたいと思う（感情、コミュニケーション）、だから持って帰ろうと思う（意欲）、花へ手を伸ばし、花を傷つけないように（注意）、適切な茎の長さのところを見極めてそっと摘む（巧緻運動、遂行）などさまざまな脳の機能が関与している。こういったものを「高次脳機能」という。これが障害されれば人間らしい生活が

破綻してしまう。

2 認知症

1 認知症の定義、疫学

　認知症（dementia）とは、いったん正常に発達した脳の知的機能（記憶、学習、判断など）が徐々に低下し、日常生活・社会生活に支障をきたすようになった状態をいう。もともと正常に発達しない場合は「発達障害」であり、認知症ではない。間違えられやすいものとして、うつ病に伴う意欲減退（仮性認知症）、せん妄がある。また適切な治療によって「治療可能な認知症」（treatable dementia）もあり、注意する。

　認知症は老化とともに急増する。75歳以上の約1割、また85歳以上の約半数は認知症であるという。その原因疾患としては、約半数はアルツハイマー型認知症、血管性認知症とレビー小体型認知症がそれぞれ約2割とされる。

2 認知症の症状

❶中核症状

　中核症状とは、脳の神経細胞が壊れることによって直接起こる症状のことであり、その中心となるのは記憶障害（覚えられない、思い出せない）である。また見当識障害（場所、時間、人がわからない）、遂行機能障害（計画的に行動できない）、失語（うまく話せない、言葉を理解できない）、失行、失認などがある。

❷認知症の行動・心理症状（BPSD）

　認知症の行動・心理症状（BPSD：behavioral and psychological symptoms of dementia）にはいわゆる「問題行動」がある。これにより介護者が疲弊させられることが多い。個人差が大きく、環境にも影響を受け、適切なケアや薬物治療で軽減し得る。

3 認知症の検査

　「治療可能な認知症」を見逃さないためにも、血液検査は必須である。また脳形態学的異常（脳萎縮の有無）の観察には、頭部 CT/MRI 検査が有用である。まだ脳萎縮はみられない時期でも脳機能低下を評価する方法として、脳血流シンチグラフィ（SPECT）や脳 PET 検査（脳代

謝や脳血流を評価）がある。

認知症のスクリーニング検査としては、改訂長谷川式簡易知能評価スケール（HDS-R）と MMSE（Mini-Mental State Examination）が汎用されている。

4 代表的な認知症

❶アルツハイマー型認知症
（DAT：dementia of Alzheimer type）

認知症のなかで最も多く、老化とともに増加する。脳内にアミロイドβが沈着するのが原因とされる（アミロイドカスケード仮説★）。

画像検査で海馬の萎縮がみられるが、萎縮がみられる前から、SPECT や PET では側頭葉や頭頂葉の脳機能低下がわかる。

治療には薬物療法と非薬物療法がある。治療薬（ドネペジル、メマンチンなど）は、認知機能を劇的に改善させるわけではなく、症状の進行を遅らせることができる程度である。また BPSD に対して非定型抗精神病薬をごく少量使用することもある。非薬物療法の中心は、リハビリテーション（運動療法、認知刺激療法、回想法など）やケアである。患者の尊厳を守る生活支援が重要である。

❷レビー小体型認知症（DLB：dementia with Lewy body）

脳に「レビー小体」という異常たんぱくが蓄積し、神経細胞が死滅することによって起こる。レビー小体の出現が脳幹に限局したものがパーキンソン病（p.104 参照）で、大脳皮質にも広汎に出現したのが、レビー小体型認知症である。アルツハイマー型認知症と同様、高齢になるとともに増加する。

臨床的には、❶鮮やかな幻視（足元に猫がいる、子どもが部屋の中で遊んでいる、虫がいる、など）、❷症状の変動が激しい（認知症がひどいと思っていたら、翌日にはまともに会話ができる、また急に反応がなくなる、など）、❸薬剤過敏性（ごく少量の睡眠薬でせん妄を起こす、など）が特徴である。また当然ながら❹パーキンソン病の運動症状を合併することも多く、睡眠中の異常行動（レム睡眠行動障害：睡眠中に大声を出す、夢遊病のように歩き出すなど）もある。

頭部 MRI では脳萎縮は比較的軽度であっても、SPECT や PET 検査では、後頭葉（視覚中枢が存在）の機能低下がみられる。

❸前頭側頭型認知症（FTD：fronto-temporal dementia）

かつては「ピック病」と呼ばれていた。その名のとおり、前頭葉と側

★アミロイドカスケード仮説
初めに脳の間質にアミロイドβが沈着し（老人斑）、それによって神経細胞内に凝集体が出現し（神経原線維変化）、この結果、神経細胞が死滅、脱落すると考えられている。

第 6 章 疾病と障害およびその予防・治療・予後・リハビリテーション

頭葉がまず障害される。前頭葉は判断、思考、意欲、注意など人間が人間らしく生きる「理性」に関与しており、ここの障害により、道徳観の低下、**反社会的行動**（万引きなど）、無関心といった行動が出現する。アルツハイマー型認知症やレビー小体型認知症とは違い40～60歳代と若くして発症するのが特徴で、犯罪と関連する反社会的行動が前面に出るため、大問題となる。非常に有名ではあるが頻度は高くない。

❹血管性認知症（VaD：vascular dementia）

　多発性ラクナ梗塞（こうそく）など脳血管疾患（本章第3節参照）により起こる。認知症の症状の特徴としては、❶認知機能障害が「**まだら状**」（記銘力と遂行能力は低下しているが、判断力は正常など）、❷**情動失禁**（じょうどうしっきん）（些細なことで急に泣くなど、感情を抑制できない）がしばしばみられる、❸片麻痺（へんまひ）やパーキンソン症状（特にすくみ足）、構音・嚥下（えんげ）障害などの運動障害が合併することが多い、❹症状が**階段状に悪化**（脳血管疾患の発作を起こすたびに症状が悪化する）、などである。

3　神経難病

1　神経難病とは

　難病とは、以下の四つを満たすものをいう。❶原因不明、❷治療法が確立していない、❸非常にまれな病気、❹それにより長い療養が必要となる。2014（平成26）年に難病の患者に対する医療等に関する法律（難病法）が制定され、2020（令和2）年現在、指定難病は333疾患あり、うち約4分の1が脳神経系疾患（神経難病）である。

　神経難病の場合、麻痺などの後遺症や、認知機能障害を伴いながらの長期療養となるため、療養生活が不自由で困難なことが多い。しかし近年の医学の進歩により、原因解明および治療法の開発が着実に進んでいる。

2　代表的な神経難病

❶パーキンソン病（PD：Parkinson's disease）

　「レビー小体」が、脳幹（中脳黒質）に限局して出現し、脳内のドーパミンが不足しているのが**パーキンソン病**である。アルツハイマー型認知症に次いで多い神経変性疾患（人口10万人当たり100人以上）である。

臨床症状は、運動症状と、精神症状、自律神経症状★に分けられる。主な運動症状は、❶じっとしているときに手足が震える（**安静時振戦**）、❷動作が鈍くなる（**動作緩慢、寡動**）、❸手足が硬くなる（**筋強剛**）、❹前かがみで転びやすくなる（**姿勢反射障害**）の四つである。そのほか、表情が乏しくなり（**仮面様顔貌**）、瞬きが少なく、また顔が脂ぎっている（**脂顔**）、字を書くとだんだん小さくなる（**小字症**）、歩こうとすると一歩目が出ない（**すくみ足**）、チョコチョコ歩き（**小刻み歩行**）、歩くうちにだんだん前のめりになり、止まれなくなる（**加速歩行**）などがある。

検査では通常の頭部 MRI 検査では異常がない。最近、ドパミントランスポーターシンチグラフィ（DAT スキャン）が有用であることが判明した。

治療は L-ドパの内服が一般的で、ほかにも多くの治療薬（抗パーキンソン薬）がある。また脳深部刺激療法と L-ドパ持続経腸療法のデバイス補助療法もある。将来的には iPS 細胞の脳内移植治療が期待されている。

症状の進行は比較的遅く、適切な治療やケアにより、数十年間も自立した生活を送れることもある。

❷パーキンソン症候群（parkinsonian syndrome）

パーキンソン病の病変は「大脳基底核・脳幹系」に限局しているが、他の複数のシステムも同時に障害される病気があり、**パーキンソン症候群**★という。パーキンソン病とは異なり、発症年齢（50 〜 70 歳代）、病気の進行がいずれも早い。有効な治療薬もなく、ケアが中心である。発症後約 3 年で要介助、約 5 年で寝たきり状態となり、その後数年のうちに死亡する。

❸脊髄小脳変性症（SCD：spinocerebellar degeneration）

「小脳系」が徐々に障害される疾患である。**小脳性運動失調**という歩行時ふらつきや四肢の**協調運動障害**（細かい動きができない、不器用、思うところに手が届かないなど）、そして**呂律緩慢**（酔っぱらったようなしゃべり方）などの症状がみられる。

約 3 割が遺伝性である。自身は発症していなくても家族や親戚に同じ病気の人がいるために、不安や悩みを抱えることが多く、専門医療チームによる遺伝カウンセリングが重要である。

❹多系統萎縮症（MSA：multiple system atrophy）

その名のとおり「小脳系」のみでなく「大脳基底核・脳幹系」や「自律神経系」といった多くのシステム（系統）が障害される疾患である。

★**精神症状、自律神経症状**
精神症状では、やる気が出ない、意欲減退、喜びを感じないなどの症状（アンヘドニア）が主である。自律神経症状では、便秘が最も多い。発症前の若い頃から便秘だった人がほとんどである。また起立性低血圧もある。

★**パーキンソン症候群**
代表的なものとして、進行性核上性麻痺（PSP：progressive supranuclear palsy）、多系統萎縮症（MSA：multiple system atrophy）、大脳皮質基底核変性症（CBD：corticobasal degeneration）がある。前述のレビー小体型認知症（DLB）も含まれる。

第**6**章 疾病と障害およびその予防・治療・予後・リハビリテーション

小脳性運動失調、パーキンソン症状（筋強剛、寡動など）や自律神経障害（起立性低血圧、排尿障害、発汗異常、勃起障害など）がみられる。

発症年齢（50〜70歳代）も症状の悪化もいずれも早い。有効な治療薬もなく、ケアが中心となる。他の変性型パーキンソン症候群と同じく、多くは発症後約3年で要介助、約5年で寝たきり状態となり、その後数年で死亡する。

❺筋萎縮性側索硬化症（ALS：amyotrophic lateral sclerosis）

運動神経だけが障害され、全身の筋肉が徐々に萎縮していく原因不明の難病である。指先の力が入りづらく細かい作業がやりにくい、ちょっとした段差でつまずくなどで始まることが多い。徐々に呂律の回りが悪くなる。徐々に歩けなくなり、杖、そして車いすが必要になる。

また物を飲み込むときにむせやすくなる。これがだんだん進むと、食べ物や飲み物が摂取できなくなる。無理をして食べるとむせて、誤嚥性肺炎を起こす。そのため、栄養確保の方法として鼻から管を入れたり、胃瘻をつくって、そこから流動食を投与する。たいていこの頃には手足の麻痺はいっそう進み、寝たきり状態となる。言葉での意思疎通が難しくなり、意思伝達装置を使用しなければならなくなる。

さらに発症後約2〜3年で、呼吸不全となる。死を回避するため、人工呼吸器を装着するという選択もある。ただ装着しても病気は進行し、最終的には完全閉じ込め状態★（TLS：totally locked-in state）となる。ALSが「神経難病中の難病」といわれるゆえんである。

❻多発性硬化症（MS：multiple sclerosis）

脳、脊髄、視神経に原因不明の炎症を起こす病気である。患者の9割は女性で、20〜30歳代で初めて発症することが多い。病変は中枢神経系のどこにでも起こり得、よくなったり（寛解）また悪くなったり（再発）する。このことを「時間的・空間的多発」という。

診断には頭部MRIが最も有用である。また髄液検査では細胞数増多およびたんぱくの上昇がみられる。オリゴクローナルバンド★は多発性硬化症に特徴的とされる。

❼クロイツフェルト・ヤコブ病
　（CJD：Creutzfeldt-Jakob disease）

異常プリオンたんぱく★が原因で、50歳以上の老年期に好発する。急激に悪化する認知機能障害、および手足のピクつき（ミオクローヌス）が出現し、週の単位で寝たきり状態になる。

診断には、頭部MRI（拡散強調画像で大脳皮質を縁取る高信号）お

よび脳波検査（周期的同期性高振幅鋭波：PSD）が重要であり、クロイツフェルト・ヤコブ病に特徴的な所見がみられる。

有効な治療法はなく、無言・無動状態を経て死亡する。

4　脳機能性疾患

脳の形の異常を伴わない病気のことを、**脳機能性疾患**という。すなわち頭部 CT や MRI 検査では異常がみられない。ふだんはまったく正常だが、発作的に症状が出現するという特徴がある。

1 頭痛

頭痛は最も多い神経症候である。くも膜下出血、髄膜炎など、頭痛の原因がはっきりしているものを症候性（二次性）、原因が明らかでないものを特発性（一次性）という。

一番多いのは「緊張性頭痛」である。これは頭部を支える首の筋肉の緊張によって起こる。はちまきで頭を締め付けられるよう、頭に重石をのせられているよう、などと訴える。

また片頭痛（migraine）は、20 ～ 40 歳代の女性に多いもので、ズキンズキンという痛み（拍動痛）が特徴である。また片頭痛の前に、視野の中心が見えにくくなり、その周囲にギラギラした光が見えることがあり、**閃輝暗点**という。

2 てんかん（Epi：epilepsy）

てんかん*とは、脳細胞が電気的に過剰に興奮したことにより、ひきつけなどの発作を繰り返すものをいう。同じ発作を繰り返す、というのが重要であり、一度ひきつけ発作を起こしただけではてんかんと診断できない。診断には**脳波検査**が有用である。

多くのてんかんは、抗てんかん薬の内服治療によりコントロールでき、発作を起こさずに普通の生活を送ることができる。薬物治療でコントロールできない場合、脳手術をすることもある。

★てんかん
てんかんは発作型により、部分発作と全般発作の二つに分類される。またその原因によって、特発性（原因不明）と脳腫瘍など原因があるものに分類される。

学習のポイント

● 脳血管疾患は、脳梗塞、脳出血、くも膜下出血からなることを理解する

● 脳血管疾患後遺症により介護が必要になることが多く、発症予防が大切であることを
理解する

● 後遺症を有しながらも、地域で生活していく支えあいの仕組みを理解する

1 ▶ 脳血管疾患概論

1 脳血管疾患とは

　脳血管疾患、脳血管障害、脳卒中などいろいろな言い方がある。「脳血管疾患」は疫学・公衆衛生（医療統計など）、「脳血管障害」は基礎医学（病理学など）、「脳卒中」は臨床の現場で使われることが多い。いずれもまったく同じものを意味しており、突然、脳の血管が詰まったり破れたりして、脳障害を起こす病気のことである。

2 脳血管疾患の疫学

Active Learning

厚生労働統計の患者調査（推計患者数の年次推移・傷病分類別）を用いて脳血管疾患の患者数の1979（昭和54）年以降の推移を調べましょう。

　脳血管疾患は生活習慣病（生活習慣の乱れと老化とが相まって起こる病気）の一つで、2019（令和元）年の日本の死因別死亡率（第1章第3節図1-8（p.20）参照）は、❶悪性新生物（がん）、❷心疾患、❸老衰に次いで第4位である。年次推移をみると、上位3疾患はどんどん増えているが、脳血管疾患は1970（昭和45）年をピークにして、徐々に減少している。これには高血圧の制圧（減塩運動の取り組みや、薬物治療の普及・充実など）や栄養状態の改善、発症後の救命率の向上によって、かつて脳血管疾患全体の4分の3を占めていた脳出血による死亡が激減したことが関与している。戦前の日本国民は血清コレステロール値が異常に低かった。コレステロールは血管の壁をつくる重要な成分であり、低すぎると血管壁がもろくなる。そこに塩分過剰摂取による高血圧が加わり、戦前の日本では脳出血が非常に多かった。欧米の約10倍であったという。

　1980年代以降は食生活の欧米化に伴い、血清コレステロール値が逆

に高くなりすぎて動脈硬化を起こすようになった。また高齢化の進行により、徐々に脳梗塞の患者数は増えている。現在は脳血管疾患全体の7割を脳梗塞が占めている。

　脳血管疾患による死亡は救急医学の進歩により明らかに減ってきたが、発症数自体が減少しているのではない。つまり発症しても片麻痺などを残しながら（後遺症）、生き延びる例が増えており、要介護状態となる患者数は増えている。現在も脳血管疾患は、寝たきりになる原因の第1位であり、その予防対策は避けて通れない重要な課題である。

3 脳血管疾患の症状

　脳血管疾患の特徴は、症状が急に起こること（突然発症）である。朝起きたら半身が動かない、仕事中に突然崩れるように倒れた、会話中に急に呂律が回らなくなった、などという場合、脳血管疾患を強く疑わせる病歴である。一方、半身の麻痺がこの数か月で徐々に悪くなっているという場合、脳血管疾患の可能性はほとんどない。

　しばしばみられる症状としては、同側の手と足の麻痺（片麻痺）、顔のゆがみ（片麻痺と同じ側の顔面麻痺）、呂律が回らない（構音障害）、両眼とも視野の同じ側の半分が見えづらい（同名半盲）、言葉が出てこない（失語）などがある。一方、指先のしびれや動きづらさが両手に同時に現れた場合、脳血管疾患の可能性はきわめて低い。

4 脳血管疾患の分類

　脳血管疾患には、脳血管が詰まるもの（閉塞性脳血管疾患）と脳血管が破れるもの（出血性脳血管疾患）とがある。閉塞性脳血管疾患のことを脳梗塞という。「梗塞」とは、血管が詰まって血流が途絶し、その先の臓器（の一部）が死ぬ（壊死）ことである。同じようなことが心臓に起これば、心筋梗塞、腎臓に起これば腎梗塞という。

　一方、出血性脳血管疾患は、脳実質内（いわゆる「脳みそ」の中）の血管が破れるもの（脳出血、もしくは脳内出血）と、脳の表面を取り巻く血管が破れるもの（くも膜下出血）とに分けられる。

---

i　3種の脳梗塞の割合
　　かつてはラクナ梗塞が圧倒的に多かったが、現在ではアテローム血栓性脳梗塞、心原性脳塞栓症、ラクナ梗塞ともにほぼ同じ割合である。今後は食生活の欧米化や高齢化により、前二者の割合が増加するといわれている。

5 脳血管疾患の画像検査：CT、MRI

　脳梗塞でも脳出血でも、障害された部位が同じ場合、まったく同じ症状を呈する。しかし治療は正反対である。そのため脳画像検査が必須である。今では当たり前になった脳画像検査だが、1970年代にCT検査が導入されるまでは、脳梗塞か脳出血かの区別は、患者が死亡したあとに解剖してみなければわからなかった。とはいえ当時は脳血管疾患の治療自体がほとんどなかったので、まったく問題にはならなかった。

　スクリーニング検査は、頭部CT検査である（**図6-1**）。撮像時間は数十秒と短い。出血性脳血管疾患は白く（高吸収域）描出され、すぐに見分けられる。一方、脳梗塞は発症後1日経過しないと、黒く（低吸収域）描出されないので、発症直後の脳梗塞（超急性期）の病変は描出できない。

　頭部MRI検査はCTよりも解像度が高く、細かいところまで詳しく観察できる。またCTでは同定できない脳梗塞超急性期の病変も、拡散強調画像という撮像法では鮮明に描出される。そのうえ、造影剤を使用しなくても脳血管の情報（脳動脈閉塞、狭窄や脳動脈瘤の有無など）も確認できる。これをMRアンギオグラフィ（MRA）という。さらにCTのように被曝することはなく、妊婦でも撮影可能である。一方、デメリットとしては撮像には約10〜20分かかり、その間、安静を保たなければならない。また体内金属（心臓ペースメーカーなど）があると禁忌で、費用もCTと比較して高い。

図6-1　脳血管疾患の頭部CT

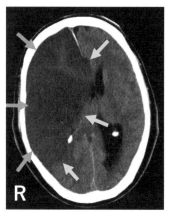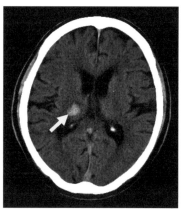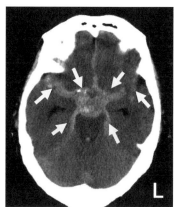

左から脳梗塞、脳出血、くも膜下出血の典型的画像。頭部CTの画像は、脳を輪切りにした状態を下（上からのぞき込んでいるのではなく、足元）からみた画像となっており、向かって左が右（R）、向かって右が左（L）となる点に注意。左：心原性脳塞栓症。矢印で囲んだ領域が脳梗塞の病変であり、CTでは黒く（低吸収域）描出される。病変はむくんでおり（脳浮腫）、脳室が圧排され、脳の正中線がずれている点に注目。中央：右視床出血。出血（矢印）は白く（高吸収域）描出される。右：くも膜下出血。脳の底や表面（脳槽、脳溝）に注目。通常、ここは髄液で満たされ黒く（低吸収域）みえるが、くも膜下出血ではここに血液がまわり、白くみえる（矢印）。

6 脳血管疾患の治療の流れ

脳血管疾患を発症したら、一刻も早い治療が必要である。すぐに救急車で救急病院に搬送する。麻痺がすぐ消失したり（一過性脳虚血発作(p.112参照)）、最初は症状が軽かったとしても、数分から数時間のうちに急激に悪くなることもあり、躊躇せずに救急車を呼ぶことが肝要である。

救急外来で頭部CTやMRI検査を実施し、脳梗塞、脳出血、くも膜下出血のいずれの病型かを診断し、それぞれ適切な治療を行う。重症の場合は、数日はSCU（stroke care unit*）で経過観察し、その後、一般病棟で療養を続ける。意識がないほどの重篤な場合でも、関節拘縮予防目的の他動運動など、早期からリハビリテーションを開始する。

発症後1～2週間で全身状態が安定し、急性期を脱したところで、麻痺など後遺症がある場合、リハビリテーション病院へと転院して積極的なリハビリテーションを続ける。

リハビリテーション病院での入院期間の一つの目安は発症後約3か月間である。麻痺の回復は発症後約3か月でほぼ頭打ちになるからである。発症後6か月で麻痺が残存していた場合、後遺症と認定される。そのためリハビリテーション病院入院中に、次の方針を決める。**介護保険申請**の手続きを進め、自宅に帰れそうならば、自宅内外の環境整備（手すりをつける、段差をなくす、介護用ベッドを導入する、車いすがのせられる介護用自動車へと変更するなど）、そして可能ならば試験外出や外泊を行い、在宅生活に問題がないか十分に検討する。自宅に戻るのが難しい場合は、施設などへの入所を検討する。

退院後も再発予防の治療とともに、リハビリテーションを継続する必要がある。その目的は麻痺の回復を目指すのではなく、現状維持が目的となる。

★ SCU（stroke care unit）
脳卒中集中治療室。脳血管疾患の専門的知識および経験が豊富な医師、看護師、リハビリテーションスタッフなどの専門チームにより、発症直後の脳血管疾患に対する専門治療を行う。急性期治療の成否は、患者の転帰に重大な影響を及ぼす。

2 脳血管疾患各論

1 脳梗塞（CI：cerebral infarction）

脳梗塞はその発症機序により、❶アテローム血栓性脳梗塞、❷心原性脳塞栓症、❸ラクナ梗塞、❹その他に分類される。その他には、脳血管炎や血液凝固異常症など、きわめて特殊なものが含まれる。

なお、脳梗塞に陥りそうになったものの、短時間のうちに症状がすっ

かり回復した場合、一過性脳虚血発作（TIA：transient ischemic attack）といい、脳梗塞の切迫状態である。心臓でいう「狭心症」と同じである。このうち約1割は3か月以内に（うち半数は2日以内に）脳梗塞へと進展してしまう。よって片麻痺が自然に治ったからといって絶対に放置してはならず、緊急に精査し、治療を開始すべきである。

❶アテローム血栓性脳梗塞

粥状の動脈硬化（プラーク）によって脳血管の内腔が徐々に狭くなり、あるとき、完全に閉塞し、血流が途絶えて、その先の脳組織が壊死する。脳血管を水道管にたとえると、水道管に徐々に水垢がたまって狭くなり、ある日突然すっかり詰まって水が流れなくなったような状態である。起床時に半身が動かない、という状態で気づかれることが多い。

動脈硬化を進行させる危険因子には、高血圧、脂質異常症、糖尿病、喫煙などがあり、それらの適切なコントロールが求められる。避けられないものに老化（加齢）がある。

急性期の治療は、血栓溶解療法（rt-PAの静脈内投与）、カテーテルを用いた頸動脈ステント留置術（CAS：carotid artery stenting）などがある。再発予防には、抗血小板薬（アスピリン、クロピドグレルなど）が使用される。

❷心原性脳塞栓症（CE：cardiogenic cerebral embolism）

心臓の中にできた血のかたまり（血栓）が何らかの拍子に剥がれ、それが血流に乗って脳血管へと流れ、突然詰まり（塞栓）その先の脳組織が壊死する。心臓を含む血管の中に血液が流れている状態では、血液は固まらない。しかし流れによどみができると固まって血栓ができてしまう。心房細動は老化とともに増える代表的な不整脈であるが、これによって心臓（特に左心房の左心耳という部位）に血液のよどみができ、血栓ができる。

発症は多くの場合、活動時に突然起こる（仕事中に急に半身が動かなくなるとか、気分が悪くなり倒れこむなど）。症状は重篤なことが少なくない。

急性期の治療は、血栓溶解療法（rt-PAの静脈内投与）、カテーテルを用いた血栓回収術などがある。再発予防には、抗凝固薬（ワルファリン、ダビガトランなど）が使用される。

❸ラクナ梗塞（lacunar infarction）

脳血管の最末端の血管壁が変性し、さらに脱水や過剰な血圧低下などにより末端まで血流が届かなくなったときに発症する。夏場に多い脳梗

塞である。脳梗塞病変の大きさとしてはきわめて小さく、多くは数mm程度である。よってまったく自覚症状がないうちに発症していることも少なくなく、65歳以上の脳ドック受診者(健康者)の約1割には、小さなラクナ梗塞（無症候性）が見つかる。前記の二つの脳梗塞とは違い、突然死亡することはほとんどない。

しかし脳内には重要な神経が密集している場所があり、そこにラクナ梗塞を起こすと、いくら小さくても重大な症状を呈することがある。たとえば5mmほどの小さなラクナ梗塞でも、**内包後脚**という運動神経の神経線維が集約されているところに起これば、完全片麻痺となり、後遺症を抱えたまま、その後の人生を過ごしていかなければならない。このように「生命予後は良好だが、機能予後は良好とは限らない」ことに注意する。

2 脳出血 (ICH : intracerebral hemorrhage)

血圧が高くなると脳内の動脈が破れて、血のかたまり（脳内血腫）ができ、麻痺などの症状が出現する。血腫が大きくなればなるほど周囲の脳組織を圧迫して症状がひどくなる。

脳血管を水道管にたとえると、地中に埋まった水道管内に、常に高い水圧で水を流し続けていると、ある日突然、水道管が破裂する。そこから水が勢いよく出続けると、周りの土をえぐって、そこに水が溜まる。そんなイメージである。普通、新しい水道管は破れない。破れるのは経年劣化しボロボロになった水道管である。このようにほとんどの場合、**脳動脈硬化**を併発している。つまり危険因子は脳梗塞と同じく、高血圧、糖尿病、脂質異常症、喫煙、そして加齢である。

脳梗塞は前述したように、起こる原因（発症機序）によって四つに分類される。一方、**脳出血**が起こる原因のほとんどは高血圧であるため、発症機序による分類ではなく、場所（発症部位）によって分類する。**被殻**（約4割）、**視床**（約3割）、**皮質下**、**小脳**、**脳幹**（橋）の5か所が好発部位である。

急性期治療では、血腫が増大しないように積極的に血圧を下げる。また手術により血腫を取り除くこと（**血腫除去術**）もある。

3 くも膜下出血 (SAH : subarachnoid hemorrhage)

くも膜下出血は、脳出血とは異なり、脳の表面の動脈が破れることが原因である。出血は血腫をつくることなく脳の表面（くも膜下腔）へ広

く拡がる。大半の原因は、脳表面の動脈にできた瘤（動脈瘤）が破裂することである。動脈瘤は動脈が分岐する股のところにできやすい。

　発症は突然で、何時何分かまで言えるほどである。突然「バットで殴られたような」今まで経験したことのないほど激烈な頭痛が起こる。同時に強い吐き気、意識障害が起こり、重症だと昏睡状態となる。外傷や窒息などを除き、病気（内因性疾患）によって即死するものは、急性心筋梗塞、不整脈による心停止など数は少ないが、くも膜下出血もその一つである。

　治療としては、動脈瘤のある場合、開頭クリッピング術や血管内治療による動脈瘤コイル塞栓術などがある。

　脳動脈瘤は遺伝することがあり、肉親にくも膜下出血になった者がいる場合、あらかじめ頭部MRアンギオグラフィなどで動脈瘤の有無を確認しておくことを強くお勧めする。

4 慢性硬膜下血腫
（CSDH：chronic subdural hematoma）

　慢性硬膜下血腫は通常は脳血管疾患としては扱われないが、重要な疾患なのでここで扱う。高齢者やアルコール多飲、すなわち脳自体が萎縮している者に起こりやすい。軽い頭部外傷を起こし、念のため病院に行き、頭部CT検査をしたが、異常がなかった。しかしその後しばらく（数週間から数か月）経ってから、歩くとふらつく、物忘れがひどくなった、片方の手足の力が弱くなったなどの症状が徐々に出てくることがある。再度、頭部CT検査をすると、片側（まれに両側）の脳の表面（硬膜下腔）に血腫がみられる。これが慢性硬膜下血腫の典型的な経過である。

　最初の軽微な頭部外傷の際に、脳表面と外側の硬膜とを結ぶ非常に細い静脈が切れ、そこからじわじわと出血し続け、血腫をつくる。脳が萎縮していると相対的にこの静脈の走行距離が長くなるため、軽微な外傷でも切れやすいといわれる。なお詳細に聞きなおしても、頭部外傷の病歴が一切ないことも少なくない。このように高齢者ではこの病気の可能性を必ず念頭におき、ちょっと頭をぶつけた程度でも、その後数か月間は注意深く見守ることが重要である。

　治療は、頭蓋骨に小さな穴をあけ、血腫内容の排液および洗浄を行う（穿頭ドレナージ術）。これにより症状は改善する。脳外科手術によって治る認知症の一つ（もう一つは正常圧水頭症★）である。

★正常圧水頭症
髄液の流れが停滞し、脳室内に貯留、脳室が拡大して、物忘れ、歩行障害、尿失禁が生じる。高齢者に多く、髄液短絡（シャント）手術により症状が軽快するため「治療可能な認知症」（p.102参照）の一つである。

第4節 心疾患

学習のポイント
● 虚血性心疾患の病態について学ぶ
● 心不全の症状、身体所見について学ぶ
● 高血圧症の基準や治療について学ぶ

　心疾患（循環器疾患）は、心臓のポンプ機能と血管の機能低下や障害だけでなく、脳、肺、腎臓、肝臓など全身に影響を与える。心疾患の多くは加齢とともに進行し、生活習慣と密接な関係がある。疾患によって、動悸、息切れ、めまい、浮腫（ふしゅ）、冷感などの症状から、胸痛、呼吸困難など重篤な症状まで認める。

　心疾患は日本人の三大死因の一つであり、2019（令和元）年には、全死因のうち15.0％を占め、第2位であった（第1章第3節図1-8（p.20）参照）。

1 ▶ 虚血性心疾患

　心筋に血液を供給する血管が冠動脈（かんどうみゃく）である。動脈硬化によりこの血管から供給される血液が減少するために生じる障害を虚血性心疾患（きょけつせいしんしっかん）という。

1 狭心症

　心筋への酸素供給が不足することによって生じる胸痛発作を主徴とする症候群を狭心症（きょうしんしょう）という。胸痛の特徴は、胸部圧迫感や心窩部痛（しんかぶつう）であり、肩や腕に放散することもある。通常は数分から15分程度持続し、30分以上続く場合は心筋梗塞（しんきんこうそく）を考える。その誘因から、労作性（安定）狭心症と安静（不安定）狭心症に分けられる。労作性狭心症は、一定以上の運動負荷では胸痛を生じるが、それ以下では胸痛を生じず、胸痛の頻度や程度に変化はなく、安定狭心症とも呼ばれている。原因となる動脈硬化は、加齢、高血圧、脂質異常症、糖尿病、喫煙、肥満、虚血性心疾患の家族歴が危険因子である。動脈硬化が血管内膜に炎症を引き起こし、コレステロールやさまざまな細胞が貯まった隆起性の病変（粥状硬（じゅくじょうこう）

Active Learning

狭心症や急性冠症候群の予防のためにどのようなアドバイスをすればよいでしょうか。

化）を形成する。これをプラークと呼ぶ。狭心症はプラークが冠動脈に75％以上の狭窄を生じることによって発症する。

診断はホルター心電図検査（24時間心電図）、運動負荷心電図、心臓核医学検査、冠動脈CT、心臓カテーテル検査で行う。薬物療法は、冠動脈の拡張作用をもつ持続的硝酸薬やカルシウム拮抗薬、心筋酸素消費量を減少させるβ遮断薬、血液の凝固を抑制する抗血小板薬がある。胸痛発作時にはニトログリセリンの舌下やスプレーによる投与が有効である。

■2 急性冠症候群（不安定狭心症、心筋梗塞）

不安定狭心症と心筋梗塞は**急性冠症候群**（ACS：acute coronary syndrome）と呼ばれる。どちらも、冠動脈内で柔らかいプラークが破裂することにより生じた血栓が局所的にできる病態である。

❶不安定狭心症

プラークが破裂して生じた血栓により不完全に閉塞した場合は**不安定狭心症**になる。新規発症型の胸痛、以前と比較して痛みの回数や程度が増加する増悪型の胸痛、就眠時など安静時にも発症する胸痛を認めるときは、不安定狭心症を疑い、入院治療の適応となることもある。

❷心筋梗塞

動脈壁のプラークが破裂し、生じた血栓が冠動脈を完全閉塞することにより心筋虚血、心筋壊死をきたしたのが**心筋梗塞**である。30分以上持続する胸部不快感、血液検査による白血球数の上昇、クレアチニンキナーゼ、AST、LDHの上昇、心筋由来のトロポニンの上昇、心電図所見、心臓超音波検査などから診断する。治療は発症12時間以内の急性期では、閉塞血管をバルーンで広げるカテーテル治療、経皮的冠動脈インターベンション（PCI）★を行う場合と、抗血小板薬などの薬物療法を優先し、ハイリスクな場合にカテーテル治療を検討する場合がある。心筋梗塞の合併症としては、不整脈、心不全、心室破裂、心室中隔穿孔★、僧帽弁逆流★、心膜炎★などがある。

2 ▶ 心不全

心不全とは、何らかの心臓機能障害により、必要な血液量を全身に供給できなくなり、呼吸困難、倦怠感、浮腫などの症状が出現した状態を

いう。臨床経過から**急性心不全**と**慢性心不全**に、障害される部位から**左心不全、右心不全**に分けられる。左心不全は左心室のポンプ機能の低下により左心室に戻れない血液が肺うっ血を起こす。息切れ、起座呼吸などの症状をきたす。右心不全は体循環にまわった血液が右心室に戻るのが障害されるため、静脈圧が増加する。その結果、頸静脈怒張や体重増加、浮腫、肝腫大などの症状をきたす。また、心不全の多くが左心室の機能障害によることが多い。

心不全の身体所見としては、心音や肺音での異常、頸静脈怒張、下腿、顔面の浮腫などがある。血液検査では、脳性ナトリウム利尿ポリペプチド（BNP）が上昇する。胸部X線検査では心拡大、肺うっ血像、胸水の貯留を認める。心臓超音波検査は心機能を評価するだけでなく、心不全の原因検索に有用である。

急性心不全の治療としては、酸素療法、非侵襲的陽圧換気（NPPV）、強心薬、血管拡張薬の投与が行われる。慢性心不全に対しては、レニン・アンジオテンシン抑制薬、カリウム保持性利尿薬、過剰な交感神経活性を抑制するβ遮断薬の投与が予後の改善目的で行われる。

3 弁膜疾患

心臓弁膜症とは、心臓の弁膜に異常を生じ、血流が障害されて心機能に影響を及ぼす疾患である。以前はリウマチ性心疾患である僧帽弁狭窄症が多かったが、現在では加齢による大動脈弁狭窄症が増加している。

1 大動脈弁狭窄症

左心室の出口にある弁の開きが悪くなることによって起こる**大動脈弁狭窄症**は、高齢者では動脈硬化が原因であることが多く、狭窄が高度になると狭心痛、失神、心不全をきたす。加療をしなければ症状発現から平均2〜5年で死亡する。加療は重症例では人工弁置換術・形成術であるが、超高齢者など手術のリスクが高い場合は、カテーテルによる弁留置（TAVI）が行われる。

2 大動脈弁閉鎖不全症

大動脈弁閉鎖不全症は拡張期に大動脈弁が閉鎖せず、大動脈から左心室内に血流が逆流する。原因は、加齢による変性、二尖弁、感染性心内

★**非侵襲的陽圧換気（NPPV）**
気管切開や気管挿管を行わずにマスクを介して呼吸管理をする人工呼吸療法。患者への負担が少ない。

★**レニン・アンジオテンシン抑制薬**
血圧を上昇させる腎臓から分泌されるレニン・アンジオテンシンというホルモンの反応を抑制し、血管を拡張させ血圧を下げる。心不全の予防作用など臓器保護作用を有し、ACE阻害薬、ARBなどがある。

★**人工弁置換術・形成術**
重症弁膜症を外科的に治療する方法で、機能しなくなった弁の代わりに新しい弁を入れる置換術と再び機能するように修復する形成術がある。

★**カテーテルによる弁留置（TAVI）**
経カテーテル的大動脈弁植え込み術の略で、機能が低下している大動脈弁に対して、胸を開かずカテーテルという医療用の管を用いて人工の弁と置き換える治療法。

★**二尖弁**
大動脈弁は開閉する部分は三つであるが、一部が分離せずに開閉部分が二つになった状態を二尖弁といい、先天性心疾患の一つである。大動脈弁狭窄症や閉鎖不全症を起こしやすい。

★感染性心内膜炎
心臓の内側に細菌が感染し、これにより心臓の弁に炎症性破壊と菌血症を起こす疾患。

★リウマチ熱、リウマチ性心内膜炎
溶連菌感染による咽頭扁桃炎によって起こる自己免疫疾患で、関節、心臓、血管、神経に炎症を起こす。そのうち心臓の内膜に炎症を起こす病態をリウマチ性心内膜炎といい、特に大動脈弁、僧帽弁に弁膜症を発症する。

膜炎、リウマチ熱とさまざまである。逆流が中程度以上で症状がある場合は人工弁置換術などの手術適応となる。

3 僧帽弁狭窄症

僧帽弁狭窄症の原因はリウマチ性心内膜炎である。初期には肺うっ血による労作時の息切れや呼吸困難感が現れ、進行すると心房細動を生じる。内科的治療では利尿薬やジギタリス、抗凝固薬が使われる。重症狭窄例にはカテーテルによる治療（PTMC）や人工弁置換術が行われる。

4 僧帽弁閉鎖不全症

僧帽弁閉鎖不全症は収縮期に僧帽弁が閉鎖せずに、血液が左心室内から左心房に逆流する。原因は僧帽弁逸脱症、感染性心内膜炎、虚血性心疾患、心筋症による。臨床経過は緩徐であり、初期は無症状であるが経過中に心房細動を合併し、容量負荷が起こり左心不全が進行する。外科的治療としては弁の修復を行う僧帽弁形成術や人工弁置換術を行う。

4 不整脈

正常時は、右心房壁にある洞房結節から毎分60〜100回の電気シグナルが発生し、房室結節、ヒス束などの刺激伝導系を介して心筋にシグナルを伝える。このシグナルの発生の異常や伝導障害により不整脈が起きる。不整脈には脈が速くなる頻脈（100回/分以上）、遅くなる徐脈（60回/分未満）、脈がとぶ結滞などがある。

1 徐脈性不整脈

心筋の収縮にシグナルを出している洞房結節の機能が低下し、徐脈となる状態を洞不全症候群という。6〜7秒以上心室が収縮しないと脳への血流が途絶え、失神や痙攣を起こす。心房から心室への伝導が部分的または完全に途絶する状態が房室ブロックで、息切れ、倦怠感、めまい、失神などの症状を起こす。洞不全症候群や房室ブロックなどの徐脈により失神発作を起こす病態をアダムス‐ストークス症候群という。どちらのリズムも症状を有する場合は心臓ペースメーカー植え込みの適応になる。

2 頻脈性不整脈

　規則的な脈の間に別の脈が入り込んでリズムを乱す不整脈を**期外収縮**という。心房や房室接合部から発生する上室性と心室性がある。胸が一瞬ドキッとする、脈がとぶ、などの症状を認める。大部分は器質的心疾患を有さず、数が多くない場合は治療の必要はない。

　上室性頻拍（じょうしつせいひんぱく）は異常な電気刺激が心房または心房と心室の接合部より発生し、複数の経路に電気信号がぐるぐる回り続けてしまうリエントリによって起こる。突然、脈が150 ～ 200 回 / 分まで速くなり、しばらく続いたあとに突然止まるという強い動悸症状が出現する。止まらない場合は薬剤による治療や根治のためのカテーテルによる治療が必要となる。

　心房細動は心房から細かいシグナルが発生することにより起こり、加齢とともに頻度が増えている不整脈である。左心房内で血液の流れが滞り血栓ができやすく、**心原性脳塞栓症**（しんげんせいのうそくせんしょう）の原因となる。このため、抗凝固薬による血栓予防のための治療が必要となる。

　心室性頻拍（しんしつせいひんぱく）、**心室細動**は心室内で異常な細かいシグナルが発生することで起こり、失神、意識障害から心停止の状態に至る重篤な**頻脈性不整脈**である。心筋梗塞後や心筋症が原因となることが多い。循環動態が不良になることが多く、**自動体外式除細動器**（じどうたいがいしきじょさいどうき）（AED）などによる電気的除細動が必要となる。

5 大動脈疾患

1 大動脈瘤

　動脈壁は内膜・中膜・外膜の三層構造であり、このうち中膜の脆弱化により動脈が拡張したものを**動脈瘤**（どうみゃくりゅう）という。**大動脈瘤**は発生部位から**胸部大動脈瘤**と**腹部大動脈瘤**に分けられる。

　胸部大動脈瘤は上行・弓部・下行大動脈に発生するが、弓部に発生する頻度が最も高い。弓部大動脈瘤では瘤が増大すると反回神経を傷害して、嗄声（させい）を認める。瘤径が6 cm 以上では人工血管置換術が必要である。

　腹部大動脈瘤は動脈硬化によるものが大部分である。無症状であることが多いが、腹部の拍動から診断される場合や、健康診断の腹部超音波検査で偶然に発見されることが多い。瘤径が5 cm 以上で人工血管置換術の適応になる。

2 大動脈解離

大動脈解離は内・中膜に亀裂が生じそこから血液が流れ込むことにより、大動脈壁が内膜側と外膜側に裂けることである。高血圧、高齢者の動脈硬化、マルファン症候群が原因となる。胸部、背部の激痛で発症することが多く、心筋梗塞との鑑別が重要である。解離が上行大動脈に及んでいる場合はスタンフォードＡ型、及んでいない場合はＢ型と呼び、Ａ型の場合は緊急手術の適応となる。

6 高血圧

高血圧症とは血圧が上がることにより脳、心臓、腎臓などに臓器障害をきたす病態である。我が国において、収縮期血圧が10mmHg上昇すると、脳血管疾患や虚血性心疾患のリスクが15 ～ 20％上昇するといわれる。日本高血圧学会の高血圧治療ガイドライン2019[1]では高血圧の定義は、**診察室血圧**では収縮期血圧140mmHg以上、拡張期血圧90mmHg以上、**家庭血圧**では収縮期血圧135mmHg以上、拡張期血圧85mmHg以上である。成人における血圧値の分類を**表6-2**に示す。診察室血圧と家庭血圧において、各々に正常血圧、正常高値血圧、高値血圧、Ⅰ～Ⅲ度高血圧、（孤立性）収縮期高血圧に分類されている。血圧の診断や分類については、診察室における血圧測定は患者が緊張するなどの理由により高めに出る（白衣高血圧）ことが多いので、家庭血圧を参考にすることが推奨されている。

Active Learning

血圧管理のために家庭血圧を測定してもらいますが、どのように指導すればよいでしょうか。

表6-2　成人における血圧値の分類

分類	診察室血圧（mmHg）			家庭血圧（mmHg）		
	収縮期血圧		拡張期血圧	収縮期血圧		拡張期血圧
正常血圧	<120	かつ	<80	<115	かつ	<75
正常高値血圧	120-129	かつ	<80	115-124	かつ	<75
高値血圧	130-139	かつ / または	80-89	125-134	かつ / または	75-84
Ⅰ度高血圧	140-159	かつ / または	90-99	135-144	かつ / または	85-89
Ⅱ度高血圧	160-179	かつ / または	100-109	145-159	かつ / または	90-99
Ⅲ度高血圧	≧180	かつ / または	≧110	≧160	かつ / または	≧100
（孤立性）収縮期高血圧	≧140	かつ	<90	≧135	かつ	<85

出典：日本高血圧学会高血圧治療ガイドライン作成委員会編『高血圧治療ガイドライン2019』日本高血圧学会, p.18, 2019.

■1 本態性（一次性）高血圧

　本態性高血圧は、原因（基礎疾患）が明らかでなく、遺伝や環境因子が関与した生活習慣病で、高血圧の90％を占める。診断において二次性高血圧の除外と他のリスクを評価することが大切である。高血圧とともに、喫煙、糖尿病、脂質異常症、メタボリックシンドローム、慢性腎臓病、心血管疾患の家族歴など危険因子を合併した場合や、高血圧性網膜症やたんぱく尿、心電図異常などの臓器障害があると、より厳密な血圧のコントロールが必要である。

　高血圧の治療は、体重減少、禁煙、節酒、運動、減塩など生活習慣の是正がまず必要である。我が国の高血圧治療ガイドライン2019では、減塩については6g/日未満の摂取に制限することが望ましいとされているほか、1日30分以上の運動を継続的に行うことや、飲酒量をエタノール換算で、男性20〜30mL/日以下、女性10〜20mL/日以下に制限することを推奨している。生活習慣の是正で降圧効果が不十分な場合や高リスクの高血圧症の場合は、レニン・アンジオテンシン抑制薬、カルシウム拮抗薬、利尿薬などの降圧薬で治療する。

■2 二次性高血圧

　生活習慣病ではなく基礎疾患により発症する高血圧を**二次性高血圧**という。若年性、治療抵抗性、重症（加速型）高血圧のときは、二次性高血圧を疑う。原因のなかで最も頻度が高いのは腎実質性高血圧であるが、その他、腎血管性高血圧、内分泌性高血圧（原発性アルドステロン症、クッシング症候群、褐色細胞腫、甲状腺機能亢進症・甲状腺機能低下症など）、血管性高血圧（高安動脈炎や大動脈縮窄症など）、薬剤誘発性高血圧がある。これらにおいては、基礎疾患の治療が最優先される。

◇引用文献
　1）日本高血圧学会高血圧治療ガイドライン作成委員会編『高血圧治療ガイドライン2019』日本高血圧学会，p.18，2019.

◇参考文献
　・小澤秀樹ほか『新看護学9 成人看護［1］第14版』医学書院，2018.
　・林純監，長谷川修編『病院総合診療医学』日本病院総合診療医学会，2018.

内分泌・代謝疾患

学習のポイント

● 糖尿病の概要、治療、合併症について理解する
● 脂質異常症の概要、治療の目的を理解する
● 甲状腺疾患、下垂体疾患、副腎疾患の概要を理解する

1 糖尿病

糖尿病は、高齢者では有病率が 10％程度に及び、我が国では約 1000 万人程度の患者が存在する、頻度の高い慢性疾患である。

1 糖尿病とは

糖尿病とは、インスリン作用の不足による慢性の高血糖状態を特徴とする、代謝疾患群である。インスリンは、膵臓ランゲルハンス島 β 細胞で生成・分泌され、肝臓・筋肉・脂肪組織でのブドウ糖代謝を調節するホルモンである。インスリンが栄養素の摂取に対して正常に分泌され、各組織で正常に作用すれば、血糖値は 80 ～ 120mg/dL 程度の狭い範囲に維持される。インスリンの分泌や各組織での作用に異常が起こると、高血糖となる。

2 糖尿病の診断と分類

❶糖尿病の診断

糖尿病は、高血糖が慢性に持続していることに基づいて診断される。

一般的には、空腹時血糖 126mg/dL 以上または随時血糖 200mg/dL 以上と、HbA1c★（グリコヘモグロビン）6.5％以上（基準値 4.6 ～ 6.2％）の両者が確認された場合に、診断が確定する。

また HbA1c は治療効果の判定にも用いられ、合併症予防のための目標として HbA1c 7.0％未満が血糖コントロールの目標とされる（図 6-2）。

高齢者の治療目標は、さらに認知機能や日常生活動作（activities of daily living：ADL）★、併存疾患、重症低血糖が危惧される薬剤（イン

★ HbA1c
HbA1c は、赤血球中のヘモグロビンにブドウ糖が結合した分画であり、過去 1 ～ 2 か月間の平均血糖値を反映し、糖尿病の診断に用いられる。

★日常生活動作（ADL）
人が生活を送るために行う活動の能力のことである。基本的 ADL とは、移動、階段昇降、入浴、トイレの使用、食事、着衣、排泄などの基本的な日常生活動作を、手段的 ADL とは、高次の ADL で、買い物、食事の準備、服薬管理、金銭管理、交通機関を使っての外出などのより複雑で多くの労作が求められる活動を意味する。

図6-2　血糖コントロール目標

目　標	コントロール目標値		
	血糖正常化を目指す際の目標	合併症予防のための目標	治療強化が困難な際の目標
HbA1c（%）	6.0未満	**7.0未満**	8.0未満

治療目標は年齢、罹病期間、臓器障害、低血糖の危険性、サポート体制などを考慮して個別に設定する。

出典：日本糖尿病学会編著『糖尿病治療ガイド2020-2021』文光堂, p.33, 2020. を一部改変

スリン製剤、スルホニル尿素薬など）の使用の有無により、きめ細かく設定されている。

❷糖尿病と糖代謝異常の成因分類

　糖尿病は代謝疾患群であり、成因に基づいて1型糖尿病、2型糖尿病、その他の特定の機序、疾患によるものに分類され、さらに妊娠中の軽度の高血糖である妊娠糖尿病がある。

　1型糖尿病は、主に自己免疫による膵臓ランゲルハンス島β細胞の破壊により生じ、インスリン治療が必須となる。小児～思春期に発症することが多い。我が国では、糖尿病患者の5～10%程度を占めると推定されている。

　2型糖尿病は、遺伝因子に加えて、過食や運動不足など生活習慣などの環境因子が加わって発症する。40歳以上での発症が多く、家系内にしばしば糖尿病があり、肥満や肥満の既往が多い。糖尿病患者の90%程度を占める。

　その他の特定の機序、疾患によるものは、遺伝子異常や膵疾患など、糖尿病の成因が明確に特定できるものを示す。

▎3 糖尿病の慢性合併症

　糖尿病の慢性合併症は、微小な血管の障害（細小血管症）と、大血管症（いわゆる動脈硬化症）に大別される。前者は糖尿病に特異的であり、血糖コントロールが不良であると5～10年の経過で進展する。後者は、糖尿病でその進展が促進されるものである。

❶細小血管症

① 糖尿病網膜症

　糖尿病網膜症は、網膜の出血・白斑・浮腫などに始まり（単純網膜症）、増殖前網膜症、増殖網膜症と進展する。高度の視力障害に至ることがある。

② 糖尿病性腎症（糖尿病性腎臓病）

糖尿病性腎症は、たんぱく尿や腎臓機能の低下を生じる合併症であり、進行すると透析療法が必要になる。我が国における透析導入の原因の第1位は、糖尿病性腎症によるものである。

③ 糖尿病性神経障害

糖尿病性神経障害は、主に両足の感覚神経が障害される多発神経障害であり、足趾や足底のしびれ、疼痛、知覚低下、異常知覚を呈する。知覚低下により、足の潰瘍や壊疽をきたすことがある（糖尿病性足病変）。

❷大血管症

糖尿病では、冠動脈疾患（狭心症や心筋梗塞）、脳血管障害（主に脳梗塞）、末梢動脈疾患の進展や発症が促進される。

4 糖尿病の治療

糖尿病治療の目標は、図6-3に示すとおりであり、食事・運動療法に加えて、薬物療法が行われることが多い。

❶食事療法

食事療法では、性別、年齢、肥満度、身体活動量、病態、患者のアドヒアランス*などを考慮し、エネルギー摂取量を決定する。エネルギー摂

★末梢動脈疾患
末梢動脈疾患は下肢動脈の動脈硬化による狭窄・閉塞病変に基づく疾患で、軽症では下肢冷感や間欠性跛行（歩行時に下肢の痛みが出現し、休息で痛みが軽快する症状）、重症では安静時の下肢の痛み、潰瘍、壊死などの症状が認められる。高齢者、男性、喫煙者、透析患者に好発する。

★アドヒアランス
アドヒアランスとは、患者が積極的に治療方針の決定に参加し、その決定に従って治療を受けることを意味する。アドヒアランスを規定するものには、治療内容、患者側因子、医療者側因子、患者・医療者の相互関係などがある。

図6-3 糖尿病治療の目標

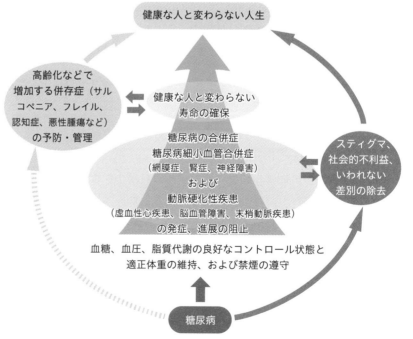

出典：日本糖尿病学会編著『糖尿病治療ガイド2020-2021』文光堂, p.31, 2020. を一部改変

取量の 40 ～ 60％を炭水化物から摂取し、たんぱく質や脂質もバランスに配慮して摂取する。

エネルギー摂取量＝目標体重×エネルギー係数

※目標体重…………65 歳未満：[身長（m）]^2× 22、

　　　　　　　　　　65 歳以上：[身長（m）]^2× 22 ～ 25

　エネルギー係数…労作の程度により 25 ～ 35kcal/kg 目標体重程度

　高齢者では、サルコペニア、フレイルの予防のため、たんぱく質摂取量やエネルギー摂取量が過少にならないように配慮する。

❷運動療法

　運動療法は、糖尿病治療の基本の一つであり、急性効果としてブドウ糖の利用が促進され血糖値が低下し、また慢性効果としてインスリンの働きが改善する。また加齢や運動不足によるサルコペニアや、骨粗鬆症（こつそしょうしょう）の予防に有効である。

　運動は有酸素運動（歩行、ジョギング、水泳など）とレジスタンス運動（腹筋、ダンベル、腕立て伏せ、スクワットなど）に分類され、さらにバランス能力を向上させるバランス運動（片足立位保持、ステップ練習、体幹バランス運動など）は、生活機能の維持・向上に有用である。

❸薬物療法

　薬物療法は、7 系統の経口血糖降下薬、注射薬であるインスリン製剤、および GLP-1受容体作動薬をさまざまに組み合わせて行われることが多い。

5 高血糖緊急症

　高血糖緊急症には、極度のインスリン欠乏により著しい高血糖、高ケトン血症、アシドーシスを呈する糖尿病ケトアシドーシスと、著しい高血糖、高度の脱水に基づく高浸透圧血症を呈する高浸透圧高血糖状態がある。糖尿病ケトアシドーシスは 1 型糖尿病患者に多く、インスリン注射の中断などに続発することが多い。高浸透圧高血糖状態は 2 型糖尿病患者に多く、急性の感染症などに続発することが多い。いずれも意識レベルの低下を伴い、緊急治療が必要である。

6 低血糖

　経口血糖降下薬の一部（スルホニル尿素薬など）や、注射薬であるインスリン製剤による治療効果の過剰により、低血糖が生じ得る。低血糖では、発汗、不安、動悸、手指振戦（しんせん）、顔面蒼白などの症状が生じ、さら

Active Learning
糖尿病でインスリン治療中、具合が悪くて食事が摂れないときの対応について調べてみましょう。

に血糖値が 50mg/dL 以下では意識レベルの低下、異常行動、痙攣などが生じ得る。

経口摂取が可能であれば、ブドウ糖またはブドウ糖を含む飲料を摂取させ、経口摂取が不可能な場合には医療機関への緊急の受診が必要である。

2 脂質代謝異常

★ **LDL コレステロール**
悪玉コレステロールともいう。

★ **HDL コレステロール**
善玉コレステロールともいう。

脂質代謝異常は、「脂質異常症」と呼ばれ、LDL コレステロール★、HDL コレステロール★、トリグリセライド（中性脂肪）の異常に大別される。LDL コレステロール高値が最も重視され、糖尿病と同様に動脈硬化症のリスク因子の一つである。

1 脂質異常症の診断

脂質異常症の診断基準値は、疫学調査などにより「将来、動脈硬化性疾患、特に冠動脈疾患の発症を促進させる危険性の高い病的脂質レベル」として設定されている。具体的には、LDL コレステロール 140mg/dL 以上、HDL コレステロール 40mg/dL 未満、ないしトリグリセライド 150mg/dL 以上が基準となる。この基準値はスクリーニングのためのもので、薬物療法を開始するための値ではない。

2 脂質異常症の分類と成因

脂質異常症は、他の基礎疾患の関与が否定できる原発性脂質異常症と、他の基礎疾患（糖尿病、甲状腺機能低下症、ネフローゼ症候群など）や薬物使用に基づいて生じる続発性脂質異常症に分けられる。さらに、増加する脂質（LDL コレステロール、トリグリセライド）や、その詳細な解析により細分化される。

高 LDL コレステロール血症や高トリグリセライド血症、低 HDL コレステロール血症は、遺伝素因、食習慣の欧米化、運動不足、肥満（特に内臓脂肪型）などを原因として発症することが多い。

Active Learning
脂質異常症では食事療法も重要ですが、具体的にどのようにアドバイスしますか。

3 脂質異常症の治療

原発性脂質異常症では、個々の患者の動脈硬化性疾患のリスクを評価して治療方針を決定する。食事療法としては、日本食パターンの食事、

過食の是正により、適正体重を維持する。

　食事療法などで脂質管理が不十分な場合には、薬物療法が考慮される。一般的には、高 LDL コレステロール血症に対する第一選択の治療薬としてスタチン*が推奨される。スタチン治療では、高 LDL コレステロール血症の改善と同時に、心血管イベントの抑制効果、総死亡率の低下などが期待できる。

★スタチン
肝臓でのコレステロール合成を阻害し、強力に血中 LDL コレステロールを低下させる薬物であり、脂質異常症の治療に最も多く用いられている。スタチンによる治療により、冠動脈疾患（狭心症や心筋梗塞）、脳血管障害（主に脳梗塞）の発症や再発が抑制されることが示されている。

3 尿酸代謝異常

　高尿酸血症（血清尿酸値> 7.0mg/dL）は、痛風関節炎や腎尿路結石のリスク因子であり、これらの合併症を伴う場合には、血清尿酸値を低下させる薬物療法の適応となる。高尿酸血症には高血圧やメタボリックシンドロームなどの生活習慣病や、脳・心血管イベントなどの臓器障害が高頻度に認められる。

　我が国の高尿酸血症の患者数は年々増加しており、男性では 20％、女性では 5 ％程度とされる。痛風関節炎は、圧倒的に男性に多い。

　高尿酸血症の治療薬としては、尿酸生成抑制薬と尿酸排泄促進薬があるが、前者が用いられることが多い。

4 甲状腺疾患

1 甲状腺機能亢進症

　甲状腺ホルモンが高値となる病態であり、動悸、発汗過多、手足の震え、体重減少が起こる。甲状腺腫大や眼球突出がみられることが多いが、高齢者では目立たないことも多い。**甲状腺機能亢進症**の原因としては、**バセドウ病**が最も高頻度であり、抗甲状腺薬（甲状腺ホルモンの合成を阻害する薬物）で治療されることが多い。その他、放射性ヨウ素内用療法や手術（甲状腺摘出術）で治療されることもある。

2 甲状腺機能低下症

　甲状腺ホルモンが低値となる病態であり、倦怠感、全身の浮腫、動作緩慢が起こる。**甲状腺機能低下症**の原因としては、**慢性甲状腺炎（橋本病）** が最も高頻度であり、その他バセドウ病に対する放射性ヨウ素内用

療法や手術（甲状腺摘出術）後の低下症も多い。甲状腺ホルモンの補充療法で、ホルモン値を正常に保つように治療される。

■3 甲状腺腫瘍

　加齢に伴い**甲状腺腫瘍**の頻度は増加するが、超音波検査で大部分は良性と判断される。**悪性腫瘍**の大部分は**乳頭癌**であり、通常は手術治療により予後は良好である。

5 下垂体疾患

　下垂体は甲状腺、副腎、性腺などの内分泌器官をコントロールする「司令塔」であり、各臓器に対する刺激ホルモンを分泌する。下垂体疾患には、さまざまな原因による下垂体機能低下症、刺激ホルモンを過剰に分泌する腫瘍、ホルモンを分泌しない下垂体腫瘍などがある。下垂体腫瘍では、外科的切除が行われることが多い。下垂体機能低下症では、甲状腺、副腎、性腺ホルモンなどの補充療法が行われる。

6 副腎疾患

　副腎は腎臓の上極にある内分泌器官であり、副腎皮質と副腎髄質に分けられる。副腎皮質では、体内の細胞機能維持に重要なコルチゾール、塩分などの恒常性を保つアルドステロンなどが分泌される。副腎皮質の疾患では、コルチゾールやアルドステロンを過剰に分泌する副腎皮質腺腫、さまざまな原因による副腎皮質機能低下症がある。副腎皮質腺腫は、必要に応じて外科的に切除される。副腎皮質機能低下症では、コルチゾールの補充療法が行われる。

　副腎髄質では、血圧を維持するアドレナリンなどが分泌される。副腎髄質の腫瘍として、アドレナリンなどを過剰に分泌する褐色細胞腫があり、高血圧をきたす。原則として、外科的に切除される。

◇参考文献
・日本糖尿病学会編著『糖尿病治療ガイド2020-2021』文光堂，2020.
・日本動脈硬化学会『動脈硬化性疾患予防のための脂質異常症診療ガイド2018年版』日本動脈硬化学会，2018.
・日本痛風・核酸代謝学会ガイドライン改訂委員会編『高尿酸血症・痛風の治療ガイドライン　第3版』診断と治療社，2018.

学習のポイント

- 高齢者に多い肺疾患を理解する
- 呼吸不全と酸素療法について理解する

1　気管支喘息

1　定義

　喘息は、日本のガイドラインでは、「気道の慢性炎症を本態とし、変動性をもった気道狭窄（喘鳴★、呼吸困難）や咳などの臨床症状で特徴づけられる疾患」と定義されている（**図6-4**）。「**変動性をもった**」とは、気道狭窄が日内、季節、治療などで変動し、咳、喘鳴、呼吸困難などの症状が軽快したり増悪したりすることを意味する。

★喘鳴
呼吸時にゼイゼイ、ヒューヒューという音が聞こえること。基本的には空気の通り道である気道が狭くなったときに聞こえる。

2　疫学

　我が国の喘息有症率は小児（15歳未満）で8 ～ 14%、成人（15歳以上）で9 ～ 10%であり、長期的にみると増加傾向にある。

図6-4　正常時の気管支と喘息発作時の気管支

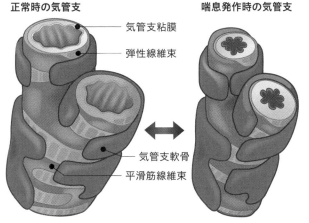

正常時の気管支　　　　　　　　喘息発作時の気管支

気管支粘膜
弾性線維束
気管支軟骨
平滑筋線維束

発作時は、気管支平滑筋の収縮、気管壁の炎症と浮腫が起こる、粘液が多く出ることにより、気管支内腔が狭窄する。この変化は自然にまたは治療により改善する。
出典：日本呼吸器学会ホームページ「呼吸器の病気」　https://www.jrs.or.jp/modules/citizen/index.php?content_id=15を参考に作成

3 臨床症状

発作的に咳や痰が出て、ゼイゼイ、ヒューヒューという音を伴って息苦しくなる（喘息発作）。夜間や早朝に出やすいのが特徴である。ごく軽い場合は「急ぐと苦しい」くらいだが、高度の発作では息苦しさのため「動けない」。

4 診断

喘息は呼吸器症状の時間経過と呼吸機能検査の結果で総合的に診断される。診断の目安は、喘息に特徴的な症状が夜間や早朝に多く出現し、繰り返し起こること、呼吸機能検査で可逆性（元に戻る）の気流閉塞（1秒率 70%未満）があることである。

5 喘息の病型

種々の因子によって病型分類されているが、環境アレルゲン（ダニ、ハウスダスト、かびなど）に対するアレルギーを認めるアトピー型と、認めない非アトピー型の分類が知られている。また、非ステロイド性抗炎症薬によって発作を起こす喘息をアスピリン喘息と呼ぶ。

6 治療

継続的に使用して発作の予防を目指す長期管理薬と喘息発作治療のために短期的に使用する発作治療薬を用いる。長期管理薬として吸入ステロイド剤、長時間作用性 β_2 刺激薬の吸入を用いる。発作治療薬としては、短時間作用性 β_2 刺激薬の吸入をする。難治性喘息には、近年抗 IgE 抗体や抗 IL-5 抗体、抗 IL-5R α 製剤が使用されている。

2 慢性閉塞性肺疾患（COPD）

1 定義

日本呼吸器学会では、COPD を「タバコ煙を主とする有害物質を長期に吸入曝露することなどにより生ずる肺疾患であり、呼吸機能検査で気流閉塞を示す[2]」と定義している。以前は慢性気管支炎や肺気腫という病名で呼ばれていた。

２ 疫学

喫煙者の 20％前後が罹患する感受性をもつと考えられており、日本の推定患者は 500 万人を超えると推測されるが、実際に治療している人は数十万人である。罹患を自覚しにくいため、喫煙を続けて重症化してしまうことが多い。

３ 診断

呼吸機能検査（気管支拡張薬吸入後）で 1 秒率が 70％未満で、他の呼吸器疾患を鑑別除外する。

４ 臨床症状

初期は無症状または咳・痰などがみられる。徐々に**労作時の息切れ**が現れ、進行すると安静時でも息切れが起こるようになる。重症化すると低酸素血症を認め、呼吸不全の状態となる。

５ 治療（図 6-5）

禁煙することが重要である。薬物療法としては、長時間作用性抗コリン薬あるいは長時間作用性 β_2 刺激薬の吸入を単剤もしくは併用で行う。

図6-5　COPD の臨床像と治療・管理

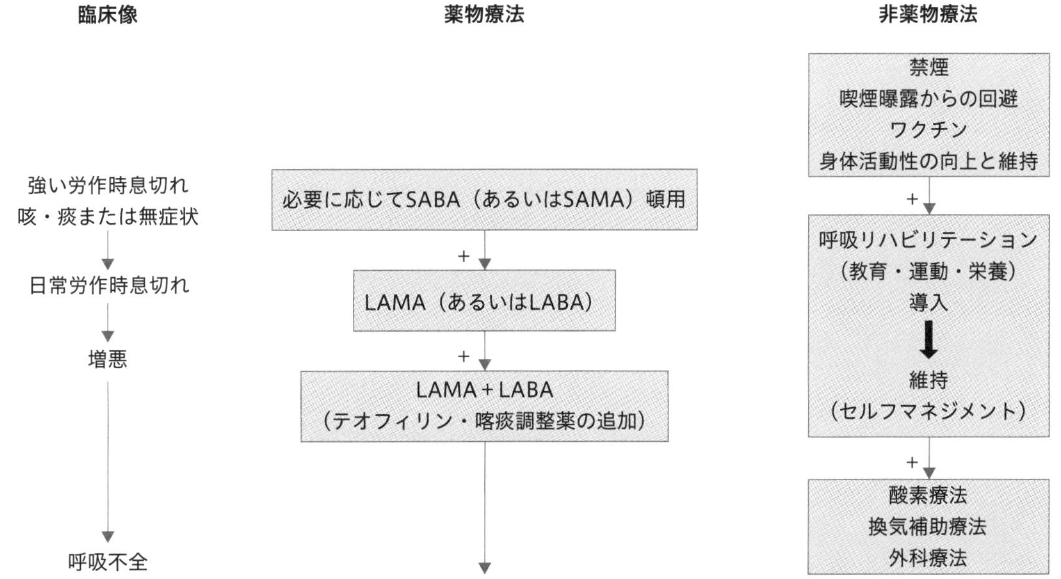

注：SABA：短時間作用性 β_2 刺激薬、SAMA：短時間作用性抗コリン薬、
　　LABA：長時間作用性 β_2 刺激薬、LAMA：長時間作用性抗コリン薬
出典：日本呼吸器学会 COPD ガイドライン第 5 版作成委員会編『COPD（慢性閉塞性肺疾患）診断と治療のためのガイドライン2018 第 5 版』日本呼吸器学会, p.4, 2018.

非薬物療法として、感染予防としてのインフルエンザワクチンや肺炎球菌ワクチンの接種、呼吸リハビリテーションなどがある。呼吸不全の状態になると、在宅酸素療法や非侵襲的陽圧換気（NPPV*）などの換気補助療法を適用する。

3 肺炎

1 定義

一般的に「肺実質（肺胞領域）の、急性の、感染性の、炎症[3]」で、細菌、ウイルスなどが病原体となる。肺炎は、発症の場によって「市中肺炎」「院内肺炎」「医療・介護関連肺炎」に大別される。「市中肺炎」は基礎疾患のない（あっても軽微な）人に起こる肺炎、「院内肺炎」は入院後 48 時間以上経過してから新しく発症した肺炎、「医療・介護関連肺炎」は何らかの基礎疾患を有し、医療や介護の対象となっている人に起こる肺炎である。「医療・介護関連肺炎」では、高齢者の繰り返す誤嚥性肺炎が多い。誤嚥性肺炎は長期臥床、脳血管障害や慢性神経疾患などを有する場合に認められやすい嚥下機能障害を背景に、高齢者の食事摂取に関連して発症する。誤嚥性肺炎は、反復しやすく、罹患するごとに ADL の低下をもたらし、QOL を低下させる。

2 疫学

2018（平成 30）年度から肺炎と誤嚥性肺炎に区別して統計を取られているが、2019（令和元）年には、肺炎は死亡数の 6.9％、誤嚥性肺炎は 2.9％で合わせると 9.8％となり、第 3 位の老衰を上回る。肺炎による死亡は、65 歳以上の高齢者が 95％以上を占めている。

3 臨床症状

肺炎の症状は、発熱、咳、痰、息切れなどであるが、高齢者では、典型的な症状を呈さず、食欲低下、日常の活動性低下で気づかれることも多い。呼吸数の増加、経皮酸素飽和度（SpO_2*）の低下などに注意する。

4 治療

肺炎の重症度を評価し、抗生物質を投与する。低酸素血症がある場合は酸素療法を行う。繰り返す誤嚥性肺炎では、患者の状況によっては、

強力な治療をせず、緩和を主とする治療を選択することもある。

5 予防

　市中肺炎で頻度の高い肺炎球菌に対する予防接種（肺炎球菌ワクチン）を65歳以上の高齢者に推奨している。またインフルエンザは罹患後に細菌性肺炎を合併することもあることからインフルエンザワクチン接種を毎年行うことを推奨している。また口腔ケアは、口腔内の常在細菌量を減少させるため、肺炎の発症抑制効果が期待されている。

4 肺結核

1 定義

　肺結核は、ヒト型結核菌によって起こる肺感染症で、2類感染症に指定されている。診断が確定した場合は、速やかに届け出をする必要がある。

2 感染の成立と発病

　患者の咳やくしゃみなどの飛沫に含まれる結核菌が飛沫核となり空中に漂い、それが吸入されて呼吸細気管支や肺胞に達すると、肺と肺内のリンパ節に病巣を形成する（初期変化群、感染の成立）。この初期変化群は約90％が自然治癒するが、約5％が数年以内に発病する（一次結核症、初感染結核）。初感染から一定期間が経過し、自然治癒したあとも結核菌の一部は病変のなかに何十年も生存し、高齢化や免疫力が低下すると、再び増殖し、結核を発病する（二次結核症）。成人の肺結核症の大部分が二次結核症である。

3 疫学

　1950年代まで死亡原因の主要な位置を占めていたが、抗結核薬の使用とともに減少してきた。2019（令和元）年の日本の新登録結核患者数は1万4460人である。全体の約70％は60歳以上の高齢者である。若い世代の結核は、外国人に多い。

4 臨床所見

　初期には自覚症状のないことが多いが、病変の進行とともに微熱、寝

汗、咳・痰、全身倦怠感、体重減少などがみられる。X線所見は、二次結核症では、上葉や下葉に空洞、浸潤影、多発結節影を認める。結核は肺だけではなく、腸、腎、骨・関節、中枢神経系にも病変がみられる。

5 診断

痰や胃液の塗抹鏡検、培養、PCR（拡散増幅検査）を行い、結核菌を検出する。特に塗抹鏡検で陽性となった場合は、他者への感染性があると判断される（開放性結核）。近年は、結核菌特異抗原によりリンパ球で産生されるインターフェロンγを測定するインターフェロンγ遊離試験（IGRA）が診断に用いられる。

6 治療

開放性結核患者は感染症指定医療機関に隔離入院となる。治療は、抗結核薬を3または4種類、6～9か月投与する。医療費については、公費負担制度がある。結核に対する免疫をつける方法として、日本ではBCG[★]を生後1歳になるまでに接種する。

★ BCG
実験室で長期間培養を繰り返すうちに、ヒトに対する毒性が失われて抗原性だけが残った結核菌。これを人為的に接種して、結核に罹患することなく、結核菌に対する免疫を獲得させる。

★ PaO₂
動脈血酸素分圧。正常は若年健康者では、90～100mmHg。

★ PaCO₂
動脈血二酸化炭素分圧。正常は35～45mmHg。

5 慢性呼吸不全

1 定義

呼吸不全とは「動脈血ガス PaO_2[★]、$PaCO_2$[★]が異常であるため生体が正常な機能を営めない状態」と定義される[4]。**低酸素血症**（PaO_2 60mmHg以下）があり、$PaCO_2$ が正常（45mmHg以下）なもの（I型）と、$PaCO_2$ が45mmHgを超えるもの（II型）に分類される。そして、1週間以内の短い期間で急速に発症したものを**急性呼吸不全**、呼吸不全状態が少なくとも1か月間は持続したものを**慢性呼吸不全**と呼んでいる。

2 慢性呼吸不全の原因疾患

肺疾患としては、慢性閉塞性肺疾患（COPD）、間質性肺炎、気管支拡張症などがある。呼吸不全の原因疾患は肺疾患だけではなく、神経筋疾患による換気障害（重症筋無力症、筋ジストロフィーなど）、心不全なども慢性呼吸不全となる。

3 治療

低酸素血症に対し、**酸素吸入**が必要となる。在宅で酸素吸入をする（**在宅酸素療法**）ことが保険診療でできる。患者は空気中の酸素と窒素を分離し40%または90%の酸素をつくることができる酸素濃縮器を家庭に設置していることが多い。外出時は携帯用ボンベから酸素を吸入する。なお、病状により、非侵襲的陽圧換気（NPPV）や在宅人工呼吸療法が必要なこともある。

Active Learning

在宅酸素療法中の人が旅行に出かけたいというとき、どのようなことに心がける必要があるでしょうか。

6 肺癌

1 定義

肺に発生するがん（原発性肺癌_{はいがん}）と他臓器に発生したがんの肺への転移（転移性肺癌）があるが、単に**肺癌**という場合は原発性肺癌を指す。肺癌には、四つの組織型（腺癌、扁平上皮癌、大細胞癌、小細胞癌）がある。

2 疫学

日本の悪性腫瘍_{あくせいしゅよう}による死亡の第1位で、発生率は50歳以上で急激に上昇する。**喫煙**は発がん因子としてきわめて重要である。他のリスク因子としてアスベスト（石綿）曝露などがある。

3 臨床症状

早期は無症状のことが多い。肺内でがんが増大してくると、咳・痰、血痰、胸痛、呼吸困難などを自覚する。他臓器へ転移すると、骨への転移では疼痛、病的骨折、脳への転移では頭痛、意識障害、片麻痺_{へんまひ}などの症状が出現してくる。

4 診断

病変の一部を気管支鏡を用いて生検し、病理診断で肺癌の確定診断および組織型の決定、遺伝子変異の検査をする。その後、進行度（病期*）を決定するために、胸部CT、腹部超音波検査、脳MRI、PETなどを施行し、リンパ節転移や遠隔転移の有無をみていく。

★病期
原発巣の大きさと周囲への浸潤の程度（T）、リンパ節転移の程度（N）、遠隔転移（M）の有無によりⅠ〜Ⅳ期に分類される。Ⅳ期は遠隔転移があり、手術の適応にはならない。

5 治療

　治療法は組織型と病期から決定される。さらに、年齢、全身状態などを加味して総合的に判断する。**非小細胞癌**（腺癌、扁平上皮癌、大細胞癌）では、手術が第一選択であるが、隣接臓器への浸潤や他臓器への転移がある場合は、抗がん剤投与や局所への放射線療法をする。抗がん剤には、がん細胞を死滅させる殺細胞性抗がん剤のほか、がん化にかかわる分子を阻害する分子標的薬、がん免疫に関係する免疫チェックポイント阻害薬※がある。**小細胞癌**は、転移が早期から生じやすいため、手術可能な状態で発見されることが少なく、抗がん剤や放射線療法を組み合わせて治療することが多い。

6 予後

　肺癌の治療成績は、組織型、病期によって異なるが、非小細胞癌の5年生存率は、約50%である。小細胞癌では全体で15%くらいである。

★免疫チェックポイント阻害薬
がん細胞は、免疫細胞に対してブレーキをかけ、免疫からの攻撃を回避している。この薬剤はそのブレーキをはずす役割を果たし、免疫細胞にがん細胞を認識させ、攻撃させる。

7 睡眠時無呼吸症候群

1 定義

　睡眠時無呼吸症候群は、睡眠中に繰り返し無呼吸となり、一過性の低酸素血症、睡眠の分断から、**日中の傾眠**や心血管合併症を生じてくる病態を指す。睡眠中の上気道閉塞が原因で無呼吸中に呼吸努力を伴い、通常いびきがある**閉塞性睡眠時無呼吸**（**図6-6**）と、呼吸努力を伴わない中枢性睡眠時無呼吸に分類される[5]。

2 疫学

　成人男性の約3〜7%、女性の約2〜5%にみられる。首周りの脂肪の沈着が多いと上気道は狭くなりやすく、肥満は睡眠時無呼吸症候群と深く関係している。そのほか、扁桃肥大、舌が大きいことや、顎が後退していたり、顎が小さいことも原因となる。

3 診断

　携帯型装置による簡易検査や睡眠ポリグラフ検査（PSG）にて睡眠中の呼吸状態の評価を行い、睡眠1時間当たりの無呼吸・低呼吸の頻度（AHI：apnea hypopnea index）が5回以上で、かついびき、夜

図6-6　閉塞性睡眠時無呼吸

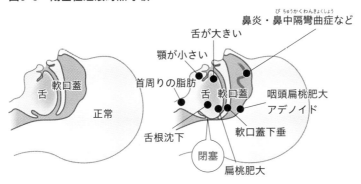

睡眠中に舌根が沈下したり、軟口蓋が下垂したりして気道が閉塞する。また舌が大きい、顎が小さい、鼻疾患がある、扁桃腺の腫大があると通常でも気道が狭いため、睡眠時に閉塞しやすい。

出典：日本呼吸器学会ホームページ「呼吸器の病気」　https://www.jrs.or.jp/modules/citizen/index.php?content_id=1 を参考に作成

間の頻尿、日中の眠気や起床時の頭痛などの症状を伴う際に睡眠時無呼吸症候群と診断する。重症度は AHI 5 ～ 15 未満を軽症、15 ～ 30 未満を中等症、30 以上を重症としている。

4 治療

　AHI が 20 以上で日中の眠気などを認める睡眠時無呼吸症候群では、**経鼻的持続陽圧呼吸療法（CPAP）**★が標準的治療とされている。閉塞性睡眠時無呼吸では、減量、生活習慣の是正（飲酒、喫煙、睡眠薬の中止）を指導する。そのほか、側臥位での就寝、マウスピース作成、扁桃腺腫大などに対する外科療法などがある。

★経鼻的持続陽圧呼吸療法（CPAP）
マスクを介して持続的に空気を送ることで、狭くなっている気道を広げる治療法。

◇**引用文献**
　1）日本アレルギー学会喘息ガイドライン専門部会監，「喘息予防・管理ガイドライン2018」作成委員会作成『喘息予防・管理ガイドライン2018』協和企画，p.2，2018.
　2）日本呼吸器学会 COPD ガイドライン第 5 版作成委員会編『COPD（慢性閉塞性肺疾患）診断と治療のためのガイドライン2018 第 5 版』日本呼吸器学会，p.1，2018.
　3）日本呼吸器学会成人診療ガイドライン2017作成委員会編『成人肺炎診療ガイドライン2017』日本呼吸器学会，pp2-7，2017.
　4）日本呼吸器学会肺生理専門委員会・日本呼吸管理学会酸素療法ガイドライン作成委員会編『酸素療法ガイドライン』日本呼吸器学会・日本呼吸管理学会，pp.6-9，2006.
　5）日本呼吸器学会・厚生労働科学研究費補助金難治性疾患政策研究事業「難治性呼吸器疾患・肺高血圧症に関する調査研究」班監，睡眠時無呼吸症候群（SAS）の診療ガイドライン作成委員会編『睡眠時無呼吸症候群（SAS）の診療ガイドライン2020』南江堂，pp.2-3，2020.

◇**参考文献**
　・日本結核病学会編『結核診療ガイド』南江堂，2018.
　・日本呼吸器学会ホームページ「呼吸器の病気」　https://www.jrs.or.jp/modules/citizen/index.php?content_id=1

第6章
疾病と障害およびその予防・治療・予後・リハビリテーション

腎・泌尿器疾患

学習のポイント

- 急性腎不全（急性腎障害）、慢性腎不全（慢性腎臓病）について病態を学ぶ
- 特発性腎疾患・続発性腎疾患について理解する
- 泌尿器疾患（排尿障害、神経因性膀胱、前立腺疾患など）について理解する

1 腎不全

腎不全は、急性腎不全（急性腎障害）と慢性腎不全（慢性腎臓病）に分けられる。

1 急性腎不全（急性腎障害）

急性腎不全は数時間から数日という短期間で、腎機能が急激に低下する病態である。近年ではより早期の急性な腎機能障害も含めた**急性腎障害**（acute kidney injury：AKI）と呼称されている。急性腎障害は尿量減少と血清クレアチニン値上昇で診断される。急性腎障害の原因は、腎前性、腎性、腎後性に分けられる（**表6-3**）。急性腎障害では、尿量減少、嘔気、食欲不振、全身倦怠感、かゆみ、呼吸困難など多彩な症状

表6-3　急性腎障害の分類

	腎前性	腎性	腎後性
病態	腎臓への血流低下	腎の機能障害	尿の排泄障害
原因	・体液喪失（循環血液量絶対的減少） 　下痢、嘔吐、出血、火傷など ・心ポンプ機能低下 　心不全、心筋梗塞など ・血管外への体液移動（循環血液量相対的減少） 　肝硬変、ネフローゼ症候群など ・末梢血管拡張 　敗血症など	・糸球体疾患 ・腎小血管障害 ・急性尿細管壊死など	・前立腺癌 ・前立腺肥大 ・両側尿管結石 ・骨盤内腫瘍など
治療	・輸液・輸血・栄養管理 ・病状により透析療法	・原疾患の治療 ・水分・電解質・栄養管理 ・病状により透析療法	・尿路閉塞の原因解除 ・尿路確保（膀胱留置カテーテル、腎瘻・膀胱瘻など） ・病状により透析療法

を示す。いずれのタイプの急性腎障害でも、体内へ急激に老廃物、体液が貯留し、電解質・酸塩基平衡異常を起こし、進行すれば生命の危険を招く。急性腎障害の典型的な臨床経過は発症期、乏尿期、利尿期を経て回復期に移行するが、腎機能が完全には回復せず、慢性腎不全に移行する症例や、生涯にわたる腎代替療法（透析・腎移植）が必要になる末期腎不全に移行する症例もある。治療は腎前性急性腎障害では輸液や輸血による循環血液量補充、腎性急性腎障害では原疾患の治療、腎後性急性腎障害では膀胱留置カテーテルや腎瘻・膀胱瘻形成による尿路確保である。これらの治療によっても病状が改善せず、生命の危険がある場合には透析療法を行う。

2 慢性腎不全（慢性腎臓病）

慢性腎不全は月または年単位で腎機能障害が進行し、最終的に不可逆的な末期腎不全に至る病態である。以前は腎機能（糸球体濾過量）が30mL/分程度以下に下がった状態を示していたが、近年ではさらに早期の慢性的な腎障害（軽度の糸球体濾過量低下やたんぱく尿）を含めた**慢性腎臓病**（chronic kidney disease：CKD）という概念が普及している。慢性腎臓病は原疾患、糸球体濾過量、たんぱく尿により重症度分類がされており、重症度が進行するにつれ末期腎不全のみならず心血管死亡リスクを上昇させる。慢性腎臓病の治療は原疾患の治療に加えて、重症度に応じて生活習慣改善（禁煙、肥満解消、適度な運動）、食事療法（減塩、たんぱく制限食、カリウム制限食）、貧血管理、骨ミネラル代謝管理を行う。これらの治療によっても腎障害が進行し、生体の恒常性が保てなくなった場合には腎代替療法が必要になる。

2 特発性腎疾患と続発性腎疾患

特発性腎疾患とは病変が腎臓に現局する病態であり、**続発性腎疾患**とは膠原病、血管炎、代謝疾患、遺伝性疾患などの全身性疾患が原因で腎病変をきたすものをいう。どちらの場合も糸球体、尿細管間質あるいはその両者に病変をきたし得る。そのうち糸球体疾患は臨床症候分類（WHO、1995年）から急性腎炎症候群、急速進行性腎炎症候群、反復性または持続性血尿症候群、慢性腎炎症候群、ネフローゼ症候群に大別されている。さらに腎生検による病理組織学的診断分類に基づき治療

法の選択、腎予後の判定を行う。特発性腎疾患と続発性腎疾患の代表的疾患について以下に述べる。

1 特発性腎疾患

❶管内増殖性糸球体腎炎

　多くは、A群β溶連菌感染による咽頭・扁桃炎後、約2週間の潜伏期を経て、血尿、浮腫、高血圧を主症状とし、急性腎炎症候群で発症する。たんぱく尿も伴うが量は多くない。治療は対症療法が基本で、安静、保温に加え、腎機能低下時には食事療法（減塩、たんぱく制限食）を行う。薬物療法は浮腫や高血圧に対して必要時のみ行う。多くの症例は数か月で自然治癒するが、一部の症例では慢性化することがある。

❷半月体形成性糸球体腎炎

　急速進行性腎炎症候群で発症する。治療は発症早期に副腎皮質ステロイド療法を中心に、症例によっては、他の免疫抑制薬や血漿交換療法*を追加する。早期発見と治療を行わなければ腎予後は不良である。

❸ IgA腎症

　大多数が慢性腎炎症候群で発症するため、健診で血尿やたんぱく尿を指摘され精密検査で診断されることが多い。我が国で最多の糸球体腎炎である。治療は組織学的重症度とたんぱく尿や腎機能低下の程度によって決められ、腎障害進行低リスク群では経過観察、腎障害進行高リスク群では副腎皮質ステロイド薬投与やIgAの産出臓器である扁桃腺摘出術が行われる場合がある。

❹微小変化型ネフローゼ症候群

　前駆症状のないネフローゼ症候群で発症する。治療は副腎皮質ステロイド薬が奏功することが多いが、頻繁に再発を繰り返す例や、ステロイド抵抗性の症例もあり、そのような症例には他の免疫抑制薬が追加投与される。

❺その他

　その他の特発性腎疾患として、膜性腎症、膜性増殖性糸球体腎炎、巣状分節状糸球体腎炎がある。いずれもネフローゼ症候群をきたすことが多く、治療は副腎皮質ホルモンをはじめとした免疫抑制薬が用いられることが多い。

★血漿交換療法
透析回路を用いて、体外に血液を取り出し、血球成分（赤血球、白血球、血小板）と血漿成分に分離し、血球成分は自分の体に戻し、血漿成分は廃棄し健常人の血漿成分を補充する治療法。

2 続発性腎疾患

❶糖尿病性腎症

　長期の高血糖状態（糖尿病）により、糸球体硬化、間質線維化、細動脈硬化をきたす。病初期には微量アルブミン尿を認めるが、進行するとネフローゼ症候群をきたし腎機能低下に至る。近年、増加傾向にあり我が国での透析導入原因疾患の1位である。治療は血糖、血圧、食事（減塩、低たんぱく食）管理を組み合わせた集学的治療が行われるが、高度たんぱく尿例の腎予後は不良である。

❷痛風腎

　プリン体の最終代謝産物である尿酸は、血清で一定レベル以上（通常：7.0mg/dL）以上になると尿酸塩として析出する。析出した尿酸塩が腎や尿路に沈着し腎障害をきたしたものが痛風腎である。また間質に沈着した尿酸塩が炎症細胞の活性化を惹起し間質性腎炎を起こす。治療は尿酸濃度を下げるため、プリン体摂取制限や十分な水分摂取を行う。薬物療法では尿酸生成抑制薬、尿酸排泄促進薬などが投与される。

❸腎硬化症

　持続する高血圧により腎細動脈に動脈硬化性病変が生じた病態である。腎細動脈の内膜線維性肥厚が認められる。進行性に腎機能は低下するが、尿異常は軽度の尿たんぱくだけの場合が多い。治療は減塩食、降圧薬投与などである。

❹ループス腎炎

　全身性エリテマトーデスの際に生じる免疫複合体が腎臓に沈着することによって生じる腎障害である。約半数がネフローゼ症候群で発症する。腎組織病理所見では活動期には糸球体に免疫複合体が沈着することにより、メサンギウム細胞増殖、基底膜肥厚がみられ、慢性期になると糸球体硬化、尿細管間質線維化・萎縮が認められる。治療は副腎皮質ステロイド薬をはじめとした免疫抑制薬が用いられる。

❺その他

　その他の全身性疾患に合併する腎障害として、強皮症腎、紫斑病性腎炎などがある。

3 腎代替療法

腎機能低下が進行し、自己の腎臓だけでは生命が維持できなくなった

場合には腎代替療法（じんだいたいりょうほう）が導入される。腎代替療法には血液透析（とうせき）、腹膜透析、腎移植（生体腎移植、献腎移植）の三つの方法がある（図6-7）。

図6-7　腎代替療法

血液透析

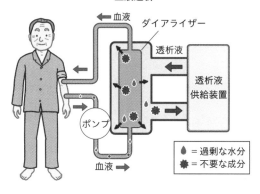

1 血液透析

血液透析は、我が国では最も多く選択されている腎代替療法である。血液を体外循環させ、透析器（ダイアライザー）を用いて、血液中の老廃物や余分な水分を除去したあと、体内に戻す方法である（図6-7）。通常、週に3日、1回4時間の透析が必要である。大量の血液（150～200mL/分）を体外循環させる必要があるため、バスキュラーアクセス[★]（内シャントなど）が必要である。

腹膜透析

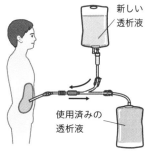

2 腹膜透析

腹膜透析は、腹腔内（ふくくうない）に留置したチューブ（カテーテル）を通じて腹腔内に浸透圧物質としてブドウ糖を含有した透析液を一定時間入れ、腹膜毛細血管を介して、血液中の老廃物や余分な水分を透析液に移行させたあと、透析液を体外に取り出す方法である（図6-7）。1日数回手動で透析液を交換する方法と、夜間に機械で自動的に透析液を交換する方法がある。血液透析に比べ通院が少ない、循環動態に与える影響が少ない、食事制限が緩やかなどの利点があるが、腹膜炎のリスクがあること、腹膜機能劣化によりおよそ5～10年で他の腎代替療法（血液透析または腎移植）に移行しなければならないなどの欠点もある。

腎移植

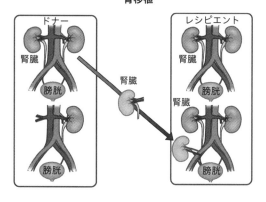

3 腎移植

生体腎移植はドナー（親族）から提供された腎臓を、レシピエント（患者）に移植する方法である。通常移植腎はレシピエントの腸骨窩（ちょうこつか）に移植される（図6-7）。献腎移植は、本人の生前同意または家族の承諾のある脳死後または心停止後のドナーから提供された腎臓を同様に患者に移

★バスキュラーアクセス
血液を体外循環する際に、患者に設置される血液の出入り口。

植する方法である。生体腎移植・献腎移植後は拒絶反応抑制のため免疫抑制薬を服薬し続ける必要があるが、透析療法に比べ食事や行動制限が少なく患者の生活の質（quality of life：QOL）が高い。また近年免疫抑制薬の進歩により移植腎の生着率は大きく向上している。

4 泌尿器疾患

1 排尿障害（頻尿、尿失禁、排尿困難）

　正常な排尿が障害されている状態を排尿障害という。排尿障害には排尿回数の異常、排尿時の異常、排尿後の異常、尿失禁、尿意切迫感、遺尿、排尿困難（尿閉）などがある。このうち排尿回数の異常では1日の排尿回数が8回以上になることを頻尿、1～2回になることを稀尿、就寝後から起床までの間に1回以上起きなければいけないことを夜間頻尿という。尿失禁は不随意に尿漏れをきたす状態である。排尿困難（尿閉）とは膀胱内に貯留している尿を排泄できない状態で早期に導尿を行う必要がある。

2 尿路感染症

　尿路感染症は、腎臓、尿管、膀胱、尿道に生じた感染症の総称であり、原因菌は大腸菌が多い。症状は尿混濁、頻尿、排尿痛、残尿感などがある。尿管、膀胱、尿道の感染では通常発熱は認めないが、腎臓にまで感染が及べば（腎盂腎炎）発熱を認める。検査は血液検査、尿検査、尿培養検査などを行う。治療は起炎菌に感受性のある抗生物質投与が行われる。

3 神経因性膀胱

　神経因性膀胱は、排尿に関する神経（脳、脊髄、末梢）の障害により生じる、膀胱の蓄尿・排尿機能障害であり、過活動性膀胱と弛緩性膀胱に大別される。過活動性膀胱は、脳からの排尿抑制がきかないため不随意に膀胱収縮が生じ、膀胱内に尿が少ししか、あるいはまったくない場合でも尿意を感じ頻尿や尿意切迫を起こす。弛緩性膀胱は脊髄・末梢神経の障害のため、膀胱に尿が溜まっても、脳への尿意伝達や、脳から膀胱に排尿指令伝達をすることができない病態である。弛緩性膀胱では尿意は感じず膀胱内に残尿を多量に認め、膀胱に尿が限界まで溜まり溢れ

Active Learning

尿失禁は男女でどちらが多いでしょうか。また、それはどうしてでしょうか。

第6章
疾病と障害およびその予防・治療・予後・リハビリテーション

出す。診断法は残尿測定や超音波検査などである。治療法は過活動性膀胱には抗コリン薬などの薬物療法、弛緩性膀胱には膀胱留置カテーテル挿入による間欠的導尿などが行われる。

■4 前立腺肥大

前立腺肥大は、加齢に伴う前立腺内腺の過形成により下部尿路の閉塞が起こる病態である。病因として男性ホルモンが強く関与している。症状は第1期（膀胱刺激期）には頻尿、尿意切迫感、軽度の排尿障害を認める。第2期（残尿発生期）には排尿困難が進行し、膀胱内に残尿を認め、膀胱炎などの尿路感染症が起きやすくなる。第3期（慢性閉塞期）には慢性的な尿閉により腎機能障害をきたす。診断法は排尿状態を問診してスコア化する国際前立腺症状スコア（international prostate symptom score：I-PSS）や経直腸的超音波検査、尿量測定、残尿測定により診断する。治療は第1期では薬物療法が主で、第2期以降では内視鏡を用いた経尿道的前立切除術（trans-urethral resection of the prostate：TUR-P）や前立腺レーザー治療などが行われる。

■5 前立腺癌

前立腺癌（ぜんりつせんがん）は、前立腺に生じる悪性腫瘍（あくせいしゅよう）で大部分が腺癌である。前立腺の辺縁領域に発生することが多い。初期には無症状であり、進行すると血尿、排尿障害などを認める。診断法は初期検査として血中前立腺特異抗原（prostate-specific antigen：PSA）測定、直腸内前立腺指診、経直腸的超音波検査などがあり、確定診断は前立腺生検である。治療法は癌の悪性度、前立腺内外への浸潤度、他臓器への転移などにより前立腺摘出術や放射線療法、ホルモン療法が選択される。

◇参考文献
・日本腎臓学会編『エビデンスに基づく CKD 診療ガイドライン2018』東京医学社，2018.

第8節 消化器・肝胆膵疾患

学習のポイント

● 肝疾患の概要・検査・治療・予防方法を理解する

● 胆囊疾患、膵臓疾患の概要・検査・治療・予防方法を理解する

● 消化器疾患の概要・検査・治療・予防方法を理解する

1 肝胆膵疾患

1 肝炎・肝障害

肝炎とは、さまざまな原因により、肝臓に炎症をきたした状態である。一過性に炎症が起こる急性肝炎の場合には、黄疸、食欲不振、全身倦怠感などさまざまな自覚症状を伴うことが多いが、慢性肝炎の場合には自覚症状が乏しく、長期間にわたり肝細胞の障害が持続し、肝硬変に至ることが知られている。肝障害の程度によっては症状がなく、血液検査のみで肝機能の低下が指摘される場合も多く、さまざまな病態が鑑別に挙がる。

❶ウイルス性肝炎

肝炎の代表的な原因として、肝炎ウイルスの感染によるウイルス性肝炎が知られている。主に経口的に感染するA型肝炎、E型肝炎と、血液や体液を介して感染するB型肝炎、C型肝炎に分類され、それぞれ異なる特徴をもっている。

① A型肝炎

糞尿で汚染された水系による糞口感染により感染し、発展途上国では流行がみられるウイルスである。日本国内では魚介類の生食による感染経路が多いが、最近では性的接触による感染も報告されている。

② E型肝炎

野生のシカ、イノシシなどにも感染しており、人獣共通感染症として知られている。日本国内では、生焼けの野生肉（ジビエ料理など）からの感染の報告がある。経口感染するA型肝炎、E型肝炎のほとんどは、急性肝炎を呈し、安静・点滴などの保存的治療により軽快するが、まれに重症化する。

Active Learning

肝臓が悪くなるとどのような症状になるでしょうか。調べてみましょう。

③　B型肝炎

★B型肝炎ワクチン
2016（平成28）年からは、0歳児全員に対するB型肝炎ワクチンの接種（ユニバーサルワクチン）が行われるようになっている。

　血液や体液を介して感染し、一過性の感染に終わるものと、感染が持続するものに大別される。出生時から3歳未満の乳幼児に感染した場合に持続感染になりやすく、1985（昭和60）年から開始された「B型肝炎母子感染防止事業」により、B型肝炎ウイルスに感染している母からの新規の垂直感染は、ほとんどが防げるようになった。一方で、ピアス、刺青（いれずみ）、性交渉等による成人の感染や、B型肝炎ワクチン★の接種を受けていない乳幼児の水平感染も報告され、急性肝炎を呈することがある。A型肝炎、E型肝炎に比べ、**B型肝炎**では急性肝炎が重症化（劇症肝炎）しやすい傾向があり、十分な予防と対策が必要である。B型肝炎が持続感染した場合、肝炎が持続する慢性肝炎と、肝炎を起こしていない無症候性キャリアに分けられる。近年では、内服薬により肝炎の沈静化とウイルス量の減少が期待できるが、体内からウイルスを排除することは困難とされており、生涯にわたり内服治療の継続が必要である。

④　C型肝炎

★インターフェロンフリー治療
かつてのC型肝炎治療には、注射薬であるインターフェロンが使用され、さまざまな副作用があったが、近年では、より治療効果が高く、副作用もほとんどない内服薬による抗ウイルス治療が主体となっている。

　C型肝炎の存在が知られる以前の輸血や注射針の使いまわし、刺青、ピアスなどの不適切な使用により感染することが知られているが、日常生活で感染する可能性はきわめて低く、感染予防のためには、他人の血液に触れないようにすることが重要である。C型肝炎は、血液を介して感染し、約70％の人が持続感染者になるといわれている。10年から20年の期間を経て、**慢性肝炎**から**肝硬変**に至り、**肝癌（かんがん）**が発生しやすい状態となることが知られている。近年では、治療効果が高く、副作用もほとんどない内服薬による抗ウイルス治療（インターフェロンフリー治療★）が主体となっていることから、ほとんどの人が治療の対象となり、感染の疑いのある人は、肝臓専門医への受診が勧められる。

❷アルコール性肝障害

　過剰な飲酒を長期に継続（通常は5年以上）することで起こる肝障害である。過剰な飲酒とは、1日に純エタノール換算で60g以上の飲酒（常習飲酒者）のことをいうが、女性や遺伝的にお酒に弱い人では、より少ない量でも、肝障害を起こし得る。治療は断酒のみであり、断酒により肝障害は明らかに改善するものの、肝臓の線維化（肝硬変）が進行していると、肝機能の改善は限定的となる。また常習飲酒者は、アルコール依存を伴っていることも多く、精神科の受診や、断酒会への参加、家族の協力なども必要となり、社会的なアプローチも重要である。

❸非アルコール性脂肪性肝炎（NASH）

　食生活の欧米化等に伴い、肥満を背景とした非アルコール性脂肪性肝疾患（NAFLD※）が増加している。世界中では4人に1人が罹患するNAFLDのうち、10 ~ 20％に肝臓に炎症をきたす**非アルコール性脂肪性肝炎（NASH）**が存在しており、さらにその一部が肝硬変、肝癌に至ることが知られている。治療には、体重の減少（減量）が重要であり、適切な食事管理、運動による筋力維持が基本となる。薬物療法も開発が進んでいるものの、現時点では特効薬はなく、併存することの多い糖尿病に対する治療が中心となる。

❹薬物性肝障害

　さまざまな病気の治療に用いられる薬の多くは、肝臓で代謝されるため、薬による副作用として薬物性肝障害を呈することがある。保険収載された薬剤のみならず、市販薬や健康食品等によって起こることも多い。肝障害が出現した場合、原因薬剤を中止したうえで、急性肝炎に準じた治療を行うことで、軽快することが多いが、まれに重症化することもある。健康食品等を含め、薬剤の使用に際しては、肝障害発生の危険性を念頭におき、不必要な使用、服用を避けることが望まれる。

❺その他の肝障害

　肝炎を呈する疾患として、自己免疫に伴う肝疾患（自己免疫性肝炎、原発性胆汁性胆管炎など）、心疾患など循環不全に伴う肝疾患、甲状腺ホルモン異常に伴う肝障害、寄生虫（日本住血吸虫症）などが知られており、それぞれ特徴的な症状、検査所見を有することが多い。

2 肝硬変

　肝臓の主な働きは、たんぱく質の合成、栄養素の処理・解毒、貯蔵である。その働きにはかなりの余裕があり、肝炎が持続、線維化が進行して肝硬変に至っても自覚症状をきたさないことが多く、「沈黙の臓器」といわれている。肝硬変がさらに進行すれば、肝臓の働きが低下し、腹水の貯留、黄疸の出現、低栄養、出血傾向などをきたし、非代償性肝硬変に至る。また、肝硬変に至ると、肝癌の合併頻度が高まるが、肝癌の治療の可否は肝予備能によるため、肝硬変に進行させないための予防治療がきわめて重要である。肝硬変による症状に対しては、対症療法が主体となり、食事療法、内服治療（肝庇護剤、利尿剤、分岐鎖アミノ酸製剤等）を行う。

★ NAFLD
NAFLDは生活習慣病の一端として現れていることも多く、心血管イベントの出現、他臓器癌の発生も高まることに注意が必要である。

3 肝癌

　肝臓に発生する悪性腫瘍は、肝臓の細胞ががん化してできる**原発性肝癌**と、他の臓器のがん細胞が移ってきて（転移）肝臓で発育する**転移性肝癌**に分けられる。原発性肝癌はさらに、構成する細胞の違いにより、**肝細胞癌**と**肝内胆管癌**に分けられる。治療の際は、それぞれのがんの特徴に合わせた治療法を選択する必要がある。

　原発性肝癌の多くを占める肝細胞癌は、肝炎から肝硬変に至る経過中に、発生が徐々に高まることが知られている。肝細胞癌の治療は、❶肝障害の程度（肝予備能）、❷腫瘍の大きさ・数、❸血管・胆管などへの広がり（脈管侵襲）の有無、❹肝臓外の臓器への転移の有無、により選択され、肝切除、ラジオ波焼灼療法、肝動脈化学塞栓療法、肝動注化学療法、分子標的薬（抗がん剤）、肝移植などが行われる。

4 膵炎

　膵炎は、症状の経過により、**急性膵炎**と**慢性膵炎**に分けられる。

❶急性膵炎

　アルコール摂取や胆石が原因で起こることが多く、強い上腹部痛のほか、嘔気・嘔吐、発熱などの症状をきたす。重症化することもあり、意識障害や血圧低下（ショック）に至り、2011（平成23）年の全国調査で、死亡率は全体で2.1％、重症例では10.1％であった。[1] 治療は原因の除去とともに、呼吸・循環管理を含めた集中治療管理が必要となることが多い。

❷慢性膵炎

　膵臓の細胞に慢性的に炎症が起こり、膵臓が線維に置き換わることで機能低下をきたす疾患である。原因の多くはアルコール多飲であり、禁酒により進行を抑えることが可能であるが、線維化が進行した膵臓が回復することはなく、予防が重要である。腹痛が主な症状であり、病気が進行すると膵酵素の低下から、消化不良を伴う下痢、体重減少、糖尿病の合併などをきたす。膵臓の線維化により膵管が細くなったり、膵管内に膵石を合併することもあり、内視鏡的な治療が行われる場合もある。

5 胆石症

　胆嚢や胆管の中に石（結石）ができることにより、腹痛のほか、さまざまな症状をきたす。胆嚢内の結石（胆嚢結石）には、症状が出ないものも多いが、これも含めて**胆石症**と呼ばれる。無症状の胆嚢結石は、積

極的な治療の必要はなく、定期的な腹部超音波検査等での経過観察が望まれる。胆石発作や胆嚢炎などの症状を伴う場合は、胆嚢摘出術が勧められる。総胆管内の結石（総胆管結石）は、黄疸や敗血症が合併しやすく、症状がなくても治療が必要である。内服薬による胆石溶解療法は、一部の結石（X線透過性コレステロール結石）に対して有効である。

2 ▶ 消化器疾患

■1 便秘

便秘は、「本来体外に排出すべき糞便を十分量かつ快適に排出できない状態」と定義され、60歳未満の若年者では、女性の有病率が高いが、60歳以上となると男性の有病率も上昇し、70歳以上では男女ともに非常に高くなる。加齢による腸管蠕動運動の変化や、環境の変化（運動量の減少、食事量の変化、併存疾患、処方薬など）が、便秘を増やす要因とも考えられている。便秘の原因となる病態により、器質性と機能性に、さらに器質性は狭窄性と非狭窄性に分けられ、病態ごとの対応が必要となる。治療には、生活習慣の改善を主体としつつ、内服薬も効果的である。国内でも古くから利用され、浸透圧性下剤である酸化マグネシウム製剤や、刺激性下剤であるセンナ製剤が知られており、症状と病態に合わせた使用が望まれる。近年では、新しい機序で排便を促す新規便秘薬が発売されており、便秘治療の選択肢は広がっている。

■2 消化器癌

消化管（食道、胃、十二指腸、小腸、大腸）のうち、粘膜構造の特徴から、食道、胃、大腸にがんが発生しやすい。管腔臓器のがんは初期に症状はみられず、通過障害や食欲不振、貧血などの症状が出た際には、病状が進行していることが多い。早期に発見し、治療を行い、がんによる死亡率を減少させるためには、がん検診の普及が不可欠となる。また、がんの発生には、危険因子（リスクファクター）が知られており、予防のためには、「禁煙」「節酒」「食生活」「身体活動」「適正体重の維持」が重要である。

❶食道癌

喫煙、飲酒との関連が強く、生まれつきアルコールの代謝がしにくい体質の人は、特に飲酒を避けることが望ましい。粘膜内にとどまる腫瘍

★内視鏡的切除
食道癌・胃癌・大腸癌
では、粘膜内にとど
まっていれば、内視鏡
的粘膜下層剥離術
（ESD）や、内視鏡的
粘膜切除術（EMR）
による内視鏡的切除が
可能であり、手術など
に比べて侵襲が少な
い。早期発見が重要で
ある。

Active Learning

ピロリ菌を除菌する
のにどれくらいの期
間薬を飲まなければ
ならないでしょうか。

（早期食道癌）であれば、内視鏡的切除が可能であるが、粘膜下層まで
の進展（表在食道癌）やさらに深部までの進展（進行食道癌）では、リ
ンパ節転移をきたしやすく、手術的治療や化学療法、放射線治療を単独
あるいは組み合わせた治療が行われる。

❷胃癌

　ヘリコバクター・ピロリ（ピロリ菌）の感染が強く関連しており、ピ
ロリ菌を除菌することで、発がん率を下げることが期待できる。バリウ
ムによる上部消化管透視検査が胃がん検診として広く普及しており、近
年では胃カメラを用いた内視鏡検診や、ピロリ菌の有無により胃癌リス
クを分類するABC検診も行われている。粘膜内にとどまる腫瘍であれ
ば、内視鏡的切除が行われ、粘膜下層より深部まで進行すれば手術治療、
化学療法が行われる。胃癌のなかでも、胃の壁を硬くさせながら広がる
タイプの胃癌（スキルス胃癌）は、ピロリ菌の感染の有無にかかわらず
発生することがある。早期に発見できても手術治療が必要となることが
多く、予後不良の胃癌として知られている。

❸大腸癌

　食物繊維を含む食品の摂取が、予防に効果的であることがわかってい
る。近年では、化学療法の開発により効果がみられるものの、男女とも死
亡率は増加傾向にある。食道癌、胃癌と同様に、早期発見できれば、内視鏡
的切除が可能なことが多く、検診、内視鏡検査の重要性は高まっている。

❹膵臓癌

　早期発見が難しく、進行が速いため、予後の不良ながんとして膵臓癌
がある。現在でも有効な検診はないため、気になる症状があるときは、
早めに医療機関への受診が勧められる。早期発見し、手術治療が可能で
あれば根治を目指すことも可能ではあるが、いまだ多くの症例では進行
した状態で発見され、化学療法を主体とした治療が行われている。また
近年、CTやMRI、超音波内視鏡などの画像診断装置の機能向上もあり、
全国の医療機関で膵臓癌の早期発見に向けた取り組みが行われている。

◇引用文献
　1）急性膵炎診療ガイドライン2015改訂出版委員会編『急性膵炎診療ガイドライン2015 第4版』
　　　金原出版，p.32，2015.
　2）日本消化器病学会関連研究会　慢性便秘の診断・治療研究会編『慢性便秘症診療ガイドライン
　　　2017』南江堂，p.3，2017.

◇参考文献
　・日本肝臓学会編『肝癌診療ガイドライン2017年版』金原出版，2017.
　・日本消化器病学会編『胆石症診療ガイドライン2016 改訂第2版』南江堂，2016.
　・日本消化器病学会関連研究会　慢性便秘の診断・治療研究会編『慢性便秘症診療ガイドライン
　　　2017』南江堂，2017.

第 9 節 骨・関節の疾患

学習のポイント

● 高齢化に伴い増加する骨・関節の疾患の特徴を理解する

● 骨・関節疾患による日常生活動作（ADL）や介護への影響を理解する

1 骨粗鬆症と骨折

1 骨粗鬆症

　骨粗鬆症とは骨強度の低下により、骨折をきたしやすくなる状態をいう。身体の中の骨は生きており、常に骨吸収と骨形成を繰り返し、新しい骨がつくられている。骨粗鬆症はこのバランスが崩れることで骨量が減少していくことで起こる。加齢や女性ホルモンの減少、ステロイドの使用が骨粗鬆症の大きな要因となっており、閉経後の高齢女性に圧倒的に多い。骨粗鬆症単独では特に症状はないが、骨強度が低下しているために脆弱性骨折をきたす。脆弱性骨折を起こすと日常生活動作（ADL）が著しく低下するため、しばしば手術的治療を要することもある。

　診断は「骨粗鬆症の予防と治療ガイドライン」に則り行われる。一般的には骨密度の測定を行い、若年成人平均値の 70％以下の場合に骨粗鬆症と診断される。一方、骨密度に依存しない骨強度の低下をきたすことがあり、椎体骨折または大腿骨近位部骨折の既往がある場合にはそれだけで骨粗鬆症と診断される。

　骨粗鬆症と診断された場合、続発する脆弱性骨折の予防のために治療が必要となる。治療には適切な食事と運動が重要である。特に食事に関して、カルシウムの摂取は大切であるが、ビタミンやたんぱく質などバランスよく摂取することが必要である。また糖尿病や高血圧、慢性腎臓病などの生活習慣病は骨粗鬆症を悪化させるため、これらの疾患の治療も考慮した栄養管理が重要である。薬物療法はさまざまなものがあり、近年は骨代謝マーカーを参考に薬物を選択することが推奨されている。内服薬だけではなく、注射製剤も出てきており、一部には自己注射が認められている製剤もある。

Active Learning

肩こりと四十肩（五十肩）とではどう違うのでしょうか。

★骨吸収と骨形成

骨は常に代謝をしており、古い骨が新しい骨につくり替えられている。破骨細胞により古い骨を破壊する骨吸収が起こり、その壊された部分に骨芽細胞がつくことで新しい骨がつくられる骨形成が行われる。

Active Learning

脆弱性骨折のうち、要介護・要支援になりやすいのは、どこの骨折でしょうか。

★自己注射

自分で自分に注射を行うキットで投薬を行うこと。インスリンなどのホルモン製剤に多い。内服では効果が出ない薬でも投与できることがメリットであるが、器具の管理、投与部位の消毒などの手間が若干かかる。

2 骨折

　骨折は、交通事故などの高エネルギー損傷による骨折と、骨粗鬆症に伴う脆弱性骨折がある。特に脆弱性骨折は、転倒や荷物を持ち上げたとき、くしゃみをしたとき、おむつ交換時などの動作で起こることがある。注意が必要である。

　脆弱性骨折で特に問題になる骨折は**大腿骨近位部骨折**である。転倒、しりもちはもちろん、おむつ交換時に開脚しただけで骨折することもある。疼痛が強く、ADL が著しく低下し、寝たきりの原因となりやすい。体動困難となり、肺炎や褥瘡などの危険性も高まり、死に至ることもある。基本的には早期の手術が望ましい骨折である。

　脊椎圧迫骨折も ADL を著しく低下させる。胸腰椎移行部に多く、荷物を持とうとしたときやくしゃみをしたときに骨折することもある（**図 6-8**）。はっきりした受傷機転がわからない"いつのまにか骨折"もしばしばみられる。椎体の圧壊変形により円背の原因となったり、骨癒合しない場合、脊髄の圧迫により遅発性の下肢麻痺を起こすことがある。

　その他の脆弱性骨折として、橈骨遠位端骨折（手首の骨折）、上腕骨近位端骨折（肩の骨折）、肋骨骨折、骨盤骨折などが挙げられる。いずれも疼痛が強く、一定期間の安静を要することが多く、ADL の低下をきたす。

図6-8　脊椎圧迫骨折

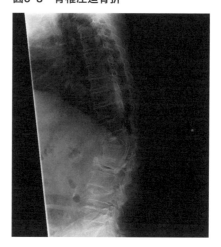

2 変形性骨関節疾患

1 変形性関節症

　変形性関節症は、関節軟骨の変性、破壊により関節の変形をきたす疾患である。二次性の滑膜炎をきたし、疼痛、関節水腫をきたす。進行すると変形による可動域制限や関節安定性の低下が起こる。全身の関節に起こり得るが、膝、股、肩に起こると ADL の低下をきたしやすい。

　治療の基本は除痛と関節の負荷を減らすことである。正座や和式トイレなどの和式の生活スタイルは膝、股関節の変形性関節症に罹患すると困難になることが多く、洋式のいすを中心とした生活スタイルへの変更が望ましい。また、下肢の場合、大腿四頭筋や中殿筋の筋力増強訓練を行うことは疼痛を減少させ、有効である。病状が進行した場合、人工関節置換術を行うこともある（図6-9、図6-10）。除痛や変形矯正には非

★関節水腫
関節内には関節液があり、潤滑油の役割を果たしている。炎症が起こるとこの関節液が増加し、いわゆる水がたまった状態（関節水腫）となる。たまった関節液を検査することで炎症の原因を特定できることがある。

★人工関節置換術
変形した関節の代わりに人工の関節に置き換える手術である。膝、股関節、肩、肘に行われている。疼痛の改善や変形には有効だが、人工関節の破損の予防のために、ある程度の制限が必要である。

図6-9　人工膝関節置換術

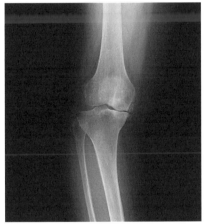

手術前

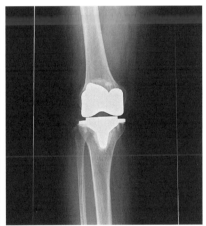

手術後

図6-10　人工股関節置換術

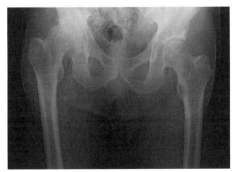

手術前

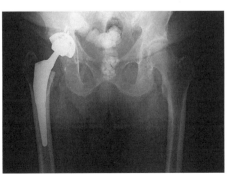

手術後

第6章　疾病と障害およびその予防・治療・予後・リハビリテーション

常に有効であるが、関節可動域は正常にはならず、また無理をすると脱臼や人工関節の破損につながるため、手術後にもいすを中心とした生活スタイルの指導が重要となる。

2 変形性脊椎症

変形性脊椎症は、脊椎の変性、破壊により変形をきたす疾患である。椎間板や椎間関節を中心に変形をきたす。通常胸椎は後彎（後方に凸）、腰椎は前彎（前方に凸）となっているが（**図6-11**）、変形をきたすと、

図6-11　脊椎の解剖

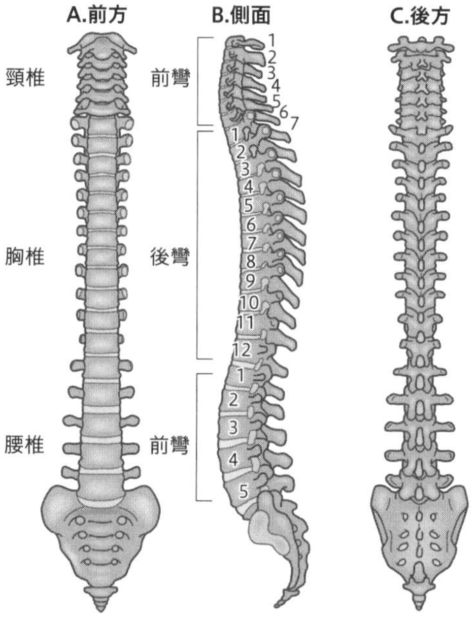

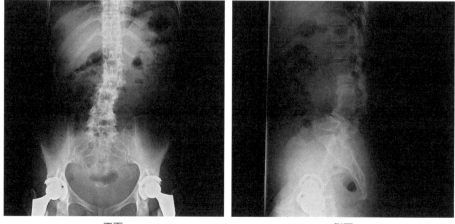

図6-12　後側彎変形

正面　　　　　　　　　　　　側面

横に曲がったり、腰椎が前屈位になっていく後側彎変形、いわゆる腰曲がりの状態になっていく（図6-12）。また、脊椎には脊髄、馬尾神経といった神経が走行しているため、変形の進行に伴い神経の圧迫をきたすことがある。

　頸椎の場合、脊髄の圧迫をきたし、圧迫部位以下の神経症状が出てくる。四肢末梢のしびれに始まり、手足の筋力低下、巧緻障害をきたす。歩行困難となることもある。筋力低下よりも箸が使いにくい、ボタンがかけにくい、つまずきやすいといった巧緻障害が先に出てくる。また、転倒を契機に神経のダメージが蓄積し、症状が進行する場合がある。

　腰椎の場合、馬尾神経の圧迫により安静時には症状がなく、歩行により増強する下肢しびれ、疼痛をきたす、いわゆる間欠性跛行をきたす。腰部の伸展で馬尾神経の圧迫が強くなり、症状が悪化するため、杖やシルバーカーの使用など、腰をあまり伸展させない生活スタイルが症状コントロールに有効である。

　いずれの疾患も進行性の病態であり、症状の悪化を軽減することが重要である。腰背部のストレッチや筋力増強訓練などの体操は疼痛管理には有効である。また、転倒予防や、間欠性跛行の軽減のために杖、シルバーカーなどの歩行補助具や手すりの使用、段差を減らすバリアフリーなどの環境整備は重要である。症状が進行しすぎると改善も乏しくなるので適切な時期に手術による神経圧迫の解除や変形矯正が必要となる。

3 関節リウマチ

　関節リウマチは、関節における滑膜の炎症をきたし関節の疼痛、破壊をきたす疾患である。四肢関節の変形を伴い、ADLの著しい低下をきたす。特に手指に強い症状が起こりやすく、進行するとつかんだり握ったりの動作が困難となる。

　治療の基本は投薬による炎症のコントロールである。最も使われる薬剤はステロイドである。非常に強い抗炎症作用をもち、症状改善に有効であるが、長期服用による副作用が多い。特に骨に関しては骨粗鬆症や骨壊死（大腿骨頭壊死症など）をきたすことがある。近年、免疫抑制薬や生物学的製剤により炎症のコントロールが行いやすくなっている。特に生物学的製剤は注射製剤が主で自己注射が認められているものもある。関節リウマチが手の問題を起こしやすいこともあり、自己注射の手

技の管理が重要となる。また、薬物のほとんどが炎症や免疫をコント
ロールする薬物であり、易感染性をきたすことが多く、微熱などの軽微
な症状でも重症感染症をきたしていることがある。

4 ロコモティブシンドローム

　ロコモティブシンドロームとは、「運動器の障害のために移動機能の
低下をきたした状態[2]」のことを示す症候群である。高齢化や、変形性関
節症、変形性脊椎症、骨折などが原因となる。近年問題となっているフ
レイル★、サルコペニア★との関連も大きい。ロコチェックによる自己評価
やロコモ度テストによる検査と、ロコトレによる治療がある。2019（令
和元）年の国民生活基礎調査によると要支援・要介護となる原因として
運動器の障害が約4分の1を占めており、ロコモティブシンドローム
への対応は重要な位置を占めると思われる。

★フレイル
pp.205-206 参照。

★サルコペニア
pp.206-207 参照。

◇引用文献
　1）骨粗鬆症の予防と治療ガイドライン作成委員会編『骨粗鬆症の予防と治療ガイドライン2015年
　　版』ライフサイエンス出版，pp.18-19，2015.
　2）日本整形外科学会『ロコモティブシンドローム――いつまでも自分の足で歩くために（ロコモ
　　パンフレット2015年度版）』p.1，2015.

◇参考文献
　・山下敏彦編著『カラーアトラス脊椎・脊髄外科』中外医学社，2012.
　・井樋栄二・吉川秀樹・津村弘・田中栄・髙木理彰編『標準整形外科学　第14版』医学書院，
　　2020.
　・日本整形外科学会『ロコモティブシンドローム――いつまでも自分の足で歩くために（ロコモパ
　　ンフレット・2015年度版）』2015.

血液・免疫・アレルギー疾患

学習のポイント

● 貧血、造血器腫瘍、造血不全の概念を理解する

● 造血器腫瘍の治療は研究開発が盛んであり治療成績が向上していることを学ぶ

● 再生不良性貧血と全身性エリテマトーデスは特定疾患であり医療費助成の対象であることを学ぶ

1 血液疾患

　貧血と代表的な造血器腫瘍★について紹介する。造血器腫瘍は、病気の進み具合や、染色体と遺伝子の情報などによりさまざまな治療法が存在する。最近になり、新たな治療法が次々と開発されている分野である。

★造血器腫瘍
悪性リンパ腫、急性白血病、多発性骨髄腫など血液悪性腫瘍を合わせて総称する。

1 貧血

　血液中の赤血球数、ヘモグロビン濃度（Hb）、あるいはヘマトクリットが低下した状態を貧血という。決して、「頭がクラクラして座り込む現象」ではない。ヘモグロビン濃度が最も重要な貧血の指標となる。一般に成人男性では Hb < 13g/dL、成人女性では Hb < 12g/dL を貧血と定義している。ヘモグロビンは酸素の運搬体であることから貧血になると酸素不足による動悸や息切れ、倦怠感を訴える。しかし、貧血がゆっくりと進む場合、体の慣れによる代償機転が働き、驚くほど極度の貧血になっても自覚症状を訴えないこともある。

Active Learning

400mL 献血する場合もあるが、そもそも、血液は体の中にどれくらいあるのでしょうか。

❶鉄欠乏性貧血

　日常臨床で最もありふれた貧血である。成人女性のおよそ 10 人に 1 人の頻度である。月経で血液が失われるためである。鉄欠乏が長期にわたると匙状爪（スプーンネイル）と呼ばれる爪の変形を起こす。経口鉄剤で鉄の補充療法を行うと数か月で速やかに改善する。

❷慢性出血による貧血

　高齢者の貧血をみた場合、胃癌や大腸癌に由来する消化管出血が原因となっている場合がある。また、30 歳代から 40 歳代の女性の場合、子宮筋腫などによる過多月経も貧血の原因となる。

❸造血不全

貧血の原因が骨髄そのものにある場合を造血不全という。一般的に重篤な疾患が多い。造血幹細胞*の障害に原因する重篤な貧血として再生不良性貧血*や骨髄異形成症候群がある。これらの疾患では貧血ばかりではなく、白血球減少（好中球減少）や血小板減少も伴い汎血球減少と呼ばれる。

2 悪性リンパ腫

❶概略

悪性リンパ腫は、世界的に増加傾向にある血液のがんの代表的な疾患である。発症頻度は、人口10万人当たり年間15～20人程度であり造血器腫瘍のなかで最多である。ホジキンリンパ腫と非ホジキンリンパ腫に大別され、その頻度は1：9である。多くの場合、首や腋窩、鼠径部のリンパ節が腫脹してくるが、発熱や体重減少、寝汗などの全身症状（B症状）を呈する場合があり病期が進行している兆候とされている。悪性リンパ腫はリンパ節以外を侵す場合があり、節外性リンパ腫と呼ばれている。日本人ではその頻度は高く、脳や甲状腺、睾丸や子宮、胃や腸管など全身至る所に発生する。

❷組織型の特徴

一言に悪性リンパ腫といってもさまざまな病理組織学的な病型が存在する。進行速度や治療法、予後が異なる。年の単位でゆっくりと病変が進行するタイプは低悪性度リンパ腫と呼ばれる。化学療法（抗がん剤治療）ではなかなか完治せず再発を繰り返すのが難点である。月の単位で進行するタイプを中悪性度リンパ腫と呼ぶ。びまん性大細胞型B細胞性リンパ腫がその代表格である。週の単位で進行するタイプは高悪性度リンパ腫と呼ばれ、診断後直ちに治療を開始する必要がある。中高度悪性群のリンパ腫は化学療法の効果が高く半数以上に完治が期待できる。

❸治療

ホジキンリンパ腫は化学療法と放射線療法の効果が高く限局期（ステージI/II）であれば9割、進行期（ステージIII/IV）であっても約6割に完治が期待できる。標準治療は限局期では数回のABVD療法に病変部放射線照射を追加する。進行期では6サイクルのABVD療法を行う。半年程度の通院治療が行われる。

非ホジキンリンパ腫は化学療法が主体となる。T細胞性リンパ腫である場合はCHOP療法*が行われる。B細胞性リンパ腫の場合はCHOP

療法に CD20 を標的とする抗体医薬品である Rituximab（リツキシマブ）を組み合わせた R-CHOP 療法を行うのが世界の標準治療である。低悪性度リンパ腫に対してはベンダムスチンという薬剤の効果が期待されている。

3 白血病

白血病には、急速に進行する**急性白血病**と、ゆっくりと進行する**慢性白血病**がある。また、がん化した白血球の種類により骨髄性とリンパ性に分かれる。したがって、白血病は、**急性骨髄性白血病、急性リンパ性白血病、慢性骨髄性白血病、慢性リンパ性白血病**の四つに分類されることになる。それぞれまったく異なった疾患として扱われる。白血病は成人ばかりでなく、乳幼児や学童、思春期から若年成人（15 ～ 25 歳）など若い人にも起こる病気であることから社会的な意義が大きい。

❶急性骨髄性白血病

急性骨髄性白血病は、骨髄の中で芽球（がきゅう）と呼ばれる幼若な白血病細胞が無制限に増加し正常の血球（白血球、赤血球、血小板）が減ってしまう病気である。その結果、感染症による発熱、貧血による全身倦怠感、血小板減少による出血傾向（歯肉（しにく）出血など）により日常生活に支障をきたす。診断と治療方針の決定には、患者の年齢と治療前の白血病細胞が有する染色体情報と遺伝子変異情報がきわめて重要である。治療は、化学療法（抗がん剤治療）が主体となる。治療法が確立して半数以上が完治する病型がある一方で、染色体と遺伝子の情報によっては、化学療法では完治しない病型も多い。そういった場合は、造血幹細胞移植（骨髄移植）を検討する。適当なドナーが得られる場合は造血幹細胞移植が白血病を完治させる最善の方法である。しかしながら、急性移植片対宿主病（きゅうせいいしょくへんたいしゅくしゅびょう）（acute GVHD）や拒絶、感染症や出血などリスクも低くない。若い人を中心に検討されるが、その適応は慎重でなくてはならない。

❷急性リンパ性白血病

急性リンパ性白血病は、小児白血病では８割を占めるが、成人の白血病では２割を占める。

小児の化学療法の成績は良好で 85％が完治している。思春期・若年成人では最新の治療でおよそ７割が完治している。一方で成人の治療成績は振るわず３割から４割程度しか完治しない。造血幹細胞移植を併用し半数以上を完治させるのが目標である。近年、成績のよい小児の治療を成人に転用する強力な治療が行われており（小児型治療）、治療

★**造血幹細胞移植**
急性白血病や骨髄異形成症候群を完治させるために若年者を中心に広く行われている強力な治療である。患者（レシピエント）に大量の抗がん剤と全身放射線照射を行ったあとに HLA の一致する同胞（兄弟）あるいは善意のドナーから骨髄あるいは末梢血幹細胞を採取してレシピエントに輸注する。

★**急性移植片対宿主病**
ドナーの移植片（骨髄血や末梢血単核球）の中には造血幹細胞のほか、Ｔリンパ球が含まれる。Ｔリンパ球はレシピエントの体内で白血病再発の原因である微小残存病変を免疫反応で死滅させることで再発を減らす。このとき、レシピエントの正常組織（肝、消化管、皮膚）も免疫反応の標的となり重篤な状態になる場合がある。これが急性移植片対宿主病である。

成績が以前より良好となってきている。

❸慢性骨髄性白血病

慢性骨髄性白血病は、急性白血病と違って、症状が出にくいため、職場の健康診断などで無症状のうちに偶然見つかることも珍しくない。以前の治療では数年の慢性期を経て、移行期、急性期と病気が進むと効果的な治療がない難しい病気であった。2001年に開発されたチロシンキナーゼ阻害薬は画期的な分子標的治療薬であり、内服薬を飲み続ける必要はあるが、多くの患者は外来に通院する以外は健康な人とほぼ同様の生活を送ることが可能である。しかしその薬剤費は、年間数百万円と高額であることが問題である。開発当初は生涯継続して服薬しなくてはいけない薬と考えられていたが、最近になって、一定条件を満たした患者では5割から6割程度の確率で内服を中止することが可能であることもわかってきている。

4 多発性骨髄腫

❶概略

多発性骨髄腫は、高齢者に多い疾患で近年増加傾向にある。背部痛や腰痛を主訴に発症する。進行すると貧血を呈するようになり、末期には腎機能が低下する。以前は多発性骨髄腫に対する効果的な治療があまりなく選択肢が限られていたが、近年新しい治療法が次々と開発されている。

❷治療

65歳以上の高齢者ではプロテオソーム阻害薬、免疫調節薬、抗体医薬品を組み合わせて長期に安定した状態を目指す。65歳以下の若年者では寛解導入療法に続いて、寛解期に自家末梢血幹細胞移植併用大量化学療法を行うのが標準治療であり、長期にわたって外来で治療することが可能となっている。治療法が進歩した現在にあっても、完治しないのが難点である。初めのうちは薬剤の効果が高いが、徐々に耐性になり治療効果が限定的になる。

2 膠原病・アレルギー疾患

免疫の異常（自己抗体）により全身性に慢性炎症をきたす疾患群を膠原病と呼ぶ。10以上の疾患が同定されているが、ここでは、関節リウマチと全身性エリテマトーデスを取り上げる。

1 関節リウマチ（RA：rheumatoid arthritis）

❶概略

　関節リウマチは、リウマトイド因子や抗 CCP 抗体といった自己抗体が陽性となる**全身性自己免疫疾患**である。起床後の手指のこわばりや慢性的な関節の痛みを特徴とする。中年以降の女性に圧倒的に多く発症する。以前は適切な治療を行わないと関節破壊が進行し日常生活が著しく障害される疾患であった。関節破壊は発症初期から急速に進行することから、早期に診断し速やかに抗リウマチ薬を投与し関節破壊を食い止める治療が重要である。

❷治療

　中心となる治療薬はメトトレキサート（MTX）である。効果が不十分な場合は注射薬である生物学的製剤（抗 TNF-α製剤、抗 IL-6製剤）や、経口分子標的薬である JAK 阻害薬を適宜追加する。生物学的製剤や JAK 阻害薬は過度な免疫抑制作用が原因で重篤な感染症を併発する場合があり、注意が必要である。

Active Learning

関節リウマチでは手指の変形が有名であるが、どのような変形になるか調べてみましょう。

2 全身性エリテマトーデス
（SLE：systemic lupus erythematosus）

❶概略

　全身性エリテマトーデスは、国が定める**指定難病（特定疾患）**であり申請すると医療費の助成を受けることができる。体内に発生する抗二本鎖 DNA 抗体が原因で、免疫系が自分の体を攻撃し全身のさまざまな臓器に炎症を起こす。圧倒的に女性に多く発症する。特に 20 ～ 40 歳頃の女性に多い。紫外線曝露、感冒などのウイルス感染、妊娠・出産、ある種の薬剤投与などが発症の原因となる。原因不明の発熱や全身倦怠感を呈する。両頬にできる赤い発疹は蝶が羽を広げたような形であることから蝶形紅斑と呼ばれ、この疾患に特徴的である。ほかにも関節炎、腎障害、神経精神症状、漿膜炎や血球減少など多彩な臓器障害を伴う。

❷治療

　軽症例（発熱や関節炎）は少量（5 ～ 20mg）、中等症（漿膜炎）は中等量（0.6mg/kg）のステロイドホルモンで治療される。腎症や中枢神経症状を伴う場合は重症と判断され、ステロイドパルス療法（大量療法）を主体とした治療が行われる。疾患は寛解と再燃を繰り返しながら長期の経過をとるため、経口ステロイドの長期投与に伴う感染症が問題となる。経口ステロイドは可能な限り減量し、ヒドロキシクロロキン、

メトトレキサート、アザチオプリンや抗体医薬品を加えた集学的な治療で寛解を目指す。

3 アレルギー疾患

　私たちの身体に無害であるはずの食物や花粉などが過剰な免疫反応を起こす場合がある。これが**アレルギー反応**である。原因となる物質を**アレルゲン**と呼ぶ。食物アレルギー、アトピー性皮膚炎、アレルギー性鼻炎、気管支喘息、薬物アレルギー（アナフィラキシーショックを含む）など多く存在する。

❶アナフィラキシーショック

　アナフィラキシーショックは、全身アレルギー反応の最も重篤な形である。蜂毒アレルギーや、そばアレルギーが原因となる場合もあるが、病院で使う薬剤が原因となる場合が多い。なかでも注射薬（造影剤、抗生物質、筋弛緩薬）の頻度が多い。血圧が低下し、呼吸困難、意識低下のあと、短時間で心停止に至る場合がある。注射薬の場合、投与開始から５分以内の発症が多い。直ちに原因薬剤を中止し、アドレナリン筋肉注射、ルート確保しスタッフの応援を頼み救命に努める。

❷気管支喘息

　気管支喘息は、ダニやハウスダストがアレルゲンとなり気管支が慢性炎症をきたす。気道過敏性が上昇し、アレルゲンを吸入すると「ヒューヒュー」「ゼーゼー」して呼吸が苦しくなる。感冒やストレス、かびや受動喫煙、激しい運動が誘因となることもある。自宅の掃除や布団の管理を行いつつ、吸入ステロイドやロイコトリエン拮抗薬で気道の慢性炎症を鎮める。

◇参考文献
　・日本血液学会編『造血器腫瘍診療ガイドライン 2018年版補訂版』金原出版，2020.
　・小澤敬也・翁家国『「血液のがん」と言われたら…』保健同人社，2014.
　・永井良三総編集『今日の診断指針 第8版』医学書院，2020.

第11節 眼科疾患、視覚障害

学習のポイント

● 主要な眼科疾患について理解する
● 我が国における視覚障害の現状を把握する

1 眼科疾患

眼の加齢による変化と主要な眼科疾患について述べる。

1 加齢変化

眼における加齢の影響は、部位、機能においてさまざまである（**表6-4**）。

2 白内障

白内障は、本来透明な組織である水晶体に混濁が起こる疾患の総称で、通常は加齢に伴い発症し、80歳代での有病率はほぼ100％である。

❶症状

視力低下、霧視★、羞明★、複視★などがある。

❷治療

視力改善のためには手術が必要になる。手術では、超音波水晶体乳化

★霧視
眼がかすむこと。

★羞明
まぶしいこと。

★複視
ものが二重三重にだぶって見えること。

Active Learning

白内障で加齢以外で起こる原因にはどのようなものがあるでしょうか。

表6-4 眼の加齢変化

部位・機能	加齢変化
眼瞼	皮膚のしわ・たるみ、眼瞼皮膚弛緩、上眼瞼の陥凹、眼瞼下垂、眼瞼内反など
角膜・結膜	老人環、瞼裂斑など
涙腺	涙液分泌減少、涙液排出低下
水晶体	水晶体厚の増加、散乱光強度の増加、着色など
眼圧・隅角	眼圧の低下、隅角開大度の減少
網膜・硝子体	網膜色素上皮への老廃物の沈着、硝子体の液化、後部硝子体剥離
視神経	神経線維の減少
視力・視機能	視力・コントラスト感度の低下、調節力の低下など

吸引術、眼内レンズ挿入術が行われる。眼内レンズには単焦点、多焦点、乱視矯正などのものがある。

■3 緑内障

緑内障は、眼圧の上昇や視神経の脆弱性などにより視神経が障害され、それに対応した視野障害をきたす疾患で、有病率は 40 歳以上の人口の約 5 ％で、加齢に伴い増加する。

❶分類

緑内障を発症する他の原因疾患のない原発緑内障と、他の疾患により二次的に発症する続発緑内障、小児に発症する小児緑内障などの分類がある。また、隅角所見により、開放隅角緑内障と閉塞隅角緑内障に大別される。

❷症状

初期には自覚症状はなく、視野障害を自覚する頃にはすでに進行していることが多く、放置すると失明に至る。開放隅角緑内障の約 90 ％を占める正常眼圧緑内障では眼圧上昇がない。緑内障の視野障害は視神経乳頭の変化に対応してみられ、徐々に進行する。

初期には、視野の中心付近の暗点（傍中心暗点）、中心から 10 ～ 20°付近の暗点（弓状暗点）、鼻側視野の上下で差がある鼻側階段と呼ばれる特徴的な視野異常がみられる。進行すると中心視野のみを残した求心性視野狭窄に至る。

閉塞隅角緑内障では急激に眼圧が上昇し、頭痛、眼痛、悪心、嘔吐、視力低下などを呈する急性緑内障発作が起こることがある。

❸治療

治療目標となる眼圧を設定して、点眼薬による薬物治療を行う。眼圧、視野の変化を確認し、進行がみられる場合は手術を行う。緑内障による視野障害は不可逆的である。

■4 加齢黄斑変性

加齢黄斑変性は、加齢に伴う黄斑部の変性疾患で、脈絡膜新生血管の発生を伴う滲出型と、網膜色素上皮の萎縮を呈する萎縮型に大別される。

❶症状

変視症*、視力低下、中心暗点などがある。

❷治療

無治療の場合、視力予後は不良である。脈絡膜新生血管に対する治療

★変視症
ものがゆがんで見えること。

として、抗血管内皮増殖因子薬の硝子体注射が行われる。

5 糖尿病網膜症

　我が国の糖尿病患者は 1000 万人を超え、**糖尿病網膜症**を有する患者は約 140 万人と推計されている。糖尿病網膜症の発症は糖尿病罹患期間に関連し、無治療で放置した場合、7 ～ 10 年で約 50％、15 ～ 20 年で約 90％に発症する。年間 3000 人程度が失明に至っているとされている。

❶病期分類

①　単純網膜症

　血管壁が脆弱化し、毛細血管瘤や網膜出血（点状出血、斑状出血など）がみられ、血液網膜関門が破綻し、血管透過性が亢進し、網膜浮腫が生じる。漏出した血漿中の脂質・たんぱく質成分が網膜に沈着し、硬性白斑として観察される。

②　増殖前網膜症

　網膜毛細血管の閉塞によって網膜は虚血状態になる（無灌流領域）。網膜神経線維層に微小梗塞が生じると軟性白斑として観察される。無灌流領域の周辺では網膜内の細小血管に異常がみられる。

③　増殖網膜症

　無灌流領域では虚血による低酸素刺激によって、血管内皮増殖因子が放出され、血管新生が促進される。新生血管は容易に破綻して硝子体出血を起こす。進行すると眼底に増殖膜が形成され、増殖膜が収縮すると牽引性網膜剥離が生じ、放置すると失明に至る。また、隅角や虹彩に血管新生が起こると眼圧が上昇し、血管新生緑内障が生じ、放置すると失明に至る。

④　糖尿病黄斑浮腫

　発症初期でも黄斑部に病変が生じると、視力低下や変視症の自覚が起こる。

❷治療

①　光凝固療法

　血管新生を抑制する目的に網膜にレーザー光を照射する。

②　抗血管内皮増殖因子薬の硝子体注射

　血管透過性亢進を抑制する目的に行われる。

③　硝子体手術

　硝子体出血や増殖膜除去の目的に行われる。

6 網膜色素変性

網膜色素変性は、孤発例もあるが、さまざまな遺伝形式を伴う進行性の網膜変性疾患である。

❶症状

視細胞のうち、杆体細胞が先行して障害されて、夜盲や視野異常（輪状暗点、求心性視野狭窄）がみられ、徐々に錐体細胞も障害されて、視力低下や色覚異常がみられる。

❷治療

有効な治療はないが、進行を遅らせる可能性のある薬物、暗順応を改善する薬物の投与、生活指導として遮光眼鏡の装用などがある。

★夜盲
暗いところで見えづらいこと。

2 ▶ 視覚障害

視覚障害は、視覚に関連した機能障害の総称で、身体障害者福祉法に則って、視力や視野の障害の程度に応じて認定される。

1 身体障害認定基準

2018（平成30）年7月より身体障害認定基準が改正され、視力については、両眼の視力の和ではなく、良い方の眼の視力で認定されるようになった。また、視野については、中心暗点が考慮され、自動視野計による基準が新設された（**表6-5**）。

Active Learning

視覚障害における障害年金の等級と障害の状態についても調べてみましょう。

2 視覚障害の現状

厚生労働省 難治性疾患等政策研究事業 網膜脈絡膜・視神経萎縮症に関する調査研究班は、全都道府県の福祉事務所を対象に、2015（平成27）年度に新規に視覚障害認定を受けた18歳以上の1万2505人の年齢や原因疾患、性別などについて調査を行った。その結果、年齢の割合は、80～89歳が29.6％で最も多く、次いで70～79歳（26.3％）、60～69歳（17.3％）で、視覚障害の認定を受ける人は高齢者が多いことが明らかになった。

3 視覚障害の原因疾患

原因疾患は緑内障、網膜色素変性、糖尿病網膜症、黄斑変性の順であった（**図6-13**）。特に、緑内障は男性の30.2％、女性の27.0％と、

表6-5　身体障害者障害程度等級表における視覚障害

等級	視覚障害
1 級	視力が0.01以下のもの
2 級	1　視力が0.02以上0.03以下のもの 2　視力が0.04かつ他方の眼の視力が手動弁以下のもの 3　周辺視野角度の総和が左右眼それぞれ80度以下かつ両眼中心視野角度が28度以下のもの 4　両眼開放視認点数が70点以下かつ両眼中心視野視認点数が20点以下のもの
3 級	1　視力が0.04以上0.07以下のもの（2級の2に該当するものを除く） 2　視力が0.08かつ他方の眼の視力が手動弁以下のもの 3　周辺視野角度の総和が左右眼それぞれ80度以下かつ両眼中心視野角度が56度以下のもの 4　両眼開放視認点数が70点以下かつ両眼中心視野視認点数が40点以下のもの
4 級	1　視力が0.08以上0.1以下のもの（3級の2に該当するものを除く） 2　周辺視野角度の総和が左右眼それぞれ80度以下のもの 3　両眼開放視認点数が70点以下のもの
5 級	1　視力が0.2かつ他方の眼の視力が0.02以下のもの 2　両眼による視野の2分の1以上が欠けているもの 3　両眼中心視野角度が56度以下のもの 4　両眼開放視認点数が70点を超えかつ100点以下のもの 5　両眼中心視野視認点数が40点以下のもの
6 級	視力が0.3以上0.6以下かつ他方の眼の視力が0.02以下のもの

注：視力は良い方の眼の矯正視力で判定、周辺視野は I/4 視標、中心視野は I/2 視標で測定されたもの。
資料：身体障害者福祉法施行規則別表第5号　身体障害者障害程度等級表より一部改変

図6-13　身体障害者手帳登録者の原因疾患
　　　　（2015（平成27）年新規登録）

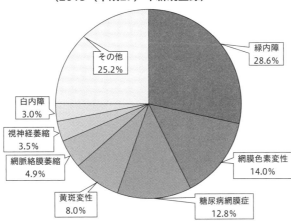

緑内障 28.6%
網膜色素変性 14.0%
糖尿病網膜症 12.8%
黄斑変性 8.0%
網脈絡膜萎縮 4.9%
視神経萎縮 3.5%
白内障 3.0%
その他 25.2%

出典：Morizane, Y., Morimoto, N., Fujiwara, A., Kawasaki, R., Yamashita, H., Ogura, Y., Shiraga, F., 'Incidence and causes of visual impairment in Japan: the first nation-wide complete enumeration survey of newly certified visually impaired individuals', *Japanese Journal of Ophthalmology*, 63（1）, p.28, 2019. を一部改変

性別によらず原因疾患の第 1 位で、前回（2007（平成 19）年度）の調査における割合（21.0％）に比べて増加したことも明らかになった。

◇参考文献
・Morizane, Y., Morimoto, N., Fujiwara, A., Kawasaki, R., Yamashita, H., Ogura, Y., Shiraga, F., 'Incidence and causes of visual impairment in Japan: the first nation-wide complete enumeration survey of newly certified visually impaired individuals', *Japanese Journal of Ophthalmology*, 63(1), pp.26-33, 2019.
・「網膜脈絡膜・視神経萎縮症に関する調査研究 平成28年度総括・分担研究報告書」厚生労働科学研究費補助金 難治性疾患政策研究事業，2017.

● おすすめ
・医療情報科学研究所編『病気がみえる vol.12 眼科』メディックメディア，2019.

耳鼻咽喉疾患、聴覚障害、平衡機能障害

学習のポイント

● 主な耳鼻咽喉疾患について学ぶ
● 耳鼻咽喉疾患で生じる障害の概要について把握する
● 耳鼻咽喉疾患で必要な支援について理解する

1 耳鼻咽喉疾患の概略

　耳鼻咽喉疾患は、耳、鼻、喉（のど）の病気のほか、頸部の腫瘍性疾患（しゅようせいしっかん）まで幅広い領域が含まれる。その特徴として、五感のうち、聴覚（ちょうかく）、嗅覚（きゅうかく）、味覚が関係することに加え、発声や嚥下（えんげ）（飲み込み）といった、日常生活に欠かせない機能も関係する。そのため、罹患（りかん）により QOL（quality of life：生活の質）が大きく低下することがある。また、聴覚障害や嚥下障害は、身体障害者手帳の申請などの支援制度の活用が必要となる場合が多く、その疾患の概要の知識は、ソーシャルワーカーとして必要不可欠である。本節では、耳鼻咽喉疾患が関係する各種の機能障害別に解説する。

2 聴覚障害

　聴覚障害は聞こえの障害であるが、症状としては、耳鳴（耳鳴り）や補充現象★も呈する。

　障害箇所による分類（伝音難聴、感音難聴、混合難聴）と発症時期による分類（先天性難聴、後天性難聴）がある。先天性難聴などの幼少期の難聴では、単に聞こえないというだけではなく、言語の獲得や発達に大きな影響を及ぼす。

　障害の程度により身体障害者手帳の給付対象となり、補装具（補聴器）の支給が受けられる（**表6-6**）。

Active Learning

聴覚障害における障害年金の等級と障害の状態について調べてみましょう。

★補充現象
感音難聴に伴う聴覚過敏。音のわずかな増大を、非常にうるさく感じる現象。リクルートメントとも呼ぶ。

表6-6　身体障害者障害程度等級表における聴覚障害

級別	聴覚障害
2級	両耳の聴力レベルがそれぞれ100デシベル以上のもの （両耳全ろう）
3級	両耳の聴力レベルが90デシベル以上のもの （耳介に接しなければ大声語を理解し得ないもの）
4級	1　両耳の聴力レベルが80デシベル以上のもの 　（耳介に接しなければ話声語を理解し得ないもの） 2　両耳による普通話声の最良の語音明瞭度が50パーセント以下のもの
6級	1　両耳の聴力レベルが70デシベル以上のもの 　（40センチメートル以上の距離で発声された会話語を理解し得ないもの） 2　一側耳の聴力レベルが90デシベル以上、他側耳の聴力レベルが50デシベル以上のもの

資料：身体障害者福祉法施行規則別表第5号 身体障害者障害程度等級表より抜粋

1 伝音難聴

伝音難聴は、鼓膜や耳小骨などの「音を伝える仕組み」が障害されることによる難聴である（p.45の**図3-12**参照）。先天性外耳道閉鎖など外耳に原因がある難聴や、慢性中耳炎、真珠腫性中耳炎、滲出性中耳炎、耳小骨奇形などの中耳に原因がある難聴が該当する。手術が難聴の改善に有効なこともある。

2 感音難聴

感音難聴は、「聞こえの神経系」の障害による難聴である。障害部位は内耳から聴神経、脳までさまざまである。代表的な疾患としては、老人性難聴、突発性難聴、メニエール病、遺伝性難聴、麻疹やムンプス（おたふくかぜ）などの各種感染症による難聴、聴神経腫瘍（聞こえの神経に発生する良性腫瘍）、薬剤性難聴などが挙げられる。特徴としては、突発性難聴やメニエール病などの一部の疾患を除き、多くは不可逆性であることが挙げられる。また、進行すると語音明瞭度[*]の低下をきたしやすい。

★**語音明瞭度**
語音弁別能、言葉の聞き取り能力。

3 混合難聴

混合難聴は、前述の伝音難聴と感音難聴の双方の性質を併せもった状態である。たとえば、中耳炎が進行し、鼓膜や耳小骨が障害されるのみでなく、聴覚の神経伝達路も障害された場合がこれに該当する。

4 先天性難聴

先天性難聴は、遺伝や胎内感染（風疹、サイトメガロウイルス、トキ

ソプラズマ、ヘルペス、梅毒）、早産、奇形などが原因となる。先天性難聴に対しては現在、多くの分娩取り扱い施設で、聴性脳幹反応（auditory brainstem response：ABR）検査や耳音響放射（otoacoustic emission：OAE）などの聴力検査による、**新生児聴覚スクリーニング**が行われている。これは先天性難聴自体が新生児1000人に対して1～2人程度と、先天性障害（耳鼻科領域以外も含む）で最も高頻度であるためである。また、聴覚言語の獲得には先天性難聴の早期発見・補聴・療養が不可欠であり、いわゆる**1-3-6ルール**（生後1か月までの聴覚スクリーニング、生後3か月までの精密診断、生後6か月までの支援開始）が提唱されている。早期支援された聴覚障害児の言語能力は、3歳児では健常児と同等になるといわれている。先天性難聴に対しては、補聴器装用が検討されるだけでなく、1歳以上で平均聴力レベルが90dB以上の重度難聴に対しては人工内耳埋め込み術が適応となる。

5 後天性難聴

後天性難聴は、中耳炎（**真珠腫性中耳炎**、**滲出性中耳炎**）や髄膜炎、麻疹、水痘、ムンプス（おたふくかぜ）、**突発性難聴**、メニエール病、外傷、薬剤などが原因となる。言語獲得前の発症であれば、先天性難聴同様、言語獲得に向けた支援が必要になる。言語獲得後であっても、中途失聴などの重度難聴の場合、これまで営んできた仕事や家庭生活、学校生活などに影響を及ぼすため、補聴器装用や人工内耳（成人でも平均聴力レベル90dB以上などの場合）が検討される。

6 老人性難聴

老人性難聴は、主に内耳の加齢変化による難聴であり、感音難聴である。高音域中心の難聴で一般的には左右両方で起きる。語音明瞭度の低下を伴うことが多く、「音は聞こえるものの、何を言われたかわからない」状態になる。耳鳴を伴うこともある。有効な薬物治療はなく、不可逆性である。進行して日常生活に支障を生じる場合、補聴器の装用を考慮する。補聴器装用を検討する際は、耳垢栓塞などの他疾患の除外や正確な聴力評価が必要であるほか、身体障害者手帳の申請を考慮する必要があるため、耳鼻咽喉科の受診が望ましい。難聴は認知症の危険因子の一つともいわれており、認知症の発症予防や進行抑制のためにも、老人性難聴に対しては補聴器装用などの積極的な対応を検討する必要があ

★新生児聴覚スクリーニング
出生後すぐに、新生児の先天性難聴の有無を検査すること。あくまでも難聴の拾い上げが目的である。先天性難聴の確定診断には別に精密検査が必要である。

★人工内耳
音を電気信号に変えて聴神経を刺激することで、聞こえるようにする装置。重度難聴（聾）が対象。手術で器械を側頭部に埋め込む必要がある。

★真珠腫性中耳炎
鼓膜の皮膚の一部（上皮）が角化（硬くなること）して中耳に侵入し、周囲の骨などを破壊しながら増殖していく疾患である。増殖した上皮が真珠のように見えるためこの名称がついているが真の腫瘍ではない。治療の主体は手術である。

★滲出性中耳炎
急性中耳炎や耳管機能低下（中耳の換気能低下）により、中耳に滲出液が貯留して引き起こされる中耳炎である。小児と高齢者に多い。

★突発性難聴
突然発症する難聴で多くは左右どちらかで起きる。原因不明であるが、ウイルス感染や循環障害が示唆されている。治療により完治するのが3分の1、改善しても難聴が残存するのが3分の1、治らないものが3分の1といわれている。

第6章 疾病と障害およびその予防・治療・予後・リハビリテーション

る。老人性難聴を有する高齢者と会話する場合、単に大声で話すのではなく、耳元でゆっくり、はっきりと話す、といった工夫が必要である。

3 平衡機能障害

Active Learning

平衡機能障害や嚥下障害における障害年金の等級と障害の状態について調べてみましょう。

平衡機能障害は、身体の姿勢（バランス）を調整する機能の障害であり、「めまい」として表現されることが多い。同じ「めまい」でも、「ぐるぐる回る」回転性めまいから、「ふわふわする」浮動性めまいまで、症状はさまざまである。程度によっては歩行障害を呈して、真っすぐに歩くことが困難になる。ただし、「めまい」と表現される症状でも眼前暗黒や失神は、起立性調節障害や不整脈、てんかんなどが原因となるため、平衡機能障害とは別と捉える必要がある。

人間が姿勢を調整する際に必要な情報としては、❶内耳（三半規管（p.45 の**図 3-12** 参照）や耳石器）からの重力や加速度の情報、❷目からの視覚情報、❸足底などからの感覚情報、の三つが脳幹の前庭神経核に入力される。その後、これらの情報を受けた大脳や小脳が関与をすることで、眼球や手足の筋肉を動かし、姿勢（バランス）を保っている（**図 6-14**）。そのため、これらの経路である内耳、眼球、脳幹や小脳、脊髄、下肢の筋肉や関節などが障害されることで平衡機能障害を生じる（**図 6-15**）。

平衡機能障害をきたす主な疾患は、耳鼻科疾患では、中耳炎、メニエール病★、突発性難聴や前庭神経炎が挙げられる。メニエール病や突発性難聴では、めまいのほかに難聴や耳鳴といった症状を伴う。耳鼻科疾患による平衡機能障害では、左右どちらかの耳の障害の場合は、小脳などが働くこと（前庭代償）で徐々に症状が改善することが多いが、左右両方の障害の場合は前庭代償が効かず難治となることが多い。脳疾患では、脳幹や小脳の出血・梗塞などの脳血管障害が代表的である。障害箇所により、複視や顔面や四肢の感覚障害、嚥下障害、言語障害などの症状を伴う。神経疾患では、脊髄小脳変性症や多系統萎縮症が代表的だが、これらの疾患では進行性かつ不可逆性であり、最終的には寝たきり生活となることも多い。薬剤の副作用や相互作用による平衡機能障害は、高齢者で問題となることが多い。高齢者では、薬剤を多剤服用（ポリファーマシー）していることも多く薬剤相互作用をきたしやすいうえに、若年者と比べて薬物の体内での代謝が低下しており、体内に薬物が貯留しや

★メニエール病
メニエール病は、めまい（主に回転性）、耳鳴、聴力低下を繰り返すのが特徴である。疲労や精神的ストレスが誘因となる。聴力検査上、中低音域の聴力低下が特徴的である。めまい発作は、数十分から数時間程度持続する。発作を繰り返すうちに徐々に聴力が悪化していくことがある。

すいためである。代表的なものは、降圧薬による血圧の下がりすぎや、睡眠導入剤や精神安定剤の副作用によるめまい、ふらつきが挙げられる。

　平衡機能障害に対する治療としては、耳鼻科疾患の場合、抗めまい薬や副腎皮質ホルモン（ステロイド）が投与される。**良性発作性頭位めまい症**に対しては、浮遊耳石置換法（理学療法の一種）が行われることもある。メニエール病などでは手術が行われることもある。

★**良性発作性頭位めまい症**
良性発作性頭位めまい症は、耳鼻科のめまいでは最も頻度が高い。寝床から起き上がったときや顔を振り向いたときなど、頭を動かした際に数秒〜数分間程度のめまい（浮動性〜回転性）を呈するのが特徴である。

図6-14　めまい・平衡機能障害のメカニズム

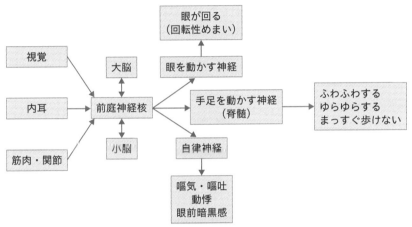

出典：社会福祉士養成講座編集委員会編『新・社会福祉士養成講座① 人体の構造と機能及び疾病 第3版』中央法規出版，p.137, 2015.

図6-15　めまい・平衡機能障害の病因別の分類と疾患

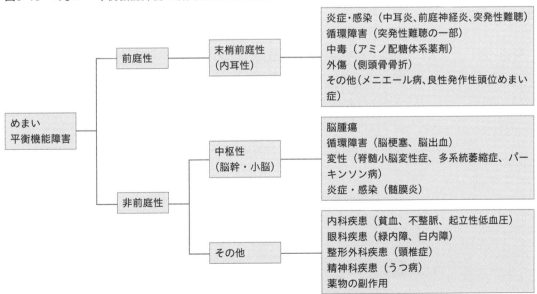

出典：社会福祉士養成講座編集委員会編『新・社会福祉士養成講座① 人体の構造と機能及び疾病 第3版』中央法規出版，p.138, 2015. を参考に作成

表6-7　身体障害者障害程度等級表における平衡機能障害

級別	平衡機能障害
3級	平衡機能の極めて著しい障害 （四肢体幹に器質的異常がなく、他覚的に平衡機能障害を認め、閉眼にて起立不能、又は開眼で直線を歩行中10m 以内に転倒若しくは著しくよろめいて歩行を中断せざるを得ないもの。）
5級	平衡機能の著しい障害 （閉眼で直線を歩行中10m 以内に転倒又は著しくよろめいて歩行を中断せざるを得ないもの。）

資料：身体障害者福祉法施行規則別表第5号 身体障害者障害程度等級表，「身体障害者障害程度等級表の解説（身体障害認定基準）について」（平成15年1月10日障発第0110001号）より抜粋

　平衡機能障害に対するリハビリテーションは、従来は脳血管障害や脳腫瘍などによる平衡機能障害が主な対象であった。しかし近年は、メニエール病などの末梢性めまい疾患に対してもリハビリテーションが積極的に行われるようになった。

　平衡機能障害も重度の場合、身体障害者手帳の受給対象となる。身体障害者福祉法における平衡機能障害の障害程度等級を示す（**表6-7**）。

4 嗅覚障害

　嗅覚障害は、鼻の奥にある嗅上皮が空気中のにおいを感知し、脳の前方にある嗅覚中枢に伝えるまでの経路の障害で生じる。原因としては、慢性副鼻腔炎、アレルギー性鼻炎、感冒、頭部外傷、脳血管疾患、脳腫瘍、微量元素（鉄、亜鉛）の不足などが挙げられる。近年では、嗅覚障害がパーキンソン病や認知症の前駆症状となることが報告されている。治療としては、副腎皮質ホルモン（ステロイド）の点鼻やビタミンB_{12}製剤の内服、鉄や亜鉛の補充が行われるほか、慢性副鼻腔炎に対しては手術が行われることもある。難治性の副鼻腔炎やアレルギー性鼻炎に対しては近年、気管支喘息等ですでに使用されている生物学的製剤（アレルギーの原因物質と、アレルギーを引き起こす体内物質との反応をブロックする薬剤）が使用可能となった。しかし、薬価が非常に高額なため、高額療養費制度の紹介や指定難病の申請など、適切な助成制度の紹介が必要である。

■ アレルギー性鼻炎

　アレルギー性鼻炎は、水様性鼻汁、鼻閉、くしゃみの症状を呈する。通年性アレルギー性鼻炎と季節性アレルギー性鼻炎（花粉症）に分けら

れる。通年性の多くはハウスダスト（ダニ等を含む室内塵）が原因で、季節性ではスギ、ヒノキ、シラカンバ、ブタクサなどの花粉が原因となる。治療としては、抗アレルギー薬などの症状を抑える薬を用いるほか、免疫療法（個々の原因に対するアレルギー体質自体を改善させる治療）や手術（レーザーによる鼻粘膜焼灼術など）が行われている。

5 嚥下障害

嚥下とは、水や食物が口に入ってから、咽頭、食道を通過し、胃に入るまでの動作を指す。嚥下が障害され、水や食物が気管や肺などに入ることを誤嚥と呼ぶ。嚥下障害は、脱水や栄養障害を生じるほか、誤嚥性肺炎を引き起こす。また、「口から食べる喜び」が喪失されることにより、QOLが著しく低下する。嚥下障害の原因は、加齢による嚥下筋の筋力低下や喉頭の知覚低下のほか、脳血管疾患、神経・筋疾患、頭頸部癌などの各種のがんなどさまざまである（表6-8）。

嚥下機能検査の代表的なものに、嚥下内視鏡検査（videoendoscopic examination of swallowing：VE）や嚥下造影検査（videofluoroscopic examination of swallowing：VF）がある。

治療は原疾患の治療とリハビリテーションが主体であるが、手術（誤嚥防止術、嚥下改善手術）を行うこともある。治療にあたっては医師、

★誤嚥性肺炎
嚥下機能低下により口の中の細菌が唾液や食べ物、胃液などと一緒に気管支や肺に入ることで発症する。高齢者の肺炎の主たる原因である。

表6-8　嚥下障害の原因疾患

分類	代表疾患・病態
中枢神経疾患	脳血管疾患、脳腫瘍、脳炎、頭部外傷、認知症、多発性硬化症
神経疾患	筋萎縮性側索硬化症（ALS）、パーキンソン病、重症筋無力症、ギランバレー症候群
筋疾患	皮膚筋炎、筋ジストロフィー
骨疾患	頸椎症
悪性腫瘍（がん）	頭頸部癌、甲状腺癌、食道癌、肺癌（悪性腫瘍による閉塞・圧排のほか、反回神経麻痺による）
口腔疾患	口内炎、う歯、歯槽膿漏、義歯不適合
食道疾患	食道炎（主に逆流性食道炎）、食道潰瘍、強皮症
精神疾患	うつ病、拒食
加齢	嚥下筋の筋力低下（サルコペニア）、喉頭の知覚低下、唾液分泌低下、嚥下タイミングのずれ
医原性	薬剤の副作用、手術合併症、経鼻胃管チューブ

表6-9　身体障害者障害程度等級表における音声機能、言語機能又はそしゃく機能の障害

級別	音声機能、言語機能又はそしゃく機能の障害
3級	音声機能、言語機能又はそしゃく機能の喪失
4級	音声機能、言語機能又はそしゃく機能の著しい障害

資料：身体障害者福祉法施行規則別表第5号 身体障害者障害程度等級表より抜粋

歯科医師、歯科衛生士、看護師、言語聴覚士、理学療法士、栄養士など多職種との連携が不可欠である。

重度の嚥下障害による栄養障害に対しては胃瘻★造設が行われることも多い。しかし近年は、高齢者などに対する胃瘻造設が延命治療に該当する場合は行うべきではない、という考え方も多くなっている。「何を目的に」「誰の幸せのために」胃瘻を造設するのか、患者本人（意思決定できる場合）や家族とともに事前に十分に議論する必要がある。

身体障害者福祉法における嚥下障害（そしゃく機能の障害）の障害程度等級を示す（**表6-9**）。

> **★胃瘻**
> 腹壁から胃まで小さな穴を開けて器具を留置し、流動食を直接胃に流し込めるようにすること。造設の多くは内視鏡下に行われ、PEG（percutaneous endoscopic gastrostomy：ペグ：経皮的内視鏡的胃瘻造設術）と呼ばれる。

■ 頭頸部癌

頭頸部癌は、顔面から頸部のがんである（脳や脊髄、目は除く）。咽頭癌、喉頭癌、口腔癌、副鼻腔癌、聴器癌（耳のがん）などが含まれる。全がんの5％程度と頻度は少ない。咽頭癌、喉頭癌、口腔癌は、飲酒や喫煙との関連が深い。疾患の進行や治療により、嚥下障害や発声・構音障害、味覚・嗅覚障害、聴覚障害などをきたし、QOLの低下を伴いやすい。手術後の変化や、疾患の進行により、外見の大きな変化（醜形）を伴うことがある。支援者としてかかわる場合、患者の病状や治療方針、予後のみならず、現在のADL（activities of daily living：日常生活動作）、現在有する機能障害も念頭においたうえで、必要な支援や療養場所を検討していく必要がある。

◇参考文献
・社会福祉士養成講座編集委員会編『新・社会福祉士養成講座① 人体の構造と機能及び疾病 第3版』中央法規出版，2015.
・渡辺建介監，高橋茂樹『STEP 耳鼻咽喉科 第3版』海馬書房，2013.
・小川郁監，新田清一・鈴木大介『ゼロから始める補聴器診療』中外医学社，2016.
・小松崎篤「めまいの診断基準化のための資料──1987年めまいの診断基準化委員会答申書」『Equilibrium Research』第47巻第2号，pp.245-273，1988.
・新井基洋『めまいは寝てては治らない──実践！めまい・ふらつきを治す24のリハビリ 第5版』中外医学社，2017.
・聖隷嚥下チーム『嚥下障害ポケットマニュアル 第4版』医歯薬出版，2018.

● おすすめ
・日本耳鼻咽喉科学会『新生児聴覚スクリーニングマニュアル』2016.
　www.jibika.or.jp/members/publish/hearing_screening.pdf

口腔疾患

学習のポイント

- 歯および歯周組織の構造について学ぶ
- 主な歯・口腔の疾患について理解する
- 我が国の歯科保健の状況について把握する

1 歯および歯周組織の構造

　歯は歯冠と歯根に分けられ、その境界は歯頸（部）である。歯冠は口腔内に露出しており、歯根は歯槽骨に埋まっている。歯はエナメル質、象牙質、歯髄から構成されており、歯周組織はセメント質、歯肉、歯根膜、歯槽骨から構成されている。歯と歯肉の間には歯肉溝と呼ばれる溝が存在する。正常な組織の歯肉溝の深さは通常3mm以下である（図6-16）。

2 歯・口腔の疾患

1 う蝕

　う蝕とは、歯面に付着し増殖したプラーク（歯垢）中の口腔細菌が砂

図6-16　歯・歯周組織の構造

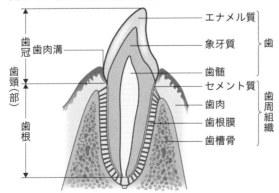

出典：全国歯科衛生士教育協議会監『最新歯科衛生士教本　歯・口腔の健康と予防に関わる人間と社会の仕組み1　保健生態学　第3版』医歯薬出版，p.93，2019．を参考に作成

糖などの糖質を代謝して有機酸（乳酸、酢酸、ギ酸）を産生し、その酸がエナメル質を脱灰することで、歯が破壊される疾患である。プラークの pH が 5.5（臨界 pH）以下になるとエナメル質が溶解する。

　う蝕は感染症であり、う蝕発生の主因とされる口腔細菌は**ミュータンスレンサ球菌**である。う蝕は多くの要因が重なりあうことで発生し、発生要因には宿主・歯（個体要因）、微生物（病原要因）、飲食物（環境要因）がある。う蝕の発生要因モデルとしてカイス（Keyes, P. H.）の三つの輪やそれに時間の要因を加えたニューブラン（Newbrun, E.）の四つの輪がある（**図6-17**）。

　う蝕予防においては、プラークを物理的に除去するためのブラッシングやフロッシングを適切に行うことが最も重要である。また、食習慣の改善、特に発酵性糖質を含む食品の摂取頻度を減らす必要がある。さらに、フッ化物を応用したり、小窩裂溝塡塞法（フィッシャーシーラント）を行ったりすることも有効である。

２ 酸蝕症

　酸蝕症はう蝕と異なり、細菌が産生する酸以外の酸の作用によって歯の表面に脱灰が起こる疾患である。通常、前歯の唇面あるいは舌面に好発する。酸蝕症の原因として産業現場で発生する酸のガスやミストによるもの、胃酸の逆流によるもの、酸性の清涼飲料水や柑橘系飲料の多飲

図6-17　う蝕の発生要因モデル

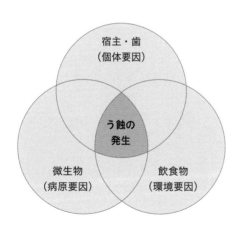

カイスの三つの輪

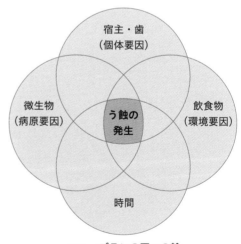

ニューブランの四つの輪

出典：Keyes, P. H., 'Present and future measures for dental caries control', *The Journal of the American Dental Association*, 79, pp.1395-1404, 1969.
Newbrun, E., 'Chapter 2', *Current concepts of caries etiology, Cariology*, Williams & Wilkins Co., pp.15-43, 1978.

によるものがある。酸蝕症の予防には、労働環境の改善、消化器系疾患などの治療、酸性飲料摂取の規制が必要である。

3 歯周疾患

歯周疾患は歯周組織に起こる疾患である。プラークの病原性と歯周組織の抵抗力の均衡が崩れ病原性が上回ると、歯周組織が崩壊し発症する。歯周疾患は複数の種類の口腔細菌による感染症であり、放置すると歯肉炎★から歯周炎★へと進行する（**図6-18**）。

成人においては**慢性歯周炎**の発症頻度が高い。また、**侵襲性歯周炎**は10歳代〜30歳代の女性に発症しやすく、非炎症性に急激に進行する。

歯周疾患の直接の原因はプラークであるため、口腔清掃（プラークコントロールや歯石除去）が予防や治療のための最も効果的な方法である。歯肉炎の段階では、口腔清掃により健全な状態に回復する。歯周炎の場合の治療も基本は口腔清掃であるが、中等度から重度の歯周炎では歯周外科治療が必要になることがある。

歯周疾患は誤嚥性肺炎、心内膜炎、糖尿病、動脈疾患、低体重児出産などに影響を与えることが指摘されている。口腔細菌が誤嚥により肺に入り肺炎を起こしたり、歯周病原性細菌や歯周組織で産生される炎症性サイトカインが血流によって全身に運ばれ、さまざまな組織や臓器、血管、筋肉などに感染し局所の炎症を増悪させたりするためと考えられている。

★歯肉炎
歯肉炎は初期の歯周疾患である。炎症は歯肉に限局しており、セメント質や歯根膜には波及していない。歯肉の発赤・腫脹、ブラッシング時の出血などの症状を示す。プラーク中の口腔細菌により起こるが、特有の原因菌叢はない。

★歯周炎
歯肉炎が進行し、炎症がセメント質や歯根膜、さらに歯槽骨まで達した状態が歯周炎である。歯肉溝が深くなり歯周ポケットが形成される。成人においては、歯肉の発赤・腫脹は顕著でないが、歯肉圧迫により歯周ポケットから排膿することがある。歯肉の退縮により歯根が露出すると、冷水痛・温水痛が生じる。レントゲン検査では歯槽骨の吸収、歯根膜腔の開拡が認められる。

図6-18　歯周疾患の進行過程

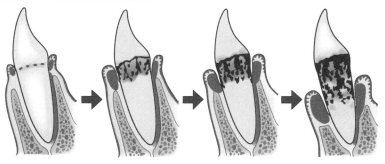

歯肉炎	軽度歯周炎	中等度歯周炎	重度歯周炎
歯と歯肉の間の溝である歯周ポケットは3mm以下 歯肉の発赤・腫脹 ブラッシング時の出血	歯周ポケットは3〜4mm 歯肉に加え、セメント質や歯根膜にも炎症が及ぶ	歯周ポケットは4〜6mm 歯槽骨が歯根の半分近くまで吸収 出血・排膿、歯の動揺	歯周ポケットは6mm以上 歯槽骨吸収のさらなる進行 排膿、口腔機能への影響

出典：和泉雄一編『歯周病と全身の健康 Q&A——歯周病の予防と治療は健康を守る第一歩！ 補訂版』
　　　医学情報社, p.28, 2013. を一部改変

4 口臭

口臭は、「呼吸や会話時に口から出てくる息が第三者にとって不快に感じられるもの」と定義される。口臭の原因物質は**揮発性硫化物**（揮発性硫黄化合物）であり、硫化水素、メチルメルカプタン、ジメチルサルファイドがその主な構成成分である。硫化物は、唾液、剥離上皮細胞、歯肉溝滲出液などに含まれる含硫アミノ酸やたんぱく質が口腔細菌によって分解されることで産生される。

口臭症は国際分類に基づき、真性口臭症、仮性口臭症、口臭恐怖症に分類され、治療方針が決定される。口臭の原因の90％以上は口腔由来であり、口腔内を清潔に保つことが予防や治療で重要になる。

5 不正咬合

不正咬合は、個々の歯の位置や高さの異常、歯の捻転や傾斜などにより歯並びと咬み合わせが悪化することで起こる。また、顎の大きさと歯の大きさとの不調和、上下の顎の大きさの不調和、顎の位置関係のずれなど、顎に問題がある場合でも起こる。

不正咬合の種類には、上顎前突（出っ歯）、下顎前突（受け口）、正中離開（前歯の間に空隙がある）、叢生（歯並びが悪い）、開咬（臼歯は咬んでいるが前歯が咬んでいない）、過蓋咬合（前歯の咬み合わせが深い）、交叉咬合（部分的に上下の歯の咬み合わせが反対になっている）などがある。

不正咬合の原因には遺伝などによる先天的なものと、歯の早期喪失や習癖などによる後天的なものがある。治療は、口腔機能に障害を引き起こす不正咬合の原因や誘因を取り除き、矯正装置などを使って歯や顎の位置関係を改善することで、歯並びや咬み合わせをできる限り理想的な状態に近づけることを目的に行う。

6 顎関節症

顎関節症は顎関節や咀嚼筋の疼痛、顎関節雑音、顎運動異常、開口障害を基本症状とする非炎症性の障害の包括的診断名である。局所的な原因には不適合な修復物や咀嚼筋の緊張などによる異常な咬合がある。また、全身的な原因には、ストレスなどの心理的要因がある。顎関節症は病態によって四つの型に分類され、咬合の改善やストレスの軽減などが予防や治療として行われる。

7 口腔乾燥症

口腔乾燥症（ドライマウス）とは唾液の粘性亢進などによる質的な異常や分泌量の低下により口腔内が乾燥する状態をいう。口腔乾燥症があると会話や嚥下が困難になり、重症化すると舌痛、味覚異常、口渇による睡眠障害を引き起こす。口腔乾燥症の原因には、❶全身性または代謝性のもの、❷神経性または薬物性のもの、❸シェーグレン症候群のような唾液腺の器質的変化を伴う唾液腺自体によるものがある。

予防および治療では、水分を補給し、食事、睡眠、運動など規則正しい生活を送ることが基本となる。また、対症療法として保湿ジェルや人工唾液などを用いる場合もある。

8 口腔癌

発生するすべてのがんのうち、口腔癌の占める割合は 2 〜 5 ％である。加齢とともに発生率は増加し、女性よりも男性で多く発生する。口腔癌のなかでは舌癌が最も多く、そのほか歯肉、口底、頬粘膜、唾液腺、口蓋などにも発生する。

主なリスク要因としてたばこやアルコールが挙げられ、義歯や修復物の慢性的刺激、また薬品などの化学的刺激もリスク要因となる。禁煙とアルコール量をコントロールすることが最善の予防法である。また、その時点でそれ自体はがんではないが、将来がん化する可能性の高い口腔潜在的悪性疾患である白板症や紅板症を早期に発見し、適切に治療することも重要である。

3 歯科保健

1 歯科保健対策

国の歯科保健対策として、2013（平成 25）年に開始された健康日本21（第二次）のなかに歯・口腔の健康に関する目標が五つ（❶口腔機能の維持・向上、❷歯の喪失防止、❸歯周病を有する者の割合の減少、❹乳幼児・学齢期のう蝕のない者の増加、❺過去 1 年間に歯科検診を受診した者の割合の増加）が挙げられている。ライフステージにわたる健全な口腔保健を確立することで、健康寿命の延伸、健康格差の縮小、生活の質の向上を目指している。

2 歯科保健に関する統計調査

❶歯科疾患実態調査

　日本における歯科保健状況は、厚生労働省が実施する歯科疾患実態調査で知ることができる。歯科疾患実態調査は初回の1957（昭和32）年から2011（平成23）年まで6年おきに実施されてきた。その後、5年おきの調査となり2016(平成28)年が第11回目である。2016(平成28）年の歯科疾患実態調査によると、20歯以上自分の歯を有する人の割合は、どの年齢階級においても増加傾向にある。80歳で20歯以上歯が残っている8020（はちまるにいまる）の人の割合は、75歳以上85歳未満の人の割合から51.2％と推定され、前回2011（平成23）年の調査の40.2％に比べ増加している。

　歯周疾患に関しては、歯肉からの出血がある人の割合は15歳以上の人では30％を超え、30歳から54歳の人では40％を超えている。歯周炎とされる4mm以上の歯周ポケットを有する人の割合は高齢になるにしたがい増加し、25歳以上の人では30％を超え、60歳以上の人では50％を超えている。2016（平成28）年の結果ではほとんどの年齢階級においてこれまでの調査で最も高い値を示している。

　歯をみがく頻度では、毎日歯をみがく人の割合は95.3％である。毎日2回以上歯をみがく人の割合は増加傾向にあり、2016（平成28）年では77.0％である。

❷学校保健統計調査

　学校における幼児、児童および生徒の歯・口腔に関する健康状態は、文部科学省が実施する学校保健統計調査で知ることができる。12歳の永久歯の一人当たり平均むし歯数（喪失歯および処置歯数を含む）および中学校におけるむし歯の被患率ともに年々減少傾向にあり、平均むし歯数は1歯以下、被患率は40％以下である。

3 歯科保健に関する法律

　歯科口腔保健の推進に関する法律（歯科口腔保健法）が2011（平成23）年に公布・施行された。この法律は、口腔の健康は国民が健康で質の高い生活を営むうえで基礎的かつ重要な役割を果たし、国民の日常生活における歯科疾患の予防に向けた取り組みが口腔の健康の保持にきわめて有効であることから、国民保健の向上に寄与するため、歯科疾患の予防等による口腔の健康の保持の推進に関する施策を総合的に推進するなどの基本理念や国・国民などの責務について定めている。

◇**参考文献**
・安井利一・宮﨑秀夫・鶴本明久・川口陽子・山下喜久・廣瀬公治編『口腔保健・予防歯科学』医歯薬出版，2017.
・松久保隆・八重垣健・前野正夫・那須郁夫・小松﨑明・杉原直樹・福田雅臣・川戸貴行・有川量崇監『口腔衛生学2020』一世出版，2020.
・中垣晴男・神原正樹・磯崎篤則・加藤一夫編『改訂 5 版 臨床家のための口腔衛生学』永末書店，2012.

i　厚生労働省ホームページ「歯科口腔保健関連情報」 https://www.mhlw.go.jp/seisakunitsuite/bunya/kenkou_iryou/kenkou/shikakoukuuhoken/dl/05.pdf 参照。

学習のポイント

● 生殖器悪性腫瘍と良性腫瘍の違いや更年期障害の概要について学ぶ

● 妊娠の診断、妊婦健診、分娩までの一連の流れを把握する

● 産褥期の精神障害、育児放棄（児童虐待）、特定妊婦について理解を深める

★5年生存率（予後の目安）
子宮頸癌は、0期（上皮内癌）100％、Ⅰ期92.9％、Ⅱ期75.5％、Ⅲ期58.2％、Ⅳ期26.7％。子宮体癌は、Ⅰ期93.6％、Ⅱ期85.6％、Ⅲ期72.6％、Ⅳ期27.3％。卵巣癌は、Ⅰ期92.6％、Ⅱ期83.9％、Ⅲ期49.6％、Ⅳ期31.8％。

★ヒトパピローマウイルス（HPV）
皮膚や粘膜の上皮に感染するウイルス。型があり、HPV16型、18型は子宮頸癌と関連する。HPVワクチンにより HPV 6、11、16、18型の感染を予防することができる。

現在HPVワクチン接種は「積極的な接種勧奨の一時差し控え」の状態となっているが、それはなぜでしょうか。

★卵巣腫瘍
卵巣腫瘍は、「良性」と「悪性」、さらに、中間的な性格をもつ「境界悪性」の三つに分類される。手術前に細胞診（組織診）を行うことが難しいので、内診・超音波検査・MRI等により臨床的に診断するので、精度には限界がある。

1 生殖器悪性腫瘍

生殖器悪性腫瘍のⅠ期の5年生存率は、約90％である。

1 子宮頸癌

子宮頸癌は、子宮頸部に発生する悪性腫瘍で、ヒトパピローマウイルス（HPV）感染が関係している。好発年齢は30歳代〜40歳代である。初発症状としては、不正性器出血、接触出血（性交時）が多いが、無症状かつ検診異常で初めて指摘されることも少なくない。組織学的には扁平上皮癌が最も多い（約75％）。治療は、手術療法と放射線療法が標準的で、進行例では、化学療法も併用される。

2 子宮体癌

子宮体癌は、子宮内膜に発生する悪性腫瘍である。好発年齢は50歳代である。初発症状として、不正性器出血を認めることが多い（90％）。組織学的には腺癌が最も多い（約95％）。治療は手術療法が標準的だが、高齢者や合併症などで手術不能例では、化学療法や放射線療法が行われる。

3 卵巣癌

卵巣癌は、卵巣に生じる悪性の卵巣腫瘍であり、初期の段階では自覚症状が乏しく、進行がんで診断されることが多い。内診、超音波検査、腫瘍マーカー、MRI等で臨床的診断がなされ、手術によって確定診断される。治療の原則は手術であり、術後や再発時には化学療法や放射線療法を行う。

2 ▶ 良性腫瘍

良性腫瘍には、子宮筋腫、子宮内膜症、子宮腺筋症★、チョコレート嚢胞★などがある。

1 子宮筋腫

子宮筋腫は、子宮筋層の平滑筋に発生する良性腫瘍で、エストロゲン依存性疾患である。頻度も多く（生殖女性の 20 ～ 30％）、多発することが多い（60 ～ 70％）が、悪性化することはまれである（0.5％以下）。症状は、過多月経、貧血、不正性器出血、月経痛（月経困難症）、不妊、下腹部腫瘤、下腹部痛、頻尿、腰痛など多彩である。内診、超音波検査、MRI で診断される。治療は、症状に応じて、経過観察、薬物療法、手術療法が選択される。

2 子宮内膜症

子宮内膜症は、子宮腔以外の場所に子宮内膜様組織が発生するエストロゲン依存性疾患である（生殖女性の約 10％）。症状は、月経痛（月経困難症）、慢性骨盤痛、性交痛、排便痛や不妊がある。内診、超音波検査、MRI で診断される。治療は、症状に応じて、経過観察、薬物療法、手術療法が選択される。

3 ▶ 妊娠と合併症

1 正常妊娠の診断

❶正常妊娠の診断

異所性妊娠★でも妊娠反応は陽性を示すので、子宮内に胎嚢（胎児）を確認することで、臨床的に「妊娠」（正常妊娠）と診断される。

❷分娩予定日の決定

正常妊娠診断後は、最終月経開始日、排卵日、不妊治療歴などを参考に分娩予定日（妊娠 40 週 0 日）を決定する。ただし、これらの情報が正しいとは限らず、また、情報が得られないこともあるので、必ず超音波検査で胎児を計測し、正確な分娩予定日の確認（修正）が必須である。正確な分娩予定日は、流産・早産、過期妊娠、胎児発育不全などの診断

★**子宮腺筋症**
子宮筋層内に子宮内膜様組織が発生したエストロゲン依存性疾患。月経のたびに増殖を繰り返すので、子宮が全体的に腫大したり、子宮筋腫のように腫瘤を形成したりする。治療は内膜症に準じる。

★**チョコレート嚢胞**
卵巣内に子宮内膜様組織が発生したエストロゲン依存性疾患。月経のたびに赤血球の滲出や貯留が起こるので卵巣が腫大する。がん化があるので注意が必要（0.7 ～ 1.0％）。

★**異所性妊娠（子宮外妊娠）**
胎嚢（胎児）が子宮内でなく、卵管、卵巣、腹腔などに確認されること。診断後、破裂（大出血）のリスクがあるので、原則、手術を行う。

Active Learning

多胎妊娠の場合にはさまざまなリスクが考えられるが、どのようなものがあるでしょうか。

★**妊娠反応**
ヒト絨毛性ゴナドトロピン（hCG）を測定し妊娠判定を行う。血液検査よりも尿検査が一般的で、妊娠 4 週以降に判定可能となる。ただし、流産、異所性妊娠などでもhCG が存在し「陽性」を示すので注意が必要である。

や、人工妊娠中絶、予定帝王切開、誘発分娩開始などの時期の決定に必須であり、妊娠管理の基本となる重要な情報である。

❸妊娠の届け出と母子健康手帳(母子手帳)の交付

正常妊娠が確認された妊婦は、市町村に妊娠の届け出をし、市町村から**母子健康手帳**の交付を受ける。さらに、**妊婦健康診査受診票**も交付され、検査費用が公費負担される(助成回数や公費負担額は地域差があるのが実情である)。**妊婦健康診査に母子健康手帳を持参し、必要な事項を記載してもらう**。以上は、母子保健法で定められている。

2 妊婦健康診査(妊婦健診)

妊婦管理の目標は、母児ともに健全な状態で妊娠・分娩を終了させることであり、**妊婦健康診査(妊婦健診)**は欠かせない。

❶健診スケジュールと基本的な健診項目

母子保健法で定められている健診間隔を目安に受診し、母子健康手帳の記載項目をチェックする。なお、妊娠の初期では、正常妊娠の確認や正確な分娩予定日の決定のため、頻繁な受診が必要となる。基本的な健診項目には、**子宮底長、腹囲、血圧、浮腫、尿たんぱく、尿糖、体重、胎児心拍**であり、健診時に必ずチェックする。なお、子宮底長と浮腫は妊娠16週まで省略可能である。

❷妊娠初期(妊娠15週まで)の健診

この時期は、母体の健康状態の把握、母子感染の予防、糖尿病のスクリーニングなどを目的に血液検査で初期スクリーニングを行う。正常／異常妊娠の鑑別や胎児の健診(奇形を含む)は超音波検査で行われ、同時に、侵襲性がないので、子宮頸癌のスクリーニングを目的に、子宮頸部細胞診が行われることも多い。

❸妊娠中期〜後期(16〜35週)の健診

★切迫流産
妊娠22週未満で、胎嚢(胎児)が排出されておらず、子宮口も閉鎖し、少量の性器出血がある場合に診断される(下腹部痛の有無は問わない)。妊娠継続の可能性がある。

★切迫早産
妊娠22週以降37週未満で、規則的子宮収縮、かつ子宮口の開大、頸管短縮などがある場合に診断される。一般的に、安静、子宮収縮抑制剤による妊娠延長を図る。

★ Bishop score
子宮口の開大度、頸管の展退度、児頭の位置、頸管の硬度、子宮口の位置の五つの項目で評価しスコアリングする(9点以上で頸管熟化、一方、4点以下は頸管未成熟と判定)。

この時期は、**切迫流産**、**切迫早産**、**妊娠高血圧症候群(HDP)**、**内科合併症**、**胎児異常の早期発見と管理**が目的である。妊娠28週前後の血液検査では、血算による貧血の確認と50gGCT($\geqq$ 140mg/dL を陽性)による妊娠糖尿病のスクリーニングを行う。超音波検査では、妊娠中期(20週前後)に、胎児の致死的形態異常の検出を目的に全身のスクリーニングを行い、妊娠後期(妊娠28週以降)は、胎児の推定体重の算出、羊水量の評価、胎児異常のチェックを行い、胎児発育を評価する。

❹妊娠後期(妊娠36週以降)の健診

この時期は、適宜内診を行い、Bishop score を用いて母体の分娩状

態を、また、NST（モニター）と羊水量を用いて胎児の状態が良好かどうかを評価する。また、35～37週にGBS培養検査（膣と肛門）を行う。

3 分娩の管理

分娩とは、娩出力により胎児とその付属物が産道を通過して母体外に排出され、妊娠を終了する現象である。胎児・胎盤娩出後、子宮腔は空虚になって子宮収縮が生じ、出血が減少する。分娩第1期は、分娩開始から子宮口全開大までの期間（初産婦10～12時間、経産婦4～6時間が目安）。分娩第2期は、子宮口全開大から胎児娩出までの期間（初産婦2～3時間、経産婦1～1.5時間が目安）。分娩第3期は、胎児娩出から胎盤娩出までの期間（初産婦15～30分、経産婦10～20分が目安）。胎盤娩出後の1時間は、弛緩出血などの産後出血が生じやすい時期なので、注意を払う必要がある。

4 異常妊娠と合併症妊娠

❶流産・早産

妊娠22週未満の妊娠中断を流産といい、胎児は生存できない（頻度は約15％）。妊娠22週以降は生存の可能性が出てくる。妊娠22週以降37週未満の分娩を早産（頻度は約5％）、37週以降42週未満の分娩を正期産（約80％）、妊娠42週以降の分娩を過期産（1％未満）という。

❷妊娠高血圧症候群

（HDP：hypertensive disorders of pregnancy）

妊娠中に高血圧を認めた場合に、妊娠高血圧症候群（HDP）と診断される（頻度は10％）。合併症には、子癇、脳出血、肺水腫、心不全、HELLP症候群、腎機能障害、常位胎盤早期剥離、胎児発育不全、胎児機能不全などがある。治療の基本は妊娠終結であり、帝王切開となることが多い。胎児が未熟で妊娠を継続させるときは、安静、食事療法、薬物療法（降圧薬、硫酸マグネシウム）などが行われる。

❸糖代謝異常合併妊娠

糖代謝異常合併妊娠には、妊娠中に初めて診断された妊娠糖尿病と、妊娠前から診断されていた糖尿病合併妊娠とがある。合併症は、流産・早産、HDP、胎児発育不全、胎児機能不全、胎児死亡、先天異常、羊水過多、巨大児などがある。新生児では、呼吸窮迫症候群、多血症、黄疸、低血糖などを合併する。厳格な血糖管理が重要で、頻回な血糖自己

★GBS（B群溶血性連鎖球菌）
膣の常在菌（全妊婦の10～30％から検出）。分娩時に感染した新生児の約1％がGBS感染症（肺炎、髄膜炎、敗血症など）を発症し、その予後は不良。妊娠後期の定期検査と、保菌者への分娩時ペニシリン点滴静注が重要（妊娠中の抗菌薬投与は無効）。

★分娩開始
陣痛が規則正しく10分以内で発来する、または、陣痛が1時間に6回の頻度になった時点である。

★流産
自然に妊娠の中断に至るものを自然流産、人工妊娠中絶を人工流産という。12週以降の流産は、自然・人工にかかわらず、死産届提出義務がある。なお、人工流産（中絶）は、妊娠22週以降は行えない。

★妊娠終結
出産すること（ターミネーションとも呼ばれる）。母児の状態によって、分娩誘発による経膣分娩が計画されたり、あるいは帝王切開が選択されたりする。

測定が望ましく、食事療法と、必要に応じてインスリン療法が行われる（経口血糖降下薬は、胎盤通過性があるので禁忌である）。

5 産褥の異常

妊娠・分娩による生理的変化が大きいため、産褥期には、産褥熱、産褥乳腺炎、産褥期精神障害、子宮復古不全、血栓性静脈炎などさまざまな異常が起き得る。

❶産褥期における精神障害

産褥期は、生理的変化のみならず、母親になったことによる環境変化や育児に伴う疲労などの諸要因が相まって、精神衛生面でも不安定になりやすく精神障害を生じやすい（マタニティブルーズや産褥期精神病など）。

❷育児放棄、乳幼児虐待

少子化にもかかわらず児童相談所への虐待通知は年々増加している。育児放棄、乳幼児虐待の危険は、妊娠中、あるいは妊娠前からそして産褥期にも始まり膨らむので、ハイリスク集団（特定妊婦）を見逃さないことが重要である。特定妊婦のキーワードとして、若年、経済的問題、妊娠葛藤、母子健康手帳未発行・妊娠後期の妊娠届、妊婦健診未受診、多胎、妊婦の心身の不調等が挙げられる（「ハイリスク症例発見のための育児支援チェックリスト」に具体的な項目が示されている）。さらに、育児障害の多元的な原因の状況を把握するツールとして、エジンバラ産後うつ病質問票（EPDS）や赤ちゃんへの気持ち質問票（MIBS）等があり、高い得点を示した症例には注意が必要である。これらハイリスクの症例の対応は、産婦人科単独ですべて対応することは困難であり、多診療科（小児科、精神科など）、多職種（助産師、看護師、医療ソーシャルワーカーなどの医療関係者だけでなく、地域コミュニティ、行政、そして法律家）によるマニュアル作成や枠組み整備を行うことが重要である。虐待の負の連鎖の悪循環を断ち切るために、妊娠・産褥期の適切な対応が重要といえる。

4 更年期障害

更年期は閉経の前後5年間であり、この期間は多種多様な症状が出現する。日常生活に支障をきたす場合は、更年期障害と定義される。更

年期症状の原因として、女性ホルモン低下に伴う内分泌学的変化（ホルモン要因）、本人を取り巻く家庭や社会での環境の変化（環境要因）、真面目で几帳面で完璧主義などの性格的要因（気質要因）などが複雑に関与して表現されると考えられている。症状としては、月経異常、のぼせ・ほてり（ホットフラッシュ）、発汗などの自律神経失調症状、倦怠感、抑うつ感、イライラ、不眠などの精神神経症状、腰痛、肩こり、消化器症状などの不定愁訴とさまざまな症状を訴えるのが特徴である。診断は、一般診察や各種検査にて異常を認めず、上記のような症状を訴えるときは、更年期障害と診断される。治療は、ホルモン補充療法（HRT）が第一選択であり、漢方療法、向精神薬も併用されることが多い。非薬物療法として、カウンセリングや認知行動療法などの心理・精神療法も重要である。

★虐待の負の連鎖
虐待を受けた子どもは次世代の親となるときに虐待を行う親となるリスクが高い。

★閉経
日本人の平均閉経年齢は 50.5 歳で、更年期は 45 〜 55 歳頃に相当する。

第6章 疾病と障害およびその予防・治療・予後・リハビリテーション

◇参考文献
・日本産科婦人科学会婦人科腫瘍委員会「第60回治療年報（2012年治療開始例）」『日本産科婦人科学会雑誌』第71巻第5号，2019.
・日本産科婦人科学会・日本産婦人科医会編・監『産婦人科診療ガイドライン 産科編2020』日本産科婦人科学会，2020.
・日本産婦人科医会「妊娠等について悩まれている方のための相談援助事業連携マニュアル 改訂版」2014.
・日本産婦人科医会「妊産婦メンタルヘルスケアマニュアル」2017.
・日本産科婦人科学会編『産科婦人科用語集・用語解説集 改訂第4版』日本産科婦人科学会，2018.

●おすすめ
・日本婦人科腫瘍学会編『患者さんとご家族のための子宮頸がん・子宮体がん・卵巣がん治療ガイドライン 第2版』金原出版，2016.
・医療情報科学研究所『病気がみえる vol.9 婦人科・乳腺外科 第4版』メディックメディア，2018.
・医療情報科学研究所『病気がみえる vol.10 産科 第4版』メディックメディア，2018.

精神疾患、精神障害、発達障害

学習のポイント

- 発達障害や統合失調症、うつ病、双極性障害などの代表的精神疾患を学ぶ
- 精神保健福祉法に定められた任意入院、医療保護入院、措置入院の制度を理解する
- 精神障害者にかかわる際のソーシャルワーカーとしての視点を学ぶ

1 精神疾患の診断と精神疾患患者の入院制度

1 精神疾患の診断

　かつて精神疾患の診断は患者の症状のみでなく、表情や気質、心因、経過なども勘案して診断する**伝統的診断**が主流であった。しかしこの診断法は医師間の診断一致性が低いことが問題となっていた。そのため現在は**操作的診断**が主流になっている。現在我が国で用いられている診断基準は米国精神医学会が作成した DSM-5 と WHO（世界保健機関）が作成した ICD-10 である。公的な統計や診断書には ICD-10 が用いられ、臨床や学術的な場面では DSM-5 が使用されることが多い。両者とも定期的に改訂され収載されている疾患は内容的に共通しているものが多いが、一方のみにしか記載されていない疾患もある。同じ内容の疾患でも病名や診断基準が異なっている場合もある。DSM-5と ICD-10 で記載されている大項目とそれに含まれる代表的な疾患名を**表6-10**と**表6-11**に示す。

2 精神疾患患者の入院制度

　精神疾患では**精神保健及び精神障害者福祉に関する法律（精神保健福祉法）**による特有の入院がある。**任意入院、医療保護入院、措置入院、緊急措置入院、応急入院**の五つの入院形態が規定されている。主な入院形態は以下のとおりである。

❶任意入院

　任意入院は、患者本人の同意に基づく入院形態である。入院の際に退院請求権等を記載した書面を交付し、自ら入院する旨を任意入院同意書にサインする必要がある。精神保健福祉法第20条で、なるべく任意入院が

★操作的診断
明確な診断基準を設け、ある期間に定められた症状がいくつ以上あれば疾患と診断する診断法。医師間の診断一致率（診断信頼性）が伝統的診断より高いとされる。

★DSM-5
2013年に改訂された「Diagnostic and Statistical Manual of Mental Disorders」の第5版、日本語訳は『DSM-5 精神疾患の診断・統計マニュアル』として2014（平成26）年に発売されている。

★ICD-10
1990年に改訂された「International Statistical Classification of Diseases and Related Health Problems（疾病及び関連保健問題の国際統計分類）」の第10版。ICD-11が発表されているが日本語版は未発表。精神疾患はF00～F99にコードされ、身体疾患も収載されている。

表6-10　DSM-5による精神疾患の分類

1　**神経発達症群／神経発達障害群**（知的能力障害群　コミュニケーション障害群　自閉症スペクトラム障害　注意欠如・多動性障害　限局性学習障害など）

2　**統合失調症スペクトラム障害および他の精神病性障害群**（統合失調症　妄想性障害など）

3　**双極性障害および関連障害群**（双極Ⅰ型障害　双極Ⅱ型障害　気分循環性障害など）

4　**抑うつ障害群**（大うつ病性障害　気分変調症など）

5　**不安症群／不安障害群**（パニック障害　社交不安障害　広場恐怖症　全般性不安障害　限局性恐怖症など）

6　**強迫症および関連症群／強迫性障害および関連障害群**（強迫性障害　醜形恐怖症　ためこみ症　抜毛症など）

7　**心的外傷およびストレス因関連障害群**（適応障害　急性ストレス障害　心的外傷後ストレス障害（PTSD）など）

8　**解離症群／解離性障害群**（解離性健忘　解離性同一性障害　離人感・現実感消失障害など）

9　**身体症状症および関連症群**（身体症状症　転換性障害　病気不安症など）

10　**食行動障害および摂食障害群**（神経性無食欲症　過食性障害　回避・制限性食物摂取障害など）

11　**排泄症群**（遺尿症　遺糞症など）

12　**睡眠─覚醒障害群**（レム睡眠行動障害　むずむず脚症候群など）

13　**性機能不全群**（早漏　勃起障害など）

14　**性別違和**

15　**秩序破壊的・衝動制御・素行症群**（窃盗症　放火症　反抗挑戦性障害　素行障害など）

16　**物質関連障害および嗜癖性障害群**（アルコール関連障害群　カフェイン関連障害群　精神刺激薬関連障害群　鎮痛薬、睡眠薬、または抗不安薬関連障害群　タバコ関連障害群など）

17　**神経認知障害群**（アルツハイマー病　レビー小体型認知症　前頭側頭型認知症　血管性認知症など）

18　**パーソナリティ障害群**（妄想性パーソナリティ障害　境界性パーソナリティ障害　回避性パーソナリティ障害など）

19　**パラフィリア障害群**（小児性愛障害　露出障害　窃視障害など）

20　**他の精神疾患群**

21　**医薬品誘発性運動症群および他の医薬品有害作用**

22　**臨床的関与の対象となることのある他の状態**

注：（　　）内は代表的疾患
出典：日本精神神経学会日本語版用語監修，髙橋三郎・大野裕監訳，染矢俊幸・神庭重信・尾崎紀夫・三村將・村井俊哉訳『DSM-5 精神疾患の診断・統計マニュアル』医学書院，2014. を参考に作成

行われるよう規定されている。原則として任意入院では本人の同意なしに行動制限を行うことはできない。また本人が退院を申し出れば退院することができる。ただし、精神保健福祉法で規定された**精神保健指定医**（以下、指定医）が診察し自殺などのおそれがあり、医療および保護のために入院が必要と判断した場合には72時間まで退院制限ができる。

❷医療保護入院

　医療保護入院は、本人の入院同意は得られないが、指定医の診察によ

第**6**章　疾病と障害およびその予防・治療・予後・リハビリテーション

表6-11　ICD-10による精神疾患の分類

F0 　症状性を含む器質性精神障害（アルツハイマー病型認知症　血管性認知症　せん妄　脳損傷、脳機能不全および身体疾患による他の精神障害など）
F1 　精神作用物質使用による精神および行動の障害（アルコール、大麻類、鎮静薬あるいは睡眠薬、コカイン、タバコ使用による精神および行動の障害など）
F2 　統合失調症、統合失調型障害および妄想性障害（統合失調症　統合失調感情障害　急性一過性精神病性障害など）
F3 　気分（感情）障害（双極性感情障害　うつ病エピソード　躁病エピソード　持続性気分（感情）障害など）
F4 　神経症性障害、ストレス関連障害および身体表現性障害（強迫性障害　パニック障害　適応障害など）
F5 　生理的障害および身体的要因に関連した行動症候群（摂食障害　産褥に関連した精神および行動の障害など）
F6 　成人のパーソナリティおよび行動の障害（情緒不安定性（境界型）パーソナリティ障害　演技性パーソナリティ障害　妄想性パーソナリティ障害など）
F7 　精神遅滞［知的障害］
F8 　心理的発達の障害（広汎性発達障害　学力の特異的発達障害など）
F9 　小児期および青年期に通常発症する行動および情緒の障害（多動性障害　行為障害　チック障害など）

注：（　　　）内は代表的疾患
出典：World Health Organization 編, 融道男・中根允文・小見山実・岡崎祐士・大久保善朗監訳『ICD-10 精神および行動の障害──臨床記述と診断ガイドライン 新訂版』医学書院，2005．を参考に作成

り医療および保護のため入院が必要と認められ、**家族等の同意者の入院同意**により行われる入院形態である。入院治療が必要であるが、本人は病識を欠如し入院の必要性について適切な判断をすることができない状態が該当する。なお、家族等とは、当該精神障害者の配偶者、親権を行う者、扶養義務者および後見人または保佐人が該当する。これらに該当する人がいない場合には当該患者の居住する市町村長が同意の判断を行う。

❸措置入院

　措置入院は、都道府県知事の指名する2人以上の指定医が診察し、精神障害者であり、かつ、医療および保護のために入院させなければその精神障害のために自身を傷つけまたは他人に害を及ぼすおそれ（自傷他害のおそれ）があると一致して診断した場合に、都道府県知事の命令により入院させる入院形態である。

2　発達障害をはじめとする主な精神疾患

1 発達障害

　発達障害は比較的新しい概念で、診断基準も変遷している。我が国で

は 2005（平成 17）年に施行された発達障害者支援法で「自閉症、アスペルガー症候群その他の広汎性発達障害、学習障害、注意欠陥多動性障害その他これに類する脳機能の障害であってその症状が通常低年齢において発現するもの」と規定されている。薬物療法は対症的に行われるのみで、療育や生活指導、社会支援等を通じて学習や就労を支援していく。

❶自閉症スペクトラム障害（広汎性発達障害）

ICD-10 の広汎性発達障害と DSM-5による**自閉症スペクトラム障害**★はほぼ同じ疾患概念である。自閉症スペクトラム障害は、社会性の障害、コミュニケーションの障害、想像性の障害の三つ組の障害とされている。**社会性の障害**とは、相手の気持ちやその場の状況を理解し、自分の言動が相手にどのような影響を与えるかを理解できず、そのため良好な対人関係を築くことが困難な障害である。**コミュニケーションの障害**とは、相手の表情や身振りなどから感情を読み取る非言語的コミュニケーションが苦手、相手の言葉を繰り返す（オウム返し）、一方的に話し続けるなどの障害である。**想像性の障害**の想像性とはさまざまな情報を処理し、現実的に対処する能力を指す。想像性の障害により、柔軟な対応や予定変更に対応することが困難である。また自分の考えや習慣に固執することや常同的な行動もこの想像性の障害から生じている。

自閉症スペクトラム障害と診断するには、自閉症症状の重症度だけではなく社会的な障害を引き起こしていることが必要である。すなわち社会的機能障害を認めない場合には、自閉症症状があっても自閉症スペクトラム障害と診断する必要はない。

❷学習障害

学習障害とは全般的な知的障害を伴わないにもかかわらず、読み、書き、算数の能力が患者年齢に期待されるよりも低く、学習や就労などに支障を引き起こしている状態と定義される。特性に配慮した学習支援や就労支援が必要である。

❸注意欠如・多動性障害（ADHD）

注意欠如・多動性障害（ADHD）は、**不注意型、多動・衝動型、混合型**に分類できる。不注意型は物事に集中すること、集中を維持することが困難で、人の話を聞くことができず、注意や指示も守れない、忘れ物が多い等の症状を呈し学習や就労などで支障を生じる。多動・衝動型は多動性と衝動抑制困難を認め、じっと座っていられない、常に身体を動かす、自分が話をしたいと思ったら相手が話し中でも割り込んで話しかける、順番が待てない等の症状を呈する。混合型は不注意型と多動・

★**自閉症スペクトラム障害**
スペクトラムとは、元来「あいまいな境界をもちながらの連続」との意味であり、自閉症スペクトラムとは自閉症症状が正常から重度まで連続しているとの概念である。

衝動型の両症状を呈する。症状は幼少期から出現するが、軽症の場合は
事例化するのは就労を契機とすることも少なくない。

2 統合失調症

統合失調症は主に10代後半から30代にかけて発症し、再発を繰り
返しながら人格水準が低下していく慢性疾患である。罹患率は診断基準
により変化するが1％前後と考えられている。厚生労働省の2017（平
成29）年の患者調査によると、通院患者は約63万9000人であるが、
入院患者は約15万4000人と報告され、精神科入院患者の過半数を占
めている。我が国は諸外国に比べると入院患者が多いことが特徴であ
る。近年は入院から地域へ生活の場を移行する**脱施設化**が進められてい
る。そのため受け皿施設や生活面の支援のニーズが高まっている。

古典的には**陽性症状**と**陰性症状**が知られていたが、近年は**認知機能障
害**が第三の症状として明らかになりつつある。陽性症状としては幻聴を
中心とする幻覚、被害妄想などの妄想が認められる。陰性症状としては
意欲や自発性の低下、ひきこもりがある。治療は薬物療法が中心となる
が、疾病教育や心理療法、社会機能訓練などの精神科リハビリテーショ
ン、訪問看護や就労訓練などの社会的支援の導入などを総合的に実施す
ることで患者の社会適応を改善させることができる。統合失調症は慢性
疾患であるため長期的な視点に立って支援を行うことが重要である。

3 気分（感情）障害

気分（感情）障害にはうつ病と双極性障害（躁うつ病）が含まれる。
うつ病の症状としては、抑うつ気分、喜びや興味の喪失、不眠や食欲低
下、思考力・集中力・判断力低下や日内変動（朝に調子が悪いことが多
い）などが認められ、重症化すると自分が悪いことをしてしまった（罪
業）、経済的に問題がある（貧困）、健康上に問題がある（心気）などの
妄想が出現することもある。また希死念慮が出現し自殺に至ることもあ
る。双極性障害はうつ病エピソードに加え、躁病エピソードが確認され
たときに診断される。躁病の症状としては、気分高揚、万能感、過活動、
乱費、睡眠欲求の減少などがある。

気分（感情）障害の患者は2017（平成29）年の患者調査によると、入
院患者数は約3万人、外来患者数は約124万6000人と報告され、年々増
加している。うつ病の生涯有病率は3〜7％で、男性より女性が多い。
薬物療法としてはうつ病に対しては抗うつ薬が、双極性障害には気分安

Active Learning

主に身体症状を訴え
て内科を受診した精
神疾患の人に精神科
受診をどう勧めれば
よいでしょうか。

★自殺
気分（感情）障害の自
殺に関して自殺率はう
つ病より双極性障害が
高いとされている。

定薬が中心に使用される。薬物治療だけでは社会復帰に限界があり、認知行動療法などの精神療法、就労支援としてのリワークプログラムなどが実施されている。

Active Learning
就労支援のリワークプログラムはどのようなプログラムで、どこで受けられるか調べてみましょう。

◢4 神経症性障害など

❶パニック障害

パニック発作は突然に激しい恐怖や不安が生じ、数分でピークに達する。動悸や息切れ、めまい、胸部不快感などの多彩な身体症状と死んでしまうのではないかとの恐怖も出現する。パニック発作を繰り返すものが**パニック障害**である。広場恐怖症[★]（agoraphobia）を合併することも多い。パニック障害患者は発作を繰り返すとうつ病を合併することが多い。

❷強迫性障害

強迫性障害は強迫観念と強迫行為からなる。強迫観念は自分でもばかばかしいと（不合理であると）理解している考えにとらわれることである。強迫行為は強迫観念による不安を打ち消すために繰り返し行ってしまう行為である。たとえば鍵を閉めたとわかっているが、「鍵を閉め忘れている」との考えにとらわれるのが強迫観念であり、そのため何度も鍵を確かめるのが強迫行為である。

❸摂食障害

摂食障害には、医学的にはやせているのに自分は太っていると感じ（ボディイメージの障害）、太ることに恐怖を感じる（肥満恐怖）**神経性無食欲症**が有名であり、若年女性に有病率が高い。ボディイメージの障害や肥満恐怖を有しないが、食べることに無関心、食べ物の感覚への嫌悪（たとえば食べ物を飲み込む感覚への嫌悪）、食べたあとの結果への不安（たとえば食べたあとに吐いてしまう）から食事摂取ができなくなる**回避・制限性食物摂取障害**も DSM-5から導入されている。

これらの疾患に対しても精神療法や抗うつ薬をはじめとする薬物療法が行われる。しかし薬物療法の効果は限定的である。特に摂食障害は薬物療法の効果は乏しい。

★広場恐怖症
ここでの広場とは発作が起きてもすぐに逃げ出せない場所を指す。たとえば飛行機や電車の中である。古代ギリシアでは広場で集会を行っていたが、このとき不安発作を起こす人がいたことが語源である。

◇**参考文献**
・日本精神神経学会日本語版用語監修，髙橋三郎・大野裕監訳，染矢俊幸・神庭重信・尾崎紀夫・三村將・村井俊哉訳『DSM-5 精神疾患の診断・統計マニュアル』医学書院，2014.
・World Health Organization 編，融道男・中根允文・小見山実・岡崎祐士・大久保善朗監訳『ICD-10 精神および行動の障害——臨床記述と診断ガイドライン 新訂版』医学書院，2005.
・精神保健福祉研究会監『四訂 精神保健福祉法詳解』中央法規出版，2016.

小児科疾患、肢体不自由、知的障害

学習のポイント

- 小児科疾患の特徴を理解する
- 先天性疾患の要因と主な疾患について学ぶ
- 障害（肢体不自由、知的障害）について学ぶ

1 小児科疾患

1 小児科疾患の特徴

　小児の疾患は、成人とはきわめて異なる。新生児から乳児、幼児、学童と、発達途上であるからこそ起こる障害や疾患がある。年齢によって好発する疾患も異なる。また、自身の言葉で病状を適切に表現することができないため、医療者は両親など周囲の大人の訴えを傾聴し、子ども自身にとっての最善は何かを見極めなければならない。そして、その時点の診療・ケアのみならず、子どもの発達を促すような総合的な支援をする必要がある。

2 先天性疾患における発達段階ごとの要因

　出生時までに何らかの症状、障害をもつ疾患を先天性疾患という。出生児のうち3〜5％が先天性疾患をもって生まれてくる。先天性疾患のうち、染色体の変化によって起こる染色体疾患（ダウン症候群など）が25％程度と考えられている。ほかに、単一遺伝子疾患、環境・感染症などの影響が推定されている。先天性疾患の症状・障害の多くは、生涯にわたって有することになり、療育★における家族の負担も大きいため、子ども自身と家族への継続的で丁寧な支援をすべきである。

❶遺伝要因

　疾患の原因には、環境要因と遺伝要因★がある。多くの疾患は、体質（遺伝要因に関係することが多い）と生活習慣（環境要因に関係することが多い）が複雑にからみあって発症すると考えられている。たとえば、同じだけ喫煙をしていても肺癌になる人とならない人がいるのは、遺伝要因の違いが関係している。小児は、成人に比べ環境よりも遺伝、すなわ

Active Learning

乳幼児健康診査はいつ、どのような内容で実施しているか調べてみましょう。

★療育
障害のある子どもの社会的自立を目標に、医療と教育を並行して進めること。

★環境要因と遺伝要因
環境要因とは、喫煙により肺癌になる、など環境が疾患の原因となる場合を指す。一方、生まれもった遺伝子や染色体の情報が疾患の原因となる場合を遺伝要因と呼ぶ。

図6-19 病気の遺伝要因と環境要因

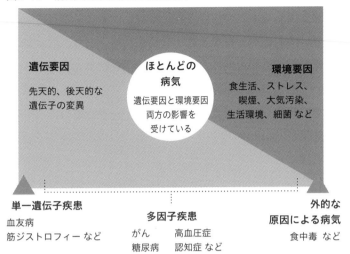

遺伝要因
先天的、後天的な
遺伝子の変異

ほとんどの病気
遺伝要因と環境要因
両方の影響を
受けている

環境要因
食生活、ストレス、
喫煙、大気汚染、
生活環境、細菌 など

単一遺伝子疾患
血友病
筋ジストロフィー など

多因子疾患
がん
糖尿病
高血圧症
認知症 など

外的な原因による病気
食中毒 など

出典：竹下啓ほか「遺伝子と病気の関係」『けんこうさろん』第215号，p.3，2018.
　　　を一部改変

ち遺伝子や染色体の影響が強い疾患に罹患しやすい。

❷胎児要因

　染色体や遺伝子に疾患の原因になるような変化がなくても、妊娠中に外からの影響を受け障害を呈することがある。特に妊娠初期は、感染症や内服薬の影響を受けやすい。たとえば、妊娠中の女性が風疹に罹患すると、子どもに白内障、難聴、心疾患などの症候がみられることがある。

❸周産期要因

　分娩・出産の際に低酸素などが原因で障害が起こることがある。脳性麻痺、発達障害、てんかん、知的障害などを呈する。

2 肢体不自由

1 肢体不自由とは

　肢体不自由とは、身体の動きに関する器官が、病気やけがで損なわれ、歩行や筆記などの日常生活動作（ADL）が困難な状態をいう。肢体不自由の原因として、先天性疾患のほか、事故による四肢の損傷、脳や脊髄などの損傷、関節などの変形によるもの等がある。肢体不自由について述べた主な法律は、身体障害者福祉法と学校教育法の二つである。

2 肢体不自由者への対応

　肢体不自由のある多くの子どもの場合、病院から保健所に連絡がい

★身体障害者福祉法
身体障害者福祉法に定める身体上の障害にはいくつかの種類があるが、肢体不自由はこのうちの一つである。身体障害者手帳を交付されている人の約半数を占め、障害の分類のうちで最も対象者が多い。

★学校教育法
学校教育法では、「特別支援学校は、視覚障害者、聴覚障害者、知的障害者、肢体不自由者又は病弱者（身体虚弱者を含む。）に対して、幼稚園、小学校、中学校又は高等学校に準ずる教育を施すとともに、障害による学習上又は生活上の困難を克服し自立を図るために必要な知識技能を授けることを目的とする」と記載されている。

き、保健師による支援が開始されることが多い。また、医師や保健師から児童発達支援施設などが紹介され、療育とともに子どもの障害に戸惑いを感じている両親への育児相談が開始される。また、就学前の段階から義務教育段階への移行期においては、適切な就学先が選択されるよう支援していく必要がある。近年では、肢体不自由を早期に発見し、なるべく早くその発達に応じた支援を行うことが、その後の自立や社会参加に大きな効果があると考えられている。また、早期発見は子どもを支える家族の支援にもつながり、重要である。

　18歳以上で肢体不自由のある人は、**身体障害者手帳**を取得できる可能性がある。手帳をもつとさまざまなサービスを受けることができ、利用することで生活が向上し、社会に参加しやすくなる。上肢、下肢、体幹の機能の程度によって等級が定められている。等級が高いほど（1級が最も障害の程度が重い）受けられるサービスは多くなる。身体障害者手帳の取得を希望する場合、身体障害者福祉法にて障害の種別ごとに指定された医師に診断書および意見書を記載してもらう必要がある。すなわち、どの医師でも記載できるわけではないことに注意すべきである。記載された診断書および意見書を都道府県知事または指定都市市長、中核市市長に対して申請する。手帳の取得は任意だが、これらの情報を有していない障害者も多いため、医療者は適切な時期に身体障害者手帳の取得について情報提供することが望ましい。

知的障害

■1 知的障害とは

　知的障害は精神遅滞とも表される、知的発達の障害である。「1. 全般的な知的機能が同年代の子どもと比べて明らかに遅滞し」「2. 適応機能の明らかな制限が」「3. 18歳未満に生じる」と定義される[1]。有病率は約1％前後とされ、男女比はおよそ1.5：1である。知的機能は知能検査によって測定され、知能指数（IQ）70以下を低下と判断する。IQ値によって、軽度・中等度・重度と分類されることもある。重い運動障害を伴った者を重症心身障害児・者と表する。

■2 知的障害の原因

　染色体異常、神経皮膚症候群、先天性代謝異常症、胎児期の感染症、

中枢神経感染症、脳奇形、てんかんなどが挙げられる。原因はきわめて多種多様である。

3 知的障害の診断

症状が重ければ年齢の若いうちに気づかれるが、軽いと診断が遅くなる。幼児期には言葉の遅れ、たとえば言葉数が少ない、理解している言葉が少ないといったことで疑われることが多い。ただし、言葉の遅れの原因としては難聴の可能性もある。聴力検査を含め、どの検査をどこまで行うかは子どもの症状に基づいて決定される。言葉以外に、粗大な運動能力、巧緻運動能力（手先の操作性）、社会性、合併症の有無なども診断に際して重要な情報となる。

4 知的障害者への対応

知的障害そのものを改善させることは難しい場合が多い。しかし早期に発見され適切な療育が施された場合、長期予後が改善し、適応機能などが向上する可能性が十分ある。知的障害に関する教育を一般社会にて広く行い、当事者に対しては適切な時期に適切な福祉・教育的支援（特別支援教育）を提供することが、子どもの成育に役立つと考えられる。

知的障害児・者に対して、都道府県が療育手帳を交付している。療育手帳を取得することにより、さまざまなサービスや支援を受けることができる。たとえば、税制上の優遇、交通面での優遇、就労に向けての支援を受けられるほか、障害によって障害年金を受け取ることもできる。地域によって「愛の手帳」（東京都など）、「みどりの手帳」（さいたま市など）というように、療育手帳の名称が異なる。

4 ▷ 主な疾患

1 ダウン症候群

1866年、ダウン（Down, J. L.）により臨床症状が記述されたことからダウン症候群と表される。染色体は通常1対2本であるが、ダウン症候群では21番染色体全長あるいは一部が3本になる。このことから、21トリソミー（症候群）とも呼ばれる。最も頻度が高い染色体異常の一つで、出生率は600～800人に1人程度である。特徴的な顔貌、筋緊張低下、発育の遅れなどを呈する。近年、医療やケアの発達により、

ダウン症候群の平均寿命が60歳を超えるようになっている。一方、ダウン症候群を含めた一部疾患を対象としたNIPT（母体血を用いた新しい出生前遺伝学的検査）などの出生前診断（胎児の検査）が昨今広まりをみせており、倫理的な議論がなされている。

2 先天性心疾患

　先天性心疾患は生まれつき心臓に問題の生じた疾患の総称であり、新生児の約1％にみられる。医療が発達し、多くの先天性心疾患患者が成人となることが可能となっている。日本では、約90％が成人する。原因は多岐にわたるが、母体内で胎児の心臓ができあがる過程で何らかの異常が関与していると考えられている。乳幼児であれば、苦しそうに息をする、ミルクを飲む量が少ない、体重が増えない、顔色が悪いなどで疑われる。診察に加えて、心臓超音波検査や画像検査を用いて診断する。治療は疾患によって異なるが、手術が必要になる場合もある。

3 軟骨無形成症

　四肢の短縮と低身長を伴う疾患である。知能と寿命は通常正常である。大部分の患者では、上記のほか、下顎突出（かがくとっしゅつ）、鞍鼻（あんび）、腰椎前彎（ようついぜんわん）などの特徴的な身体所見やX線所見により診断が可能である。典型的な臨床所見でない場合は、本疾患のほとんどの患者において原因となっているFGFR3遺伝子の変異を検出するために遺伝子検査を行うことがある。成人男性の平均身長は130cm前後、成人女性は124cm前後である。

4 先天性代謝異常症

　生まれつき特定の酵素が欠損するなどして、代謝機能が障害され、必要な物質が体内で不足したり、不必要な物質が過剰に蓄積することでさまざまな症状を引き起こす疾患である。それぞれの酵素や代謝経路をつかさどる遺伝子の変異によって起こり、疾患の数としては数百種類が確認されている。症状は疾患によってさまざまだが、退行（できていたことができなくなる）することが多い。一部の疾患は早期に発見することで治療や発症予防が可能なものもあり、新生児マス・スクリーニングの対象となっている。不必要な物質が蓄積しないように、これらの物質を減らした食事をする（食事療法）などの旧来からの治療に加え、近年では一部の疾患にて欠損している酵素を補充する治療法（酵素補充療法）などが開発され、症状の進行を著しく遅らせることに成功している。

5 血友病

　血液中には、出血した際に止血できるように、複数の凝固因子が含まれている。そのうち、遺伝子の変異により第Ⅷ因子、第Ⅸ因子が先天的に不足する疾患を血友病という。凝固因子が欠乏すると、出血した際血が止まりにくくなる。特に関節や筋肉などで出血が起こることが多い。重症例では、乳幼児期より身体のあらゆるところで出血がみられるが、軽症の場合には成人してから初めて明らかな症状が出ることもある。X染色体上に原因遺伝子があるため、X連鎖性遺伝をする。すなわち、男性に発症し、女性は保因者となる。まれに女性も症状を呈することがある。男児出生5000〜1万人に1人が血友病患者である。欠損している血液凝固因子を体内に注入する因子補充療法が行われ、現在では治療により健常者とほぼ同じ生活が可能となっている。

6 進行性筋ジストロフィー

　筋ジストロフィーとは先天的な要因により進行性に筋肉の壊死が生じ、その結果、筋力低下、筋萎縮を呈する疾患の総称である。先天的な要因とは、遺伝子変異である。筋肉をつかさどる遺伝子は数多くあり、それぞれの原因遺伝子により発症年齢や進行の度合い、筋萎縮しやすい部位、合併症の有無、遺伝形式などが異なる。小児で代表的な病型はデュシェンヌ型筋ジストロフィーである。X連鎖性遺伝形式をとり、出生男児3300人に1人がデュシェンヌ型筋ジストロフィーを発症する。発症年齢は5歳以下で、幼少期より転倒しやすい、歩きづらいといった症状が出現し、10歳前後で車いす生活となる。種々の薬物療法、呼吸管理などで、生命予後は改善している。現在遺伝子治療の研究が進んでおり、実用化も近いとみられている。成人発症の筋ジストロフィーで最も多いのは筋強直性ジストロフィーであり、50％の割合で子どもに遺伝子変異を受け継ぐ。重症度はさまざまであり、人口10万人当たり7人程度とされている。

◇引用文献
　1）厚生労働省「e-ヘルスネット」
　　https://www.e-healthnet.mhlw.go.jp/information/heart/k-04-004.html
◇参考文献
　・難病情報センター　https://www.nanbyou.or.jp
　・厚生労働省「e-ヘルスネット」
　　https://www.e-healthnet.mhlw.go.jp/information/heart/k-04-004.html

第6章　疾病と障害およびその予防・治療・予後・リハビリテーション

第17節 高齢者に多い疾患

学習のポイント

● 加齢による生理的な身体機能変化を学ぶ

● 高齢者に多く出現する病態・疾病の特徴について理解する

● 高齢者の健康維持・増進に必要な対策を理解する

1 高齢者に関する基礎知識

■ 高齢者の特徴と生理変化

❶老化の定義

老化とは、成熟期以降の加齢に伴う生理機能の減退とともに体の恒常性維持機能が崩壊する過程をいい、疾病などに罹患することなく自然な加齢に伴い生理機能が低下する「生理的老化」と、疾患や環境因子が加わることで生理的老化が加速される「病的老化」に分けられる。

❷老化による生理機能の変化

① 体成分の変化

若年者に比して脂肪が増量し、除脂肪量*は減少する。また体内水分量が減少（細胞内液の減少）するため脱水になりやすい。

② 臓器の変化

臓器の実質細胞数は減少するため臓器は萎縮し生理機能は低下していく。この変化は臓器により差異があり、また個人差も大きい。最大換気量と腎血流量は顕著な機能低下が認められ、神経伝導速度、基礎代謝率などは維持される。臓器の生理機能低下は日常生活で負荷がかかったときに気づかれることが多い。

③ 睡眠の変化

睡眠図（ヒプノグラム）*にて、全睡眠時間の短縮、深睡眠の減少、レム睡眠*が減少する。よって、入眠までに時間がかかり、中途で目覚めやすく、熟睡が減少して昼間眠くなる。

★除脂肪量
体重から脂肪を除いた、主として筋肉と骨量などの重量。この減少は、免疫機能を低下させ疾病発生のリスクとなるだけでなく、日常活動の自立を低下させる。

★睡眠図（ヒプノグラム）
睡眠中の脳の活動状態を、睡眠段階（覚醒、レム、ノンレム）に分けて測定した図。

★レム睡眠（rapid eye movement sleep）
瞼の下で眼球がきょろきょろと動く急速眼球運動を伴うため、この名がつけられた。脳波ではS1の浅い睡眠段階にあり、筋肉の緊張は完全に消失し、自律神経系は不安定（心拍数の変動が大きい）で、夢をみていることが多い。脳は活動しているが、身体は休息している状態。

2 ▶ 高齢者に特有な状態、症状や疾患

高齢者に多い疾患の多くは、老化を背景にして発生しており、その特徴を示す（**表6-12**）。

1 老年症候群（geriatric syndrome）

老年症候群とは、高齢者に多発し、原因はさまざまだが医療のみならず介護や看護が必要となる症状や徴候（症候）をいう。その種類は50以上あり（**図6-20**）、症候数は加齢に伴い指数関数的に増加する。疾患の出現の仕方により、急性疾患に付随して起こる症候群、慢性疾患に付

> **Active Learning**
>
> 一人で多臓器にわたる疾患をもつ人のケアでは、どんな配慮が必要か考えてみましょう。

表6-12　高齢者に多い疾患の症状・特徴

1．一人で多臓器にわたる疾患をもつ
2．症状が非定型的である
3．慢性化しやすい
4．機能障害につながりやすい
5．合併症を併発しやすい
6．水・電解質の異常をきたしやすい
7．精神・神経症状（意識障害）が起こりやすい
8．薬剤の副作用が出やすい
9．病状や予後が、環境や社会的要因により支配されやすい

出典：井口昭久編『これからの老年学──サイエンスから介護まで』名古屋大学出版会，p.51，2000.
　　を一部改変

図6-20　老年症候群の種類

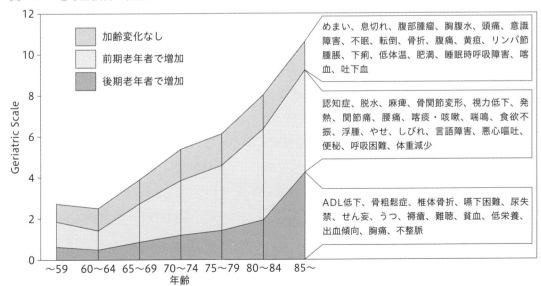

出典：鳥羽研二「シンポジウム介護保険と高齢者医療──施設介護の問題点」『日本老年医学会雑誌』第34巻第12号，pp.981-986，
　　1997.　を一部改変

随する症候群、日常生活動作（ADL）の低下とともに出現する症候群の3種に分類される。これらのなかで最も頻度が高く介護が重要となるのが後期高齢者に急増するADL低下を主とする症候群である。以下、代表的な嚥下障害（誤嚥）、褥瘡、浮腫、脱水、不眠について解説する。

❶嚥下障害

飲食物や唾液などを飲み込む動作がうまくできない状態を嚥下障害といい、むせたり、つかえたりして、咳や呼吸困難、チアノーゼなどの症状が出る。嚥下は、口腔期、咽頭期、食道期のステージがあり、神経機構と筋活動の協調により誤嚥が防止されているが、加齢に伴ってこれらの機能が低下する。発生要因には、加齢、脳血管障害や認知症などの神経疾患、寝たきり状態、薬剤、口腔内乾燥や歯の咬み合わせ障害などがある。高齢者では、嚥下機能低下に咳反射の低下（咽頭期）が重なり、不顕性誤嚥が繰り返されていることが多く、誤嚥性肺炎を発生しやすい。嚥下機能の評価には、水飲みテストや嚥下造影検査（videofluoroscopic examination of swallowing：VF）などが有用である。むせを繰り返す高齢者では、食物形態の工夫（ゼリー食・ゼラチン食・粥状食・刻み食などの嚥下食）や経口補水液、補助食品などを利用して低栄養を防止する。また経口摂取が困難な場合には、点滴や経管栄養にて栄養補給をする。さらに摂食訓練、摂食体位の調整なども重要である。誤嚥の予防に口腔ケアを行うことは、誤嚥性肺炎の予防にもつながる。

❷褥瘡

褥瘡は、寝たきりなどで体圧が持続して同一の皮膚に加わることで、皮下に血流障害が発生し、組織が虚血性壊死を起こした状態をいう。発生要因には、外因子として局所圧迫、ずり応力、摩擦、皮膚の湿潤状態が、内因子として低栄養、活動低下、失禁状態などがある。好発部位は、仰臥位では後頭部、肩甲骨、仙骨部、踵骨部、側臥位では、大転子部、外踝部、座位では坐骨結節部である。褥瘡はその程度により4段階のステージ（Shea分類）がある。悪化防止には褥瘡予防を徹底する。治療はステージに応じた薬物療法（感染対策）や外科療法（壊死組織除去）を行う。褥瘡が骨にまで及び骨髄炎や多発性関節炎を合併すると予後は悪い。

❸浮腫

浮腫は、皮下組織に余分な水分が貯留する状態をいい、手足や顔が腫れぼったいなどの症状が出る。原因には病気によるもの（心不全、静脈

不全、甲状腺機能低下症、腎臓病など）とそれ以外（塩分や水分の過剰摂取、低栄養、過労やストレス、長時間同じ姿勢の維持、薬剤性）に分けられる。高齢者で急激な浮腫の進行と同時に息切れや呼吸困難などがみられたら医師と相談する。

❹脱水

高齢者は細胞内水分が減少しているため**脱水**になりやすい。よって水分摂取量と水分喪失量（下痢や嘔吐のとき）のバランスに注意が必要である。風邪や感染症に罹患した際に水分摂取量が低下しやすく、また嚥下機能障害があり食事量が不十分でも起きやすい。症状は、口唇や皮膚の乾燥、口喝感、だるさ、立ちくらみ、意識障害（何となく元気がない）などである。脱水が確認されたときは、水分摂取や補液を行う。

❺不眠

高齢者は、入眠までに時間がかかり（**入眠障害**）、眠りが浅く睡眠途中で目が覚める（**中途覚醒**）、起床時間が早い（**早朝覚醒**）、熟睡感がない、などの**睡眠障害**が起こりやすい。原因には、服用中の薬剤、運動不足や長時間の昼寝、カフェインやアルコールの多量摂取、社会的活動の減少等の多くの要因がある。まず規則的な生活リズムに調整することが重要だが、重度の場合には睡眠導入剤も適宜使用する。

▌2 廃用症候群

廃用症候群とは、過度の安静状態（活動低下）や長期臥床が続くことで、生来の生理機能が低下して生じる一連の症候である。全身のさまざまな臓器に発生し、症候は相互影響しあい併発しやすい。診断に決まった検査はなく、ふだんできていた動作ができなくなれば**廃用性筋萎縮**、動かせていた関節の範囲が狭まったときには**関節萎縮**などが考えられる。高齢者が廃用症候群になると元に戻すことが困難になるため予防が重要で、できるだけ寝た状態を少なくする、ベッド上でも運動する、人とコミュニケーションの機会をつくるなどが必要である。

▌3 フレイルとフレイルサイクル

フレイルは英語「frailty」の弱さ・虚弱という意味からきており、特定の原因疾患はないが、加齢的要因が重なり多くの身体的予備能が低下し種々の健康障害を起こしやすい状態をいう。健康と疾病の中間的な段階にあり、放置すると容易に介護状態に至るが、**フレイルサイクル**（**図6-21**）のなかでの悪化要因を早期に見つけて介入することで後期

★廃用症候群
心臓では起立性低血圧、肺では沈下性肺炎や無気肺、泌尿器では尿失禁、皮膚では褥瘡、筋・骨では萎縮、関節では拘縮などが認められる。

図6-21　フレイルサイクル

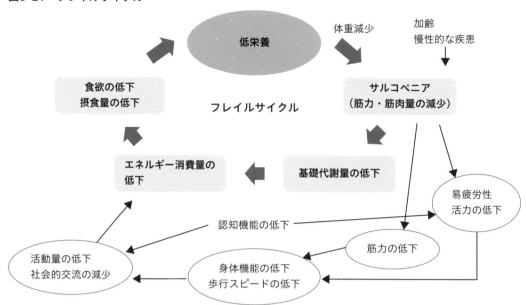

資料：Xue, Q.L., Bandeen-Roche, K., Varadhan, R., et al., 'Initial manifestations of frailty criteria and the development of frailty phenotype in the Women's Health and Aging Study II', *The journals of gerontology. Series A, Biological sciences and medical sciences*, 63（9）, pp.984-990, 2008. を一部改変
出典：長寿科学振興財団ホームページ「健康長寿ネット：フレイルの原因」　https://www.tyojyu.or.jp/net/byouki/frailty/genin.html

高齢者の健康寿命を延伸できる。フレイルの統一された評価基準はなく、フレイド（Fried, L. P.）らの基準が広く使用されている。評価基準は、体重減少、主観的疲労感、日常生活活動量の低下、身体能力（歩行速度）の脆弱、筋力（握力）低下の5項目のうち3項目以上該当するとフレイル、1～2項目該当でプレ・フレイルと定義している。

　フレイル進行の起動因子（**図6-21**）として**低栄養**と**サルコペニア**があり、これらへの対策がフレイル予防に有効とされる。フレイルサイクルでは、まず、加齢に伴う変化や慢性的な疾患によってサルコペニアとなり、筋力・筋肉量の減少で基礎代謝量が低下する。すると1日のエネルギー消費量が減って、食欲が低下し、食事の摂取量が減少し低栄養となる。また、サルコペニアになると、易疲労や活力低下が引き起こされ、身体機能が低下することで社会的活動が阻害され、日常生活に支障をきたす。そして介護が必要な状態に至るとエネルギー消費量はさらに低下し、食事量が低下して低栄養となる。このような悪循環のどこかを断ち切ることが健康寿命の延伸となる。

■4　サルコペニア（加齢性筋肉減弱症）

　サルコペニアは、筋量と筋力の進行性かつ全身性の低下を特徴とする

症候群で、原因として加齢、がんや糖尿病などの慢性疾患、低栄養、不活動な生活習慣などの因子で発生し、放置すれば転倒・骨折リスクを増大させ移動機能障害を経て要介護に至る。サルコペニアの診断は筋肉量の低下を必須条件とし、筋力あるいは身体能力の低下のいずれかが該当したときとされる。

★サルコペニアの診断
AWGS（Asian Working Group for Sarcopenia）が、6ｍ歩行テスト、筋肉量測定、握力測定の判定基準をアジア人に合わせて作成した。

5 高齢者の栄養問題：低栄養（PEM：protein energy malnutrition）

栄養は、健康維持と生命維持には欠かせない。高齢者には2種の栄養問題があるため、栄養摂取は年齢別の課題に応じたギアチェンジが必要とされる。自立高齢者に多い肥満、メタボリックシンドロームなどの生活習慣病の問題と、要介護高齢者や後期高齢者にみられる低栄養の問題である。低栄養とは、健康維持のための必要な栄養素の不足をいうが、そのなかでもたんぱく質とエネルギーが十分とれていない状態をPEM（たんぱく質・エネルギー欠乏症）という。高齢になると食事量が減少したり、好みが偏りがちなためPEMのリスクが高まる。

まず、過栄養による生活習慣病の問題は、摂取エネルギーの適正化、特に脂肪摂取エネルギー比率の抑制および運動療法により適切な体重に戻し維持することが重要となる。一方、低栄養は、臓器機能低下や日常生活動作の低下のみならず免疫機能低下を通して生命予後を著しく悪化させる。よって、血清アルブミン値や、体重減少率などの栄養状態判定指標を利用して、低栄養状態にある高齢者を早期に発見し適正な栄養介入することが重要である。誤嚥などの経口摂取に問題がある高齢者では、食物形態（ゼリー食・刻み食などの嚥下食）の工夫、経口摂取危険例や不能例では、栄養補助食品や経管栄養法などを検討する。

★低栄養
平成30年「国民健康・栄養調査」の結果では、65歳以上の高齢者の低栄養の割合は15.8％で、およそ高齢者6人に1人が低栄養状態にある。

3 高齢者に対する適切な医療提供の指針

総務省の報告では、2020（令和2）年9月15日現在推計の高齢者数は総人口の28.7％の3617万人、75歳以上の後期高齢者数は14.9％の1871万人となり、総人口のおよそ7人に1人に上り、さらに2025（令和7）年には2000万人を超えるとされ、超高齢社会を支える制度づくりや高齢者医療への需要が高まっている。

高齢者は、加齢に伴う生理的な変化を背景として疾患の現れ方や治療

第6章 疾病と障害およびその予防・治療・予後・リハビリテーション

に対する反応、治療の到達点も若年者とは異なるなど、高齢者特有の特徴（**表6-12**（p.203））がある。そこで、日本老年医学会等は2013（平成25）年に、医療従事者が高齢患者に対して医療提供を行う際に考慮すべき事柄を整理し、基本的な要件を示した「**高齢者に対する適切な医療提供の指針**」（**表6-13**）を提示している。

表6-13　高齢者に対する適切な医療提供の指針

1　高齢者の多病と多様性 ・高齢者の病態と生活機能、生活環境をすべて把握する
2　QOL 維持・向上を目指したケア ・生活機能の保持、症状緩和などにより QOL の維持・向上を目指す
3　生活の場に則した医療提供 ・患者の QOL 維持に生活の場の問題は重要であり、適切な医療提供の場を選択する ・医療提供の場を変更する際に生じる問題を理解し、予防に努める
4　高齢者に対する薬物療法の基本的な考え方 ・有害事象や服薬管理、優先順位に配慮した薬物療法を理解し、実践する
5　患者の意思決定を支援 ・意思決定支援の重要性を理解し、医療提供の方針に関して合意形成に努める
6　家族などの介護者もケアの対象に ・家族をはじめとした介護者の負担を理解し、早期に適切な介入を行う
7　患者本人の視点に立ったチーム医療 ・患者もチームの一員であることを理解し、患者本人の視点に立った多職種協働によるチーム医療を行う

出典：日本老年医学会ほか「高齢者に対する適切な医療提供の指針」2013.　を参考に作成
　　　https://jpn-geriat-soc.or.jp/proposal/pdf/geriatric_care_GL.pdf

◇**参考文献**
・長寿科学振興財団ホームページ「健康長寿ネット」　https://www.tyojyu.or.jp/net/index.html
・井口昭久編『これからの老年学――サイエンスから介護まで』名古屋大学出版会，2000.
・日本老年医学会ほか「高齢者に対する適切な医療提供の指針」2013.
　https://jpn-gerial-soc.or.jp/proposal/pdf/geriatric_care_GL.pdf
・厚生労働省「平成30年国民健康・栄養調査」2020.

生活習慣病（総論）、内部障害

学習のポイント

● 生活習慣病の病態と予防の概要を学ぶ

● 内部障害の概要を学ぶ

1 生活習慣病の概要

1 生活習慣病とは

　生活習慣病は、食事や身体活動、喫煙、飲酒などの現代の日本人の生活習慣が発症に深く関与する病態や疾患の総称である。不適切な生活習慣が肥満、血圧上昇、高血糖、脂質異常などを引き起こし、それらを基盤として心筋梗塞（しんきんこうそく）などの虚血性心疾患、脳梗塞や脳出血（きょけつせいしんしっかん）などの脳血管疾患、がんに代表される悪性新生物などの危険性が高まるとされる。近年では喫煙との関係が深い慢性閉塞性肺疾患（COPD）、低身体活動と低栄養が関与する骨粗鬆症（こつそしょうしょう）なども含まれる。

　それらの疾患により心身の障害による QOL（quality of life：生活の質）の低下、要支援状態、認知症、あるいは死亡に至る危険性が増大する。

2 メタボリックシンドローム（代謝症候群）

　生活習慣と疾患発症をむすぶ代表的な病態として、メタボリックシンドロームが提唱されている。**図 6-22** に示すように、過剰なエネルギー摂取を伴う食行動や低い身体活動などの不健康な生活習慣により肥満とともに腹腔内脂肪（内臓脂肪）が過剰に蓄積され、それに引き続いて血圧上昇・高血圧、耐糖能異常・糖尿病、脂質代謝異常*・脂質異常症などが引き起こされる。それらの病態の組み合わせで判定される（**表 6-14**）。メタボリックシンドロームは日本人の主死因である、がん、脳血管疾患や虚血性心疾患などの発症の危険性を増大させる。

3 生活習慣病の予防と対策

　主な生活習慣病は、食事、身体活動、喫煙などの原因となる生活習慣

★脂質代謝異常
脂質の血中濃度の異常。特定健康診査では動脈硬化の促進と関連から、LDL コレステロールとトリグリセリド（中性脂肪）の上昇、HDL コレステロールの低下がある。

図6-22　生活習慣、メタボリックシンドロームと生活習慣病（循環器疾患）の関連

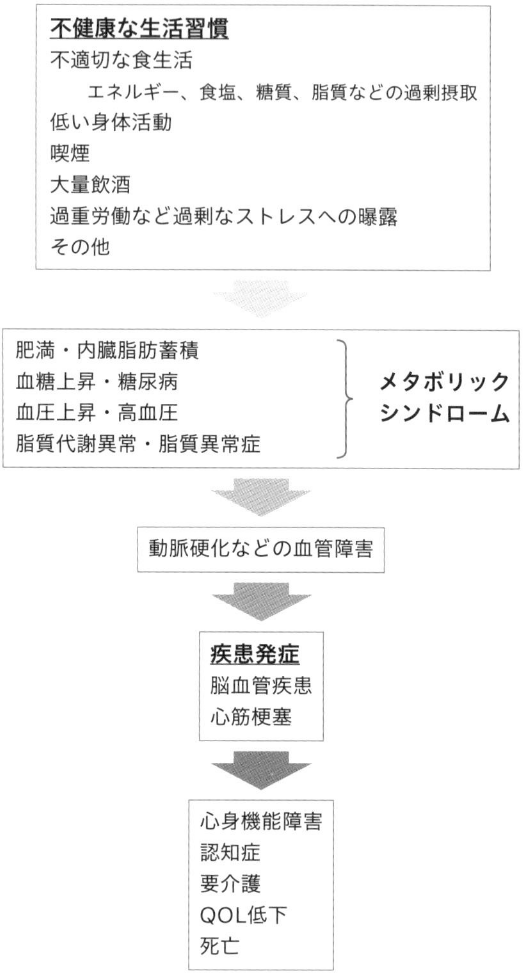

> **不健康な生活習慣**
> 不適切な食生活
> 　　　エネルギー、食塩、糖質、脂質などの過剰摂取
> 低い身体活動
> 喫煙
> 大量飲酒
> 過重労働など過剰なストレスへの曝露
> その他

> 肥満・内臓脂肪蓄積
> 血糖上昇・糖尿病
> 血圧上昇・高血圧
> 脂質代謝異常・脂質異常症　　　　　}　**メタボリック
> シンドローム**

> 動脈硬化などの血管障害

> **疾患発症**
> 脳血管疾患
> 心筋梗塞

> 心身機能障害
> 認知症
> 要介護
> QOL低下
> 死亡

表6-14　メタボリックシンドロームの診断基準の概略

日本内科学会などの8内科系学会が合同して2005（平成17）年に策定

必須項目（内臓脂肪蓄積） 　　ウエスト周囲径　男性≧85cm、女性≧90cm 　　内臓脂肪面積　男女とも≧100cm²に相当 　　　　*CT スキャンなどで測定
選択項目 　以下の3項目のうち2項目以上 　　　1. 高トリグリセリド血症≧150mg/dL かつ／または低 HDL コレステロール血症＜40mg/dL 　　　2. 収縮期（最大）血圧≧130mmHg かつ／または拡張期（最小）血圧≧85mmHg 　　　3. 空腹時高血糖≧110mg/dL 　　*高トリグリセリド血症・低 HDL コレステロール血症・高血圧・糖尿病に対する薬剤治療を受けている場合は、それ 　　　ぞれの項目に含める。
特定健康診査・特定保健指導階層化基準では以下を用いる 　　内臓脂肪面積の代わりに BMI ≧25kg/m²を用いる 　　高血糖の基準は空腹時血糖100mg/dL 以上または HbA1c 5.6％以上 　　喫煙歴あり

が共通である。そのため、それらの生活習慣の改善により予防が期待できる。その方法として**ハイリスクアプローチ***と**ポピュレーションアプローチ***、我が国独自の施策である**特定健康診査・特定保健指導**などがある。特定健康診査・特定保健指導は第7章第2節（p.228）参照。

2 内部障害

　内部障害という用語の起源は、世界保健機関（WHO）により1980年に提唱された国際障害分類試案の機能障害の一つとして、内臓障害（visceral impairments）の名称で取り上げられた、心臓、呼吸、腎尿路、消化など内部臓器の機能障害の総称である。

　我が国の身体障害者福祉法などでは、「心臓、じん臓若しくは呼吸器又はぼうこう若しくは直腸、小腸、ヒト免疫不全ウイルスによる免疫若しくは肝臓の機能の障害で、永続し、かつ、日常生活が著しい制限を受ける程度であると認められるもの」とされる。身体障害者障害程度等級表に示された障害の程度により支援が異なる（**表6-15**）。

　内部障害患者推計数は、厚生労働省の「平成28年生活のしづらさなどに関する調査」では124万1000人で、増加傾向にある

★ハイリスクアプローチ
不適切な生活習慣や肥満、高血圧、耐糖能異常および脂質代謝異常を有するなど、疾患発症の危険が高い個人を対象として、食生活や身体活動の変容を目的とした個別指導や適切な薬物治療を行う。

★ポピュレーションアプローチ
健康人を含めた一般住民集団を対象に、自治体の広報活動やマスコミなどを通じての情報提供、ウォーキングイベントなどの健康増進行事などにより生活習慣の改善を促す。

第6章　疾病と障害およびその予防・治療・予後・リハビリテーション

Active Learning
特定健康診査における血中LDLコレステロール値の取り扱いを調べましょう。

表6-15　身体障害者障害程度等級表における内部障害

	1級	2級	3級	4級
心臓機能障害	障害により自己の身辺の日常生活活動が極度に制限されるもの		障害により家庭内での日常生活活動が著しく制限されるもの	
じん臓機能障害				
呼吸器機能障害				
ぼうこう又は直腸の機能障害				
小腸機能障害				
ヒト免疫不全ウイルスによる免疫機能障害	障害により日常生活がほとんど不可能なもの	障害により日常生活が極度に制限されるもの	障害により日常生活が著しく制限されるもの（社会での日常生活活動が著しく制限されるものを除く）	障害により社会での日常生活活動が著しく制限されるもの
肝臓機能障害		障害により日常生活活動が極度に制限されるもの	障害により日常生活活動が著しく制限されるもの（社会での日常生活活動が著しく制限されるものを除く）	

資料：身体障害者福祉法施行規則別表第5号 身体障害者障害程度等級表より抜粋

（**図6-23**）。その内訳は心臓機能障害73万人、腎臓機能障害25万3000人、呼吸器機能障害8万3000人、膀胱・直腸機能障害14万9000人、小腸機能障害2000人、ヒト免疫不全ウイルスによる免疫機能障害7000人、肝臓機能障害1万5000人であった。

図6-23　内部障害を含む身体障害者手帳所持者数の推移（推計値）

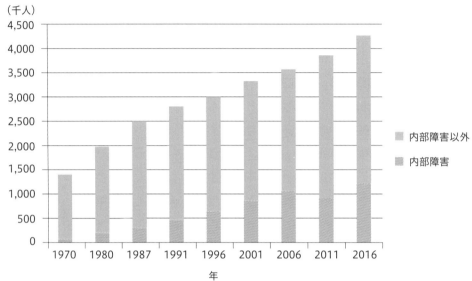

資料：厚生労働省「平成28年生活のしづらさなどに関する調査（全国在宅障害児・者等実態調査）」2018.

悪性腫瘍と緩和ケア

- 悪性腫瘍とその治療の概略について理解する
- 緩和ケアの対象者とその概要について学ぶ

1 悪性腫瘍（総論）

悪性腫瘍（がん）

❶悪性腫瘍（がん）とは

がんは悪性細胞からなる腫瘍で、自律性増殖、浸潤、転移という三つの性質をもつ。

細胞の設計図ともいわれる遺伝子に異常が蓄積し、がんが発生すると考えられている。

❷がんの疫学

① がん死亡者数

がんは1984（昭和59）年以降、死因の第1位を占めている。我が国のがん死亡者数は2018（平成30）年には37万人を超えた。高齢化に伴い増加の一途をたどっており、今後もこの傾向は続くと考えられている。

② 部位別がん死亡者数

2018（平成30）年の部位別がん死亡者数は、男性は胃癌が減少し、第1位が肺癌、第2位が胃癌、第3位が大腸癌となり、女性は大腸癌が増加し、第1位が大腸癌、第2位が肺癌、第3位が膵臓癌であった。

❸がんの診断

がんの初期は無症状のことが多い。良性か悪性かという「質的診断」と、がんの進み具合という「病期診断」の二方面から検討される。

まず、腫瘍がどのような細胞から構成されているか、病理検査を経て悪性腫瘍（がん）と診断される。さらにどの臓器（原発巣）に発生した腫瘍がどれくらいの大きさになり、どこまで広がっているかを踏まえて、進行度（臨床病期）が決定される。

★自律性増殖
無限に増え続けること。

★浸潤
周囲組織に広がること。

★転移
リンパ液や血液などを介して発生した場所（原発巣）から離れた部位・臓器に病巣をつくること。

Active Learning
市町村が行っているがん検診はどのようなものか調べてみましょう。

❹がんの治療

① 治療の三本柱とその選択

　治療にあたっては、体力、栄養状態、既往症といった患者の元気の具合、ならびに重要臓器の予備能が評価される。高齢化に伴い併存疾患を多く有する患者も増加している。それらの情報とがんの質的診断、病期診断を踏まえて治療法を選択する。

　固形がんの治療の三本柱は、❶手術、❷薬物療法（免疫療法を含む）、❸放射線療法である。複数の治療法を組み合わせて最大限の効果を期待することを集学的療法という。

　腫瘍が切除可能かつその手術にたえられる体力があると判断され、根治が期待される症例には外科治療が第一選択になることが多い。治癒切除不能であれば薬物療法、放射線治療が選択される。

　進行・再発がんに対する薬物療法は通常複数の抗がん剤のコンビネーションが用いられる。薬の有害事象（副作用）をコントロールしながら、CT検査などで腫瘍の大きさを計測し効果を判定する。効果が認められなくなった際には、次の抗がん剤（二次治療）に移行する。分子標的薬、免疫チェックポイント阻害薬など薬物療法の近年の進歩はめざましい。たとえば、大腸癌では切除不能な遠隔転移があっても年単位の予後が期待し得ることがまれではなくなった。

　ケースバイケースにはなるが、期待し得る生命予後を考慮し、根治が望めなくても、症状緩和のためバイパス手術や放射線治療が施行される。

② がん治療の継続と生活のサポート

　がん治療を受けている患者には就労世代が少なくないことにも留意すべきである。薬物治療は内服に限らず外来診療が主体になってきた。治療を継続していくなかで副作用や経済的な負担に限らず、仕事との両立もしばしば問題になる。職場の人事部門や産業医と相談すること自体が、いまだ患者にとっては精神的に敷居が高いものである。患者の負担を軽減するために職場の配置転換がなされることが多いが、それを契機に離職にまで至る例もある。「がん（患者）相談支援センター」などの相談窓口や同じ病気を抱えた患者会などの利用を促し、治療中から生活面のサポートをしていくことが必要であろう。

③ 抗がん治療の終了とその後の診療

　さらにがんが進行し、残された抗がん剤の選択肢がなくなってしまったり、または患者の体力が低下して薬物療法の継続が困難になると、その後の診療の主体は抗がん治療から支持療法（サポーティブケア）・緩

和ケアになってくる。

2 緩和ケア

1 緩和ケア

❶緩和ケアとは

緩和ケアとは、命にかかわる病気を患った際、患者とその家族の苦痛を和らげ、支えていく診療・ケアのことである。重篤な病という誰にでも起こり得る状況で必要とされる診療・ケアであり、特殊なものではない。身体面・心理面・暮らしを支えるという観点から、医師・看護師・薬剤師のみならず公認心理師・社会福祉士などをも含めた多職種チームで協働することが肝要である。世界保健機関（WHO）による緩和ケアの定義を**表 6-16** に示す。

❷緩和ケアの対象者と提供すべきタイミング

がん・非がんを問わず、命を脅かされる疾患にかかった患者とその家

Active Learning

在宅死を希望していた在宅緩和ケアの患者が急変して病院に搬送されました。どう考えますか。

表6-16　WHO による緩和ケアの定義

緩和ケアとは、
生命を脅かす病に関連する問題に直面している患者とその家族の QOL を、痛みやその他の身体的・心理社会的・スピリチュアルな問題を早期に見出し的確に評価を行い対応することで、苦痛を予防し和らげることを通して向上させるアプローチである。
緩和ケアは、
・痛みやその他のつらい症状を和らげる。 ・生命を肯定し、死にゆくことを自然な過程と捉える。 ・死を早めようとしたり遅らせようとしたりするものではない。 ・心理的およびスピリチュアルなケアを含む。 ・患者が最期までできる限り能動的に生きられるように支援する体制を提供する。 ・患者の病の間も死別後も、家族が対処していけるように支援する体制を提供する。 ・患者と家族のニーズに応えるためにチームアプローチを活用し、必要に応じて死別後のカウンセリングも行う。 ・QOL を高める。さらに、病の経過にも良い影響を及ぼす可能性がある。 ・病の早い時期から化学療法や放射線療法などの生存期間の延長を意図して行われる治療と組み合わせて適応でき、つらい合併症をよりよく理解し対処するための精査も含む。

出典：大坂巌・渡邊清高・志真泰夫・倉持雅代・谷田憲俊「わが国における WHO 緩和ケア定義の定訳──デルファイ法を用いた緩和ケア関連18団体による共同作成」『Palliative Care Research』第14巻第2号，p.64，2019. を一部改変

---

i　近代ホスピスの母といわれるイギリスのシシリー・ソンダース（Saunders, C.）は全人的苦痛（total pain）を、❶身体的苦痛、❷心理的苦痛、❸社会的苦痛、❹スピリチュアルペインと捉えることを提唱した。

族が対象になる。死が迫った時期の診療を表す「終末期医療（ターミナルケア）」と必ずしも同義ではない。緩和ケアはより広い時期を対象としており、病気が診断されたときから必要に応じて治療と並行して提供されることが望ましい（**図6-24**）。

告知に限らず、その前の受診・検査・診断のときからも基本的な緩和ケア[*]のアプローチが担当医により開始されるべきである。

❸告知と心のケア

がん告知後の不安・抑うつは通常2週間以内に回復されることが多いとされるが、長期化する場合には専門的な心のケアが必要になる。患者支援室に相談に訪れた患者にそのような症状がみられた際には精神的なケアが受けられるように橋渡しをすることが大切である。

❹緩和ケアへの抵抗感

緩和ケアに対する患者・家族の心理的な抵抗感は今日でも依然として高い。緩和ケアは病気の終末期になってから提供されるものだという先入観、担当医にがん治療をあきらめられた、見捨てられたという感覚、モルヒネをはじめとする医療麻薬に対する偏見などがその要因になっているとされている。

❺がん患者終末期にみられる諸症状と治療

身体症状では疼痛（とうつう）のほか、全身倦怠感（けんたいかん）、食欲低下、悪心・嘔吐（おしん）、呼吸困難、浮腫（ふしゅ）、口腔粘膜乾燥、舌苔（ぜったい）などが多くみられる。疼痛には非ステロイド性抗炎症薬（NSAIDs）、アセトアミノフェンならびにモルヒネをはじめとするオピオイド[*]などが、WHOが提唱する三段階ラダー[*]に沿って用いられる。進行がん患者にみられる悪液質に伴う倦怠感、食欲低下、悪心などにはステロイドが使用される。呼吸困難は酸素投与、モ

★基本的な緩和ケア
患者の声を聴き共感する姿勢、信頼関係の構築のためのコミュニケーション技術（対話法）、多職種の連携の認識と実践のもと、がん性疼痛をはじめとする諸症状の基本的な対処によって患者の苦痛の緩和をはかることである（がん対策推進協議会緩和ケア専門委員会「緩和ケア専門委員会報告書」2011年8月23日）。

Active Learning
緩和ケアなどで使用する医療麻薬では、内服以外にどのような投与方法があるでしょうか。

★オピオイド
モルヒネ様活性をもちオピオイド受容体と親和性を示す薬物の総称。

★三段階ラダー
WHO三段階除痛ラダー。原則として鎮痛薬は第一段階として非オピオイド鎮痛薬を使用し、効果不十分な場合に第二、第三段階のオピオイドを加える。痛みによっては鎮痛補助薬も併用する。WHOサイト：https://www.who.int/cancer/palliative/painladder/en/

図6-24　病期ごとの緩和ケアの役割

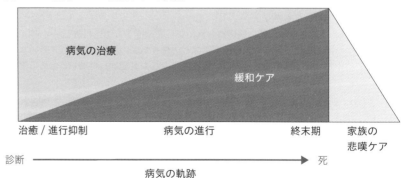

出典：Hawley, P. H., 'The bow tie model of 21st century palliative care', *Journal of pain and symptom management*., 47（1）, p.e3, 2014. より一部改変

ルヒネ、ステロイドなどで治療される。

　精神症状では気持ちのつらさ、不安、抑うつ、不眠、せん妄がしばしばみられる。公認心理師による介入が有効なことも多い。身体症状に対する治療と並行して、精神症状に対して睡眠導入薬、抗精神病薬などの薬物療法が必要に応じて施行される。

2 病気の軌跡と緩和ケア

　がん患者が手術、薬物療法、放射線治療など積極的抗がん治療を受けている時期は、身体機能がほぼ保たれた時間が続く。多くのがん患者では死を迎える数か月前になり、病勢の進行とともに体力が低下し始めると、一気に低下するようになる（**図6-25**）。

　がんが進行し病状が週単位、日単位で悪化していくこの時期では、体力も低下し抗がん治療の継続は困難になる。身体症状の緩和にはモルヒネをはじめとするオピオイドが必要になることが多い。

　がんの闘病期間が何年にもわたる患者であっても、その療養を支えていた家族はそれまで元気にみえた患者が急に悪くなったと慌ててしまうことがある。この時期になって初めて介護保険の申請を、と役所に相談に訪れる人も少なくない。心の準備ができていない家族の心中を慮った対応が求められる。

3 悪性腫瘍以外（非がん）の緩和ケア

　WHOの緩和ケアの定義（**表6-16**（p.215））に示されているように緩和ケアは、命にかかわる疾患としてがん以外に心不全、呼吸不全、腎不全、神経疾患、後天性免疫不全症候群（エイズ）などの患者も対象にするとされている。我が国では、1980年代から主にがん患者を対象にして緩和ケアが発展してきた歴史がある。2018（平成30）年度の診療報酬改定において、それまで「悪性腫瘍、後天性免疫不全症候群」の

図6-25　病気の軌跡

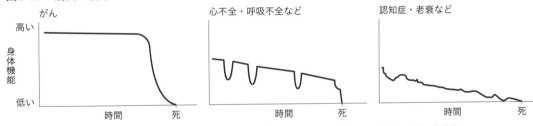

出典：Lynn, J., ‘Serving patients who may die soon and their families’, *JAMA*, 285（7）, p.930, 2001. より一部改変

みであった対象疾患に新たに「末期心不全」が追加された。

❶非がんはがんとは経過が異なり予後予測が困難

　がん以外の疾患の緩和ケアではがんと異なる経過をとることにまず留意すべきである。非がん患者の予後予測は一般に困難とされ、がん患者と同じ予後予測指標をあてはめることはできない。

　たとえば慢性心不全では身体機能が低下しており、死を迎える1年もしくはそれ以上前から急性増悪に伴って入退院を繰り返すことが多い。入院加療のたびにある程度まで体力が回復してもだんだん進行性に悪化する（図6-25）。入院を契機に終末期に向けた意思決定支援を開始することも重要であろう。

❷非がん患者の症状コントロール

　非がん患者では、症状コントロールに必ずしもがんの場合と同一の薬物を選択するわけではない。原因になっている病態生理、期待される予後や併存疾患を含めた臓器予備能をもとに治療を決定する。

　慢性心不全急性増悪による呼吸困難ではモルヒネも効果が期待できるが、利尿薬、血管拡張薬などの原疾患に対する治療が優先され、その結果心不全が改善すればそれにつれて症状も軽快する。

　非がん性疾患の慢性疼痛コントロールでは、オピオイドの使用量は最低限とし、オピオイド使用の妥当性を繰り返し評価して依存・乱用を防止するのが原則である。

◇参考文献
・日本医師会監『新版 がん緩和ケアガイドブック』青海社，2017.
・Pereira, J. L., The Pallium palliative pocketbook, 2nd Edition: a peer-reviewed, referenced resource, Pallium Canada, 2016.（丹波嘉一郎・大中俊宏監訳『Pallium Canada 緩和ケアポケットブック』メディカル・サイエンス・インターナショナル，2017.）

第7章

公衆衛生

　本章では、地域社会のすべての人を対象として、健康の保持・増進、寿命の延長、疾病の予防を図る、公衆衛生の考え方と対策が理解できる内容とした。予防医学の視点からは、一次予防の健康増進と特異的予防、二次予防の早期発見・早期治療、三次予防のリハビリテーションの過程における対策について学ぶ。健康増進と保健医療対策に関する理解を深めるために、母子、成人、高齢者などライフステージの保健対策について概説した。また疾病対策では、精神保健対策、感染症対策、難病対策について概説した。

第1節　公衆衛生の概要

学習のポイント

- 公衆衛生の目的である健康の保持・増進、寿命の延長、疾病の予防について理解する
- 予防医学について一次予防、二次予防、三次予防の概念と意味を理解する
- 健康の社会的決定要因を理解する

1　公衆衛生の定義

　現在、公衆衛生の定義で最も広く認められているのは、1949年、アメリカ、エール大学の教授であったウィンスロー（Winslow, C. E. A.）の定義である。ウィンスローは「公衆衛生とは、環境衛生の改善、伝染病の予防、個人衛生の原則についての教育、疾病の早期診断と治療を行うことのできる医療と看護サービスの組織化、および地域社会のすべての人に健康を保持できる適切な生活水準を保障する社会制度の発展のために、共同社会の組織的な努力を通じて疾病を予防し、寿命を延長し肉体的・精神的健康と能率の増進をはかる科学であり、技術である。その恩恵により、すべての市民が健康と長寿という生まれながらの権利を実現できる」としている。[1]

2　健康の概念

　健康の定義は、時代により、また視点によりさまざまなものが提案されてきたが最も知られている健康の定義は、1946年の世界保健機関（World Health Organization：WHO）憲章の前文に掲げられたものである。

　すなわち、「健康とは、肉体的、精神的および社会的に完全によい状態にあることであり、たんに疾病または虚弱でないということではない」とし、また「およぶ限り最高に健康水準を享受することは、人種、宗教、政治的信条、経済的あるいは社会的状態にかかわらず、すべての人間の基本的権利である」、さらに「政府は国民の健康に関して責任を

有しており、そのために十分な社会的な手段を実施しなければならない」としている。

3 WHO 憲章と我が国の憲法

　この WHO 憲章で重要なことは、健康を単に「病気でない」状態と消極的に捉えるのではなく、「完全によい状態」という積極的な捉え方をしていること、また健康を身体・精神・社会的健康の側面から定義していることである。特に社会的健康とは、雇用やその他の社会的関係のうえで、社会に参加し、社会に貢献できることを意味している。さらに健康は、世界のすべての人々に与えられる基本的権利であり、国の責任において健康の条件が整備されるべきことを示したものであることも重要である。

　1946（昭和 21）年に発布された日本国憲法でも、第 25 条に、「すべて国民は、健康で文化的な最低限度の生活を営む権利を有する。国は、すべての生活部面について、社会福祉、社会保障及び公衆衛生の向上及び増進に努めなければならない」と定められ、国民の健康の権利と、国の責務を明らかにしている。

4 予防医学

　ウィンスローの定義から、公衆衛生の目的は、「健康の保持・増進、寿命の延長、疾病の予防」と導くことができる。疾病の予防の学問的体系は予防医学で扱われ、疾病の進行段階である、感受性期、発症前期、臨床的疾病期によって、それぞれ一次予防、二次予防、三次予防に分類されている（表 7-1）。

1 一次予防
　一次予防は、健康増進と特異的予防に特徴がある。
❶健康増進
　積極的な健康状態を保持、増進することは一般的な疾病予防の最も基本的な段階である。そのために、良好な生活環境、適切な栄養摂取、快適な衣服、休養、娯楽、運動・休息施設等を確保することが重要である。

第 7 章　公衆衛生

表7-1　一次予防・二次予防・三次予防の概念

		一次予防	二次予防	三次予防
		健康な段階で行う予防	疾病の早期発見・早期治療	疾病の悪化防止と社会復帰
対策		❶ **健康増進** ・健康教室・衛生教育 　（生活習慣病予防教室、 　高血圧予防教室、生活 　指導・行動の変容） ・食生活改善 　（栄養所要量・減塩指 　導） ・健康相談・性教育 　（遺伝相談・結婚相談） ・体力増進 ❷ **特異的予防** ・予防接種の活用 ・環境衛生の改善 ・職業病の予防	❶ **早期発見** ・スクリーニング[★] ・サーベイランス[★] ・検診 　（がん検診、定期検 　診、人間ドック、じ 　ん肺検診など） ❷ **早期治療** ・適切な治療 ・合併症の予防	❶ **機能喪失防止** ・リハビリテーション 　（理学療法・作業療 　法） ・腎疾患患者の人工透 　析 ❷ **アフターケア** ・疾病・障害の再発・ 　転移の防止 ❸ **社会復帰の促進** ・職場の適正な配置 ・雇用促進

★スクリーニング
ふるい分け検査ともいい、見かけ上健康な人口集団を対象として、短時間のうちに経済的で安全な検査を実施し、健康な者（あるいは健康そうな者）と異常のある者（あるいは異常のありそうな者）にふるい分ける検査である。

★サーベイランス
常時監視ともいう。公衆衛生学では、常に監視することで感染症の動向を把握したり、感染対策の効果を判定したりすることである。

またこの段階では、健康教育の役割はきわめて大きい。健康教育は単に保健・衛生の指導だけでなく、性教育、結婚相談、退職準備者の生活相談なども含まれる。近年著しく増加している生活習慣病の予防には、日頃の生活習慣の改善がきわめて重要となる。

❷特異的予防

　個別の疾病の病因対策であるが、この予防に適用されるのは、病気の原因が明らかな健康障害に限られる。たとえば、感染症に対する予防接種や消毒、事故の防止対策、職業病や公害による健康障害を防ぐための環境対策などが挙げられる。

2 二次予防

　二次予防は、早期発見と早期治療に特徴がある。

❶早期発見

　病気になっても、症状がまだ現れない初期にその病気を発見することは、病気の治癒、病気の進展の軽減、合併症や機能障害の防止、放置された場合のより重篤な障害への進展や当該疾病による死亡を防ぐことになり、実際の予防対策上の比重は大きい。結核・循環器疾患・がんなどの集団検診、特定健康診査によるメタボリックシンドローム対象者の発見などがこれに当たる。多くの慢性疾患の場合、病気にかかることを完全に阻止することは難しいので、疾病予防対策の重点は二次予防の段階

におかれている。

❷早期治療

早期治療は、個人の重篤化を防ぐだけでなく、感染症の場合は、患者自身の治癒と同時に、他人への感染の予防にもなる。

3 三次予防

三次予防は、発症した病気の悪化を防止し、機能障害を残さないように臨床的な対策を行うこと、および社会復帰を図るためのリハビリテーションの二つの段階がある。

❶悪化防止・機能障害防止

三次予防は、永久的な欠損や後遺症がまだ固定されていない状態にある場合に、機能や能力の障害を最小限にするための対策である。その手段としては損傷した四肢の運動能力を回復させ、硬直などを防ぐための早期理学療法などがある。

❷リハビリテーション

患者を社会生活に再び復帰させるためにできるだけ早期に理学療法や作業療法などによるリハビリテーションを開始することが重要である。

❸アフターケア

疾病・障害の再発防止、がんの転移防止など。

❹社会復帰の促進

病気休暇後の職場の適正配置、雇用の促進、精神科デイケア・作業療法など。

5 健康の社会的決定要因（SDH）

人々の健康・疾病は、社会的、経済的、政治的、文化的、心理社会的、日常生活上などの諸条件によって影響され、規定される。これらの諸条件を健康の社会的決定要因（SDH：social determinants of health）という。

WHOは、世界の国や地域の間で格差のある健康の社会的決定要因を専門委員会で検討し2011年に報告書をまとめ、格差の縮小を図ることによって健康増進が可能であり、健康の公平性を実現することは倫理的義務であると宣言した。

健康の社会的決定要因として、これまで検討されてきた項目は、衣食

住などの日常生活、飲料水、廃棄物処理、電力や熱源の供給、疾病・失業などの公的保険、乳幼児保育施設、公的初等教育制度、中等高等教育の奨学金制度、性差別・格差の撤廃、貧困・老年者の救済福祉制度、交通手段、歩行・ジョギング・サイクリングその他の運動諸施設、居住地区自治会などの各種地区組織などである。健康の社会的決定要因の主なものを以下に記述する[2]。

❶所得と社会的地位

所得と社会階層の向上は、健康によい。所得が高いと、安全な住宅に暮らし、優良な食品を購入することができる。健康な人たちとは、裕福で、富の分布が公平な社会に住む人たちである。世界的にみると社会的地位が低いと疾病が蔓延し、平均寿命は短くなる。

❷社会支援ネットワーク（ソーシャルネットワーク）

家族、友人、地域社会からの支援は、健康に関連している。そのような社会支援ネットワークは、ストレスや課題の解決、逆境の扱い、達成感の維持、生活環境の管理において、とても重要である。

Active Learning

教育の水準がなぜ健康と関連するのか考えてみましょう。

❸教育と識字能力

教育の水準に応じて、健康状況は改善する。教育は、社会経済的地位と密接にかかわっている。また小児への効果的な教育と成人の生涯学習は、個人や国家の健康と繁栄に寄与する。

❹雇用・労働環境

失業、過小雇用、緊張の多い危険な労働は、健康障害と関連がある。労働環境を管理できる人々、仕事の需要に関連した緊張の少ない人々は、より健康であり、緊張が多く危険な仕事の人々よりも、長生きする。

❺社会環境

社会支援の重要性は地域社会にも広がる。市民の活力は地域社会、地域、州、国家の社会ネットワークの強化につながる。これは、人々の資源の共有や連携の形成といった機関、組織、非公式の仕事にも関連する。

❻物理的環境

物理的環境は、重要な健康の決定要因である。空気、水、食品、土壌中の汚染物質は、がん、先天性の障害、呼吸器疾患、胃腸の不快感など、さまざまな健康への悪影響をもたらす。

❼個人の保健行動とストレスへの対応（ストレス・コーピングスキル）

個人の保健行動とコーピングスキルは、疾病の予防、自己対処の推進、課題への対処そして自立の形成、課題の解決、健康の選択といった行動をもたらす。

❽健康的な小児期の発達

幼少期の経験が脳の発達、就学準備、そして後の人生における健康に
もたらす影響についての検証から、小児期の発達が強力な健康の決定要
因であるという合意が形成されてきている。

❾生物的素質と遺伝的素質

人体の基本的な生物学と器官の構成は、健康の決定要因の基礎であ
る。遺伝的素質は、健康に影響をもたらすさまざまな反応をする遺伝的
素因をもたらす。

❿医療

医療、とりわけ健康の維持と増進、疾病の予防、健康と機能の回復を
意図した医療は、集団の健康に寄与する。

⓫性別

性はさまざまな社会的に決められた役割、人格特徴、態度、振る舞い、
価値観などに影響を与える。性的規範は医療制度の慣例や優先順位に影
響する。多くの疾病は、性的社会状況・役割に関連している。

⓬文化

文化的な違いは、文化的価値観により決定される社会経済的環境が原
因となって、健康への影響を大きくする。

◇引用文献

1）Winslow, C. E. A.,'The Untilled Fields of Publio Health', *Science*, 51（1306）, pp.23-33,
1920.

2）カナダ公衆衛生機関「Social determinants of health and health inequalities」
https://www.canada.ca/en/public-health/services/health-promotion/population-
health/what-determines-health.html

◇参考文献

・鈴木庄亮監，辻一郎・小山洋編『シンプル衛生公衆衛生学2020』南江堂，2020.
・松木秀明編『よくわかる専門基礎講座 公衆衛生 第11版』金原出版，2020.

第2節 健康増進と保健医療対策

学習のポイント

● 公衆衛生の各ライフステージ（母子、成人、高齢者）の保健対策を理解する
● 公衆衛生の疾病対策（精神保健対策、感染症対策、難病対策）を理解する

1 母子保健対策

1 母子保健の意義

　人間の一生は受精により始まり、母の子宮内で胎児となり、分娩により新生児となる。新生児から、乳児期・幼児期・学童期を経て成人となる。人間の健康を考える際、乳児期は栄養・生活環境面で母親に依存し、母親もまた心身ともにその子と愛情深くかかわっており、母と子の保健は切っても切れない関係がある。

2 妊産婦の保健

❶母子保健法

　母子保健法は、母性ならびに乳児、幼児の健康の保持および増進を図るため、母子保健に関する原理を明らかにするとともに、母性ならびに乳児、幼児に対する保健指導、健康診査、医療その他の措置を講じ、国民保健の向上に寄与することを目的としている。

　その内容は、1歳6か月児健康診査、3歳児健康診査、妊産婦、乳幼児の保健指導などの事業（市町村が実施）、市町村の役割強化、低出生体重児の届出、養育医療、訪問指導、母子健康包括支援センターなどについて記載されている。

❷母体保護法

　女性にとって妊娠・出産はきわめて重要課題である。**母体保護法**は、不妊手術および人工妊娠中絶に関する法律であり、母性の生命健康を保護することを目的に定められ、妊娠、出産による母体の生命と健康を保持するために、不妊手術、人工妊娠中絶および受胎調節などについての規定をしたものである。

❸母子健康手帳

　母子健康手帳は、妊娠・出産・育児に関する母と子の健康記録で、妊産婦・乳幼児の健康診査や保健指導の資料とされている。母子健康手帳の内容は、記録（医学的記録、保護者等の記録）と情報（行政情報、保健・育児情報）から構成されている。

　主な内容は、母子保健法施行規則により掲載項目が定められており、乳幼児突然死症候群（SIDS）対策、たばこの害の強調、乳児ゆさぶり症候群、予防接種の勧め等のほか、育児支援、育児不安を除くための工夫、働く女性・男性の出産・育児支援制度、育児休業制度、父親の育児参加の必要性など、最新の医学的知見を反映したものとなっている。

2 成人保健対策

1 生活習慣病予防対策

　生活習慣病である脳血管疾患やがん、心臓病などの疾病は加齢とともに発症頻度が上昇するため、人口の高齢化に伴って患者数の増加が懸念されている。悪性新生物、心疾患、老衰の三大死因の死亡数が死亡総数に占める割合は、半数以上である。また、喫煙と肺癌（はいがん）や心臓病、赤身肉や保存肉の摂取と大腸癌、肥満と糖尿病のように食生活や運動などの生活習慣がこれらの病気の発症に大きく関与していることが明らかになり、生活習慣の改善によってある程度の発症予防が可能であることがわかってきた。

　疾病の予防対策には一次予防（健康増進・特異的予防）、二次予防（早期発見・早期治療）、三次予防（悪化防止と社会復帰）がある。生活習慣病における一次予防対策では、一人ひとりが生活習慣を改善し、健康増進に努めることが求められる。生活習慣病に対する一次予防の具体的な施策として、「21世紀における第二次国民健康づくり運動（健康日本21（第二次））」に、がん・循環器疾患・COPD・糖尿病の目標値が設定された。この目標値を達成するために国や自治体がその他の関係者と連携をとって、個人が健康づくりに取り組むための環境整備を推進し、適切な情報を提供しながら個人の活動を支援している。

第7章

公衆衛生

2 がん対策

がん対策基本法は 2007（平成 19）年から施行され、2016（平成 28）年にはがん対策基本法の改正法が成立した。その主な内容は、国・地方公共団体・医療保険者・国民・医師などの責務を明らかにするとともに、「がんの予防及び早期発見の推進[★]」「がん医療の均てん化の促進等[★]」「研究の推進等[★]」「がん登録の推進[★]」である。

3 高齢者保健対策

1 高齢者保健医療制度

老年期はライフサイクルのなかで最終段階であり、行政上の定義として、65 歳以上を老年（高齢者）とし、65 歳〜 74 歳を前期高齢者、75 歳以上を後期高齢者とする場合もある。

2019（令和元）年 10 月現在の我が国の 65 歳以上の老年人口は約 3588 万 5000 人を超え、その割合は総人口の 28.4％を占め、現在は超高齢社会となっている。

我が国では高齢者の増加を背景とし、2008（平成 20）年 4 月から、老人保健法が高齢者の医療の確保に関する法律（高齢者医療確保法）に改正され、75 歳以上の独立した後期高齢者医療制度が創設された。

2 特定健康診査と特定保健指導

成人および高齢者においては、生活習慣病、特にメタボリックシンドロームの予防は重要課題である。そこで、40 歳以上 75 歳未満のすべての被保険者・被扶養者を対象に、高齢者医療確保法に基づく特定健康診査・特定保健指導の実施が、医療保険者に義務づけられている。また、75 歳以上の後期高齢者については、後期高齢者医療広域連合に努力義務が課されている。

特定健康診査では、身体測定、血圧測定、血液検査、尿検査などが行われており、受診者によっては、特定健康診査の結果に基づき、必要度に応じた特定保健指導が行われている。

特定保健指導は、対象者が健診結果から自らの健康状態を把握し、生活習慣改善のための行動目標を自ら設定・実施できるよう、医師、保健師等による個々人の特性やリスクに配慮した「動機づけ支援」や「積極的支援」が実施されている。

★がんの予防及び早期発見の推進
がんの予防に関する啓発および知識の普及とともに、がんの早期発見のため、がん検診の質の向上等を目指し、検診の方法等の検討、事業評価の実施、関係医療従事者の研修機会の確保等必要な施策を講ずる。

★がん医療の均てん化の促進等
専門的な知識と技能を有する医療従事者の育成を図るとともに専門的ながん医療機関を整備するがん診療連携拠点病院の整備を推進する。

★研究の推進等
がんの本態解明とともに、革新的ながんの予防、診断・治療に関する方法を開発・推進、研究の成果を広くがん医療に活用できるようにする。

★がん登録の推進
全国がん登録として国が中心となって実施するとともに、病院に罹患情報が届け出義務とされ、正確な罹患情報、生存率等の情報が得られるようになり、より正確なデータに基づいたがん対策の実施が可能となった。

3 介護保険

　介護保険制度は社会全体で介護を支える仕組みづくりを行い、総合的に介護サービスを提供する社会保険制度である。1997（平成9）年12月に**介護保険法**が成立し、2000（平成12）年4月に施行され、全国各地で介護保険制度の基盤づくりが急速に進んだ。介護保険への加入は40歳以上の者であり、65歳以上の者は第1号被保険者として、40歳以上65歳未満で医療保険に加入している者は第2号被保険者として位置づけられている。

4 精神保健対策

1 精神障害者の医療

　精神障害者の保健福祉施策は現在、患者の人権確保の面から配慮がなされており、医療に関して**精神保健及び精神障害者福祉に関する法律**（精神保健福祉法）に定められた入院形態には、**任意入院、措置入院、緊急措置入院、医療保護入院、応急入院**がある（第6章第15節（pp.190-192）参照）。

2 地域精神保健福祉活動

　保健所は地域における精神保健福祉活動の第一線機関であり、精神保健福祉センター、市町村、医療機関、社会復帰施設等の関係諸機関との連携により精神障害者の早期発見および社会復帰の促進、地域住民の心の健康に関する活動を行う。**精神保健福祉センター**は、保健所の行う活動を、都道府県レベルで技術面から指導・援助する専門機関である。精神保健福祉法では、保健所の保健師・精神保健福祉相談員・医師による精神障害者の訪問および指導を定めている。

5 感染症対策

1 感染と発病

　感染（infection）とは、**病原体**（微生物）が**宿主**（ヒトや動植物）の体内に侵入して増殖することである。**感染症**とは、感染によって引き起こされるすべての疾病をいうが、ヒトからヒトに直接または間接的に

★**緊急措置入院**
緊急措置入院は、精神障害者の疑いのある者で、自傷他害のおそれが著しいと認められ、急を要する場合に、1人の精神保健指定医の診察により、都道府県知事の職権で入院させる制度である。入院の限度は72時間である。

★**応急入院**
急を要し、家族等の同意を得ることができない場合に精神保健指定医の診察の結果、精神障害のため入院が必要と認められた場合の入院形態である。入院の限度は72時間である。

伝播する病気の場合には伝染病ともいう。感染は宿主に症状が現れない不顕性感染と明らかに臨床症状を示す顕性感染に分類され、顕性感染が起きた場合、発病または発症という。宿主が病原体に曝露してから発病するまでの期間を潜伏期といい、潜伏期は病原体の種類によりほぼ一定しているため、疫学調査や予防上の意義は大きい。

2 国内感染症対策

国内で発生する主な感染症については、1999（平成11）年4月1日から、**感染症の予防及び感染症の患者に対する医療に関する法律（感染症法）**が施行されている。

感染症法による分類は、一類感染症（エボラ出血熱、クリミア・コンゴ出血熱、痘そう、南米出血熱、ペスト、マールブルグ病、ラッサ熱の7種類）、二類感染症（急性灰白髄炎、ジフテリア、重症急性呼吸器症候群（SARSコロナウイルスに限る）、結核、鳥インフルエンザ（H5N1およびH7N9）、中東呼吸器症候群（MERS）の6種類）、三類感染症（コレラ、細菌性赤痢、腸管出血性大腸菌感染症、腸チフス、パラチフスの5種類）、四類感染症（44種類）、五類感染症（47種類（2020（令和2）年2月現在））、新型インフルエンザ等感染症、指定感染症、新感染症である。

3 輸入感染症対策と国際協力

Active Learning

海外の感染症対策を我が国が支援する必要性を考えてみましょう。

近年、海外で感染した帰国者などが国内に持ち込む輸入感染症が増加している。その国内侵入を防ぐために、空港や海港など交通の関門で検疫が行われる。我が国では検疫法により、感染症法による一類感染症と新型インフルエンザ等感染症を定め、このほかに検疫を行う感染症として、ジカウイルス感染症、デング熱、マラリア、鳥インフルエンザ（H5N1、H7N9）、チクングニア熱、中東呼吸器症候群（MERS）を検疫感染症に指定し、世界の情勢を踏まえた検疫体制の強化を図っている。

---

i　詳細は、厚生労働省ホームページ「感染症情報」 https://www.mhlw.go.jp/stf/seisakunitsuite/bunya/kenkou_iryou/kenkou/kekkaku-kansenshou/index.html を参照。

6 難病対策

　難病は、ベーチェット病、多発性硬化症、重症筋無力症、全身性エリテマトーデスなど、❶原因不明、治療方法未確立であり、かつ、後遺症を残すおそれが少なくない疾病や、❷経過が慢性にわたり、単に経済的な問題のみならず介護等に著しく人手を要するために家族の負担が重く、また精神的にも負担の大きい疾病であり、調査研究の推進、医療施設の整備、医療費の自己負担の解消などの難病対策が行われてきた。2014（平成26）年に難病の患者に対する医療等に関する法律（難病法）が制定され、対象疾患が、従来の約60疾病から333疾病（2019（令和元）年7月現在）と増加した。また同時に小児難病（小児慢性特定疾病）に関しても、児童福祉法が改正され、約500疾病から約762疾病（2019（令和元）年7月現在）に増加し、難病対策が推進されている。

◇参考文献
・厚生労働統計協会編『国民衛生の動向2020/2021』2020.
・松木秀明編『よくわかる専門基礎講座 公衆衛生 第11版』金原出版，2020.

索引

A～Z

ADHD ——————————— 15, 193
ADL ———————————— 76, 122
AIDS ——————————————— 94
ALS ———————————————— 106
A 型肝炎 ————————————— 145
BI ————————————————— 76
BPSD ——————————————— 102
B 型肝炎 ————————————— 146
COPD ——————————————— 130
COVID-19 —————————————— 95
CT ————————————————— 110
C 型肝炎 ————————————— 146
DSM-5 —————————————— 190
E 型肝炎 ————————————— 145
FIM ———————————————— 76
HbA1c —————————————— 122
HDS-R —————————————— 103
HIV ———————————————— 94
HRQOL ——————————————— 77
IADL ——————————————— 76
ICD ———————————————— 23
ICD-10 ———————————— 23, 190
ICD-11 ——————————————— 30
ICF ————————————————— 26, 79
…のコーディング ———————— 29
ICIDH —————————————— 25
Ig ————————————————— 68
IgA 腎症 ————————————— 140
IL 運動 ————————————— 74
MMSE ——————————————— 103
MRI ———————————————— 110
MRSA ———————————————— 96
O157 ———————————————— 97
QOL ———————————————— 77
SARS ———————————————— 94
SDH ———————————————— 223
WHO 憲章 ———————————— 22, 220

あ～お

悪性腫瘍 ————————————— 67, 213
悪性リンパ腫 ————————————— 158
アダムス - ストークス症候群 ——— 118
アテローム血栓性脳梗塞 ————— 112
アナフィラキシーショック ———— 162
アルコール性肝障害 ——————— 146
アルツハイマー型認知症 ————— 103

アレルギー疾患 ————————— 162
アレルギー性鼻炎 ——————— 174
胃 ————————————————— 36, 49
医学的診断 ——————————— 23
医学的リハビリテーション ——— 71, 72
医学モデル ——————————— 28
胃癌 ———————————————— 150
育児放棄 ——————————— 188
1 型糖尿病 —————————— 123
一次結核症 ——————————— 133
一次性高血圧 ————————— 121
一次予防 ———————————— 221, 227
一過性脳虚血発作 ——————— 112
一酸化炭素中毒 ———————— 62
医療保護入院 ————————— 191, 229
胃瘻 ———————————————— 176
インスリン ——————————— 42, 52, 122
咽頭 ———————————————— 36, 38, 49
インフルエンザ ———————— 92
ウイルス性肝炎 ———————— 95, 145
ウィンスロー, C. E. A. ————— 220
う蝕 ———————————————— 177
うつ病 ———————————— 194
永久歯 ———————————— 4, 36
エイズ ——————————— 94
栄養素 ——————————— 63
液性免疫 ——————————— 68
エストロゲン ———————— 12
エリクソン, E. H. ————————— 5, 15
エリクソンの発達段階 ————— 5
嚥下 ———————————————— 175, 204
嚥下障害 ——————————— 175, 204
炎症 ———————————————— 65
横隔膜 ——————————— 39
応急入院 ——————————— 190, 229
オピオイド ——————————— 216
音声機能、言語機能又はそしゃく機能
　の障害 ——————————— 176

か～こ

外呼吸 ——————————— 49
介護保険法 ——————————— 229
疥癬 ———————————————— 98
回腸 ———————————————— 36
改訂長谷川式簡易知能評価スケール
　—————————————————— 103
回復期のリハビリテーション医療—— 87
下気道 ——————————— 38

顎関節症 ——————————— 180
学習障害 ——————————— 193
学童期 ——————————— 2, 17
下垂体 ——————————— 41, 52, 128
下垂体疾患 ——————————— 128
ガス交換 ——————————— 38, 49
学校保健統計調査 ——————— 182
活動 ———————————————— 26
加齢 ———————————————— 9, 12
加齢黄斑変性 ————————— 164
加齢性筋肉減弱症 ——————— 206
がん ———————————————— 67, 213
…の診断 ——————————— 213
…の治療 ——————————— 214
癌 ————————————————— 67
肝炎 ———————————————— 145
感音難聴 ——————————— 170
感覚器系 ——————————— 44, 55
眼科疾患 ——————————— 163
肝癌 ———————————————— 148
眼球 ———————————————— 44
環境因子 ——————————— 26, 27
間欠性跛行 ——————————— 155
肝硬変 ——————————— 147
肝障害 ——————————— 145
感情障害 ——————————— 194
関節リウマチ ————————— 155, 161
汗腺 ———————————————— 45, 56
感染 ———————————————— 229
感染症 ——————————— 63, 92, 229
感染症対策 ——————————— 229
感染症の予防及び感染症の患者に対す
　る医療に関する法律 ————— 230
感染症法 ——————————— 230
感染対策 ——————————— 98
肝臓 ———————————————— 37, 49
がん対策 ——————————— 228
がん対策基本法 ———————— 228
肝胆膵疾患 ——————————— 145
管内増殖性糸球体腎炎 ————— 140
がんロコモ ——————————— 82
緩和ケア ——————————— 215
…の定義 ——————————— 215
期外収縮 ——————————— 119
気管 ———————————————— 38
器官系 ——————————— 33, 47
気管支 ——————————— 38
気管支喘息 ——————————— 129, 162
寄生虫 ——————————— 63

帰宅ポリシー ······· 99
稀尿 ······· 143
機能障害 ······· 79
機能的自立度評価法 ······· 76
気分障害 ······· 194
虐待 ······· 16, 59
嗅覚 ······· 56
嗅覚器 ······· 45
嗅覚障害 ······· 174
吸収 ······· 49
急性肝炎 ······· 145
急性冠症候群 ······· 116
急性期のリハビリテーション治療 ······· 86
急性骨髄性白血病 ······· 159
急性腎障害 ······· 138
急性腎不全 ······· 138
急性膵炎 ······· 148
急性リンパ性白血病 ······· 159
教育的リハビリテーション ······· 72
胸郭 ······· 39
胸式呼吸 ······· 50
狭心症 ······· 115
強迫性障害 ······· 195
胸膜 ······· 39
虚血 ······· 66
虚血性心疾患 ······· 115
筋萎縮性側索硬化症 ······· 106
緊急措置入院 ······· 190, 229
筋強直性ジストロフィー ······· 201
筋系 ······· 34, 47
筋ジストロフィー ······· 201
空腸 ······· 36
くも膜下出血 ······· 109, 113
クロイツフェルト・ヤコブ病 ······· 106
血圧 ······· 48, 120
血液 ······· 34, 46, 48, 56
血液疾患 ······· 157
血液透析 ······· 142
結核 ······· 96
血管 ······· 34
血管性認知症 ······· 104
血栓 ······· 66, 112
結滞 ······· 118
結腸 ······· 36
血友病 ······· 201
減圧症 ······· 60, 67
健康 ······· 22, 220
健康課題 ······· 15
健康関連 QOL ······· 77
健康寿命 ······· 11, 24, 206
健康増進 ······· 221, 226

健康日本 21（第二次） ······· 11, 181, 227
健康の社会的決定要因 ······· 223
言語聴覚士 ······· 85
言語聴覚療法 ······· 83
原始反射 ······· 5
原発性免疫不全症候群 ······· 65
交感神経系 ······· 54
後期高齢者医療制度 ······· 228
口腔 ······· 36, 49
口腔癌 ······· 181
口腔乾燥症 ······· 181
口腔疾患 ······· 177
高血圧 ······· 120
高血糖緊急症 ······· 125
抗原 ······· 67
膠原病 ······· 160
高山病 ······· 60
高次脳機能 ······· 101
高次脳機能障害者 ······· 79
高次脳機能障害診断基準 ······· 79
口臭 ······· 180
公衆衛生 ······· 220
口臭症 ······· 180
甲状腺 ······· 42, 52
甲状腺機能亢進症 ······· 127
甲状腺機能低下症 ······· 127
甲状腺疾患 ······· 127
甲状腺腫瘍 ······· 128
梗塞 ······· 66, 109
後側彎変形 ······· 155
抗体 ······· 56, 68
後天性難聴 ······· 171
後天性免疫不全症候群 ······· 94
喉頭 ······· 38, 50
高尿酸血症 ······· 127
更年期 ······· 188
更年期障害 ······· 188
広汎性発達障害 ······· 193
肛門 ······· 37, 49
高齢者 ······· 10, 19, 202, 228
…に多い疾患 ······· 202
高齢者に対する適切な医療提供の指針
······· 208
高齢者の医療の確保に関する法律 ······· 228
高齢者保健対策 ······· 228
誤嚥 ······· 175, 204
誤嚥性肺炎 ······· 132, 175, 204
呼吸 ······· 38, 49
呼吸器系 ······· 38, 49
呼吸器疾患 ······· 129
呼吸不全 ······· 134

国際障害分類 ······· 25
国際生活機能分類 ······· 26, 79
個人因子 ······· 27
骨格筋 ······· 34, 47
骨格系 ······· 33, 47
骨疾患 ······· 151
骨髄 ······· 33
骨折 ······· 152
骨粗鬆症 ······· 151
混合難聴 ······· 170

さ〜そ

再生不良性貧血 ······· 158
在宅酸素療法 ······· 132, 135
細胞性免疫 ······· 68
作業療法 ······· 83
作業療法士 ······· 85
サルコペニア ······· 206
参加 ······· 26
産科 ······· 184
産褥期 ······· 188
産褥期精神病 ······· 188
酸蝕症 ······· 178
三次予防 ······· 223, 227
死因 ······· 19
紫外線 ······· 60
視覚 ······· 55
視覚器 ······· 44
視覚障害 ······· 166
歯科口腔保健の推進に関する法律 ······· 182
歯科疾患実態調査 ······· 182
歯科保健 ······· 181
歯科保健対策 ······· 181
子宮筋腫 ······· 185
子宮頸癌 ······· 184
子宮腺筋症 ······· 185
子宮体癌 ······· 184
子宮内膜症 ······· 185
脂質異常症 ······· 126
脂質代謝異常 ······· 126
歯周炎 ······· 179
歯周疾患 ······· 179
歯周組織 ······· 177
思春期 ······· 5, 18
視床下部 ······· 42, 53
肢体不自由 ······· 78, 197
疾患別リハビリテーション ······· 88
疾病 ······· 23
…の発生原因 ······· 58
疾病及び関連保健問題の国際統計分類

───── 23	
児童虐待 ───── 16	
児童虐待の防止等に関する法律 ───── 16	
歯肉炎 ───── 179	
耳鼻咽喉疾患 ───── 169	
自閉症スペクトラム障害 ───── 193	
社会的リハビリテーション ───── 72	
社会モデル ───── 28	
重症急性呼吸器症候群 ───── 94	
十二指腸 ───── 36, 49	
手指衛生 ───── 99	
樹状細胞 ───── 68	
手段的日常生活動作 ───── 76	
循環器系 ───── 34, 48	
消化 ───── 49	
障害 ───── 25, 78	
障害者 ───── 78	
…の復権 ───── 73	
障害者基本法 ───── 78	
消化管 ───── 36	
消化器癌 ───── 149	
消化器系 ───── 36, 49	
消化器疾患 ───── 149	
消化腺 ───── 36	
松果体 ───── 42, 52	
上気道 ───── 38	
上室性頻拍 ───── 119	
常染色体異常 ───── 64	
小腸 ───── 36, 49	
小児科疾患 ───── 196	
小児難病 ───── 231	
小児慢性特定疾病 ───── 231	
小脳 ───── 42, 54	
上皮小体 ───── 42, 52	
静脈 ───── 34	
静脈血 ───── 36, 48	
職業的リハビリテーション ───── 72	
褥瘡 ───── 59, 204	
食道 ───── 36, 49	
食道癌 ───── 149	
徐脈 ───── 118	
徐脈性不整脈 ───── 118	
自律神経系 ───── 54	
自立生活運動 ───── 74	
腎移植 ───── 142	
新型コロナウイルス感染症 ───── 95	
心筋 ───── 34, 47	
心筋梗塞 ───── 115, 116	
神経因性膀胱 ───── 143	
神経系 ───── 42, 53	
神経難病 ───── 104	

心原性脳塞栓症 ───── 112	
腎硬化症 ───── 141	
人工関節置換術 ───── 153	
進行性筋ジストロフィー ───── 201	
進行性病変 ───── 66	
人工妊娠中絶 ───── 186	
心疾患 ───── 115	
腎疾患 ───── 138	
心室細動 ───── 119	
心室性頻拍 ───── 119	
腎小体 ───── 39, 50	
心身機能・身体構造 ───── 26	
新生児聴覚スクリーニング ───── 171	
新生児マス・スクリーニング ───── 64, 200	
心臓 ───── 34, 48	
腎臓 ───── 39, 50	
心臓弁膜症 ───── 117	
身体障害 ───── 78	
身体障害者障害程度等級表 ───── 167, 170, 174, 176, 211	
身体障害者手帳 ───── 79, 198	
身体障害者福祉法 ───── 79, 211	
腎代替療法 ───── 141	
身体的不活動 ───── 81	
人体部位の名称 ───── 32	
腎単位 ───── 39	
心電図 ───── 48	
心不全 ───── 116	
腎不全 ───── 138	
心房細動 ───── 119	
膵液 ───── 38, 49	
膵炎 ───── 148	
膵臓 ───── 38, 49	
膵臓癌 ───── 150	
膵島 ───── 38, 42, 49, 52	
髄膜 ───── 43	
睡眠 ───── 202	
睡眠時無呼吸症候群 ───── 136	
睡眠障害 ───── 205	
スクリーニング ───── 222	
スタンダードプリコーション ───── 99	
頭痛 ───── 107	
生活期のリハビリテーション医療 ───── 87	
生活習慣病 ───── 108, 207, 209, 227, 228	
生活習慣病予防対策 ───── 227	
生活の質 ───── 77	
脆弱性骨折 ───── 151, 152	
正常圧水頭症 ───── 114	
生殖器 ───── 40, 51	
生殖器悪性腫瘍 ───── 184	
生殖器系 ───── 40, 51	

成人期 ───── 7, 18	
精神疾患 ───── 190	
精神疾患患者の入院制度 ───── 190, 229	
精神障害 ───── 78	
精神障害者 ───── 78, 229	
精神障害者保健福祉手帳 ───── 78	
精神保健及び精神障害者福祉に関する 法律 ───── 78, 190, 229	
精神保健対策 ───── 229	
成人保健対策 ───── 227	
精神保健福祉センター ───── 229	
精神保健福祉法 ───── 78, 190, 229	
性染色体異常 ───── 64	
精巣 ───── 40, 42, 51, 52	
成長 ───── 2	
青年期 ───── 6, 18	
生理的老化 ───── 9, 202	
世界保健機関憲章 ───── 22, 220	
咳エチケット ───── 99	
赤外線 ───── 60	
脊髄 ───── 42	
脊髄小脳変性症 ───── 105	
脊髄神経 ───── 43, 54	
脊椎圧迫骨折 ───── 152	
摂食障害 ───── 195	
接触予防策 ───── 99	
染色体異常 ───── 15, 199	
染色体疾患 ───── 196	
全身性エリテマトーデス ───── 161	
喘息 ───── 129	
先天性疾患 ───── 196	
先天性心疾患 ───── 200	
先天性代謝異常 ───── 15, 64	
先天性代謝異常症 ───── 200	
先天性難聴 ───── 170	
先天性風疹症候群 ───── 15	
前頭側頭型認知症 ───── 103	
前立腺癌 ───── 144	
前立腺肥大 ───── 144	
躁うつ病 ───── 194	
臓器 ───── 33	
…の加齢変化 ───── 12	
早期治療 ───── 223	
早期発見 ───── 222	
双極性障害 ───── 194	
造血器腫瘍 ───── 157	
造血不全 ───── 158	
早産 ───── 187	
創傷 ───── 58	
僧帽弁狭窄症 ───── 118	
僧帽弁閉鎖不全症 ───── 118	

塞栓 66, 112
続発性腎疾患 139, 141
措置入院 192, 229
損傷 58

た〜と

退行性病変 66
代謝酵素異常 64
代謝疾患 122
代謝症候群 209
体循環 48
胎生期 15
大腿骨近位部骨折 152
大唾液腺 36, 37
大腸 36, 49
大腸癌 150
大動脈解離 120
大動脈疾患 119
大動脈弁狭窄症 117
大動脈弁閉鎖不全症 117
大動脈瘤 119
大脳 42
大脳皮質 42, 53
ダウン症候群 15, 64, 196, 199
唾液腺 36, 49
多系統萎縮症 105
多段階発がん 67
脱水 205
多発性硬化症 106
多発性骨髄腫 160
胆汁 37, 49
胆石症 148
胆嚢 37, 49
チーム医療 84
知的障害 79, 198
注意欠如・多動性障害 15, 193
中核症状 102
中枢神経系 42, 53, 101
聴覚 56
聴覚器 45
聴覚障害 169
腸管出血性大腸炎 97
直腸 37
チョコレート嚢胞 185
通所リハビリテーション 88
痛風腎 141
低栄養 207
デイケア 88
低血糖 125
低酸素血症 134

低体温症 59
鉄欠乏性貧血 157
デュシェンヌ型筋ジストロフィー 201
伝音難聴 170
てんかん 107
頭頸部癌 176
統合失調症 194
糖代謝異常合併妊娠 187
糖尿病 122
糖尿病合併妊娠 187
糖尿病性神経障害 124
糖尿病性腎症 124, 141
糖尿病性腎臓病 124
糖尿病網膜症 123, 165
頭部 MRI 検査 110
頭部 CT 検査 110
洞不全症候群 118
動脈 34
動脈血 36, 48
動脈硬化 19, 66, 112, 115
動脈瘤 114, 119
特異的予防 222
特定健康診査 211, 228
特定妊婦 188
特定保健指導 211, 228
特発性腎疾患 139, 140
ドライマウス 181

な〜の

内呼吸 49
内部障害 79, 211
内分泌系 41, 52
内分泌疾患 122
軟骨無形成症 200
難聴 169
難病 104, 231
難病対策 231
難病の患者に対する医療等に関する法律 104, 231
難病法 104, 231
2 型糖尿病 123
肉腫 67
二次結核症 133
二次性高血圧 121
21 世紀における第二次国民健康づくり運動 227
二次予防 222, 227
日常生活動作 76, 122
日本国憲法 221
乳歯 4, 36

乳児期 16
乳児虐待 16
乳幼児期 2
乳幼児虐待 188
尿 39, 50
尿管 39, 50
尿細管 39
尿酸代謝異常 127
尿失禁 143
尿道 40
尿閉 143
尿路感染症 143
任意入院 190, 229
妊産婦の保健 226
妊娠 52, 185
妊娠高血圧症候群 187
妊娠糖尿病 187
認知症 102
認知症の行動・心理症状 102
妊婦健康診査 186
熱傷 60
熱中症 59
ネフロン 39
脳 42
脳幹 42, 53
脳機能性疾患 107
脳血管疾患 108
脳血管障害 108
脳梗塞 109, 111
脳室 43
脳出血 109, 113
脳神経 42, 54
脳卒中 108
ノーマライゼーション 73
ノロウイルス感染 93

は〜ほ

歯 4, 36, 177
パーキンソン症候群 105
パーキンソン病 104
バーセルインデックス 76
肺 38
肺炎 132
肺活量 50
肺癌 135
肺結核 96, 133
肺循環 48
排尿困難 143
排尿障害 143
肺胞 38, 50

廃用症候群 ……………………81, 205
白内障 …………………………… 163
バセドウ病 ……………………… 127
発育 ………………………………… 2
発がん …………………………… 67
白血病 …………………………… 159
発達 ………………………………… 2
発達障害 …………………… 17, 192
発達障害者支援法 ………………… 17
パニック障害 …………………… 195
バリアフリー …………………… 74
半月体形成性糸球体腎炎 ……… 140
ピアカウンセリング …………… 74
非アルコール性脂肪性肝炎 …… 147
鼻腔 ……………………………… 38
微小変化型ネフローゼ症候群 … 140
ヒト免疫不全ウイルス ………… 94
泌尿器系 …………………… 39, 50
泌尿器疾患 ……………………… 143
皮膚 ………………………… 45, 56
病気 ……………………………… 22
病原微生物 ……………………… 63
標準予防策 ……………………… 99
病的老化 …………………… 9, 202
病変 ……………………………… 65
日和見感染症 …………………… 98
広場恐怖症 ……………………… 195
貧血 ……………………………… 157
頻尿 ……………………………… 143
頻脈 ……………………………… 118
頻脈性不整脈 …………………… 119
不安定狭心症 …………………… 116
副交感神経系 …………………… 54
副甲状腺 …………………… 42, 52
腹式呼吸 …………………… 39, 50
副腎 ………………………… 42, 128
副腎疾患 ………………………… 128
副腎髄質 …………………42, 52, 128
副腎皮質 …………………42, 52, 128
副鼻腔 …………………………… 38
腹膜透析 ………………………… 142
不顕性誤嚥 ……………………… 204
浮腫 ……………………………… 204
婦人科 …………………………… 184
不正咬合 ………………………… 180
不整脈 …………………………… 118
物理医学 ………………………… 72
不動 ……………………………… 81
不眠 ……………………………… 205
プラーク ………………… 112, 116
フレイル ………………………… 205

フレイルサイクル ……………… 205
分娩 ……………………………… 187
平滑筋 ……………………… 34, 47
閉経 ………………………… 52, 188
平衡覚 …………………………… 56
平衡覚器 ………………………… 45
平衡機能障害 …………………… 172
変形性関節症 …………………… 153
変形性骨関節疾患 ……………… 153
変形性脊椎症 …………………… 154
変性 ……………………………… 66
便秘 ……………………………… 149
弁膜疾患 ………………………… 117
包括的リハビリテーション …… 85
膀胱 ………………………… 40, 51
房室ブロック …………………… 118
放射線 …………………………… 61
保健医療対策 …………………… 226
保健所 …………………………… 229
母子健康手帳 …………… 186, 227
母子保健対策 …………………… 226
母子保健法 ……………………… 226
母体保護法 ……………………… 226
骨 …………………………… 33, 47
ポリファーマシー ……………… 19
ホルモン …………………… 41, 52
ホルモン異常 …………………… 65
本態性高血圧 …………………… 121

ま～も

マタニティブルーズ …………… 188
末梢神経系 ………………… 42, 54
慢性肝炎 ………………………… 145
慢性甲状腺炎 …………………… 127
慢性硬膜下血腫 ………………… 114
慢性呼吸不全 …………………… 134
慢性骨髄性白血病 ……………… 160
慢性腎臓病 ……………………… 139
慢性腎不全 ……………………… 139
慢性膵炎 ………………………… 148
慢性閉塞性肺疾患 ……………… 130
味覚 ……………………………… 56
味覚器 …………………………… 45
脈拍 ……………………………… 48
メタボリックシンドローム …209, 228
…の診断基準 …………………… 210
メチシリン耐性黄色ブドウ球菌 … 96
メニエール病 …………………… 172
めまい …………………………… 172
免疫 ………………………… 56, 67

免疫異常 ………………………… 65
免疫グロブリン ………………… 68
免疫細胞 ………………………… 68
毛細血管 ………………………… 34
盲腸 ……………………………… 37
網膜色素変性 …………………… 166
モロー反射 ……………………… 5

や～よ

夜間頻尿 ………………………… 143
薬物性肝障害 …………………… 147
やけど …………………………… 60
病 ………………………………… 22
幼児期 …………………………… 17
予防医学 ………………………… 221

ら～ろ

ラクナ梗塞 ……………………… 112
ランゲルハンス島 …38, 42, 49, 52
卵巣 …………………40, 42, 51, 52
卵巣癌 …………………………… 184
理学療法 ………………………… 83
理学療法士 ……………………… 84
リハビリテーション …………… 70
…の対象 ………………………… 78
…の定義 ………………………… 70
…の方法 ………………………… 83
…の目的 ………………………… 75
リハビリテーション医学 …71, 72, 75
リハビリテーション医療 ……… 71
リハビリテーション診断 …… 71, 75
リハビリテーション治療 …71, 75, 83
流産 ……………………………… 187
療育 ………………………… 72, 196
療育手帳 …………………… 79, 199
良性腫瘍 …………………… 67, 185
良性発作性頭位めまい症 ……… 173
緑内障 …………………………… 164
リンパ（液）……………… 34, 48
リンパ球 …………………46, 56, 68
ループス腎炎 …………………… 141
レビー小体型認知症 …………… 103
老化 ………………………… 9, 202
老人性難聴 ……………………… 171
老年症候群 ………………… 13, 203
ロコモティブシンドローム …81, 156

わ～ん

ワクチン接種 ………………………………… 98

最新 社会福祉士養成講座
精神保健福祉士養成講座

| 編集

一般社団法人 日本ソーシャルワーク教育学校連盟 （略称：ソ教連）

翁 家国 （おう・いえくに）··· 第 6 章第 10 節
自治医科大学医学部講師

大貫 優子 （おおぬき・ゆうこ）··· 第 6 章第 16 節
東海大学医学部准教授

小澤 秀樹 （おざわ・ひでき）··· 第 6 章第 4 節
東海大学医学部教授

萱場 一則 （かやば・かずのり）····················· 第 2 章第 1 節、第 6 章第 18 節
埼玉県立大学学長

菊池 彩乃 （きくち・あやの）··· 第 6 章第 15 節
自治医科大学附属病院精神科精神保健福祉士

沓澤 智子 （くつざわ・ともこ）··· 第 6 章第 6 節
東海大学医学部特任教授

見坂 恒明 （けんざか・つねあき）··· 第 6 章第 1 節
神戸大学大学院医学研究科特命教授

塩田 勝利 （しおだ・かつとし）··· 第 6 章第 15 節
自治医科大学医学部准教授

清水 敦 （しみず・あつし）··· 第 6 章第 19 節
自治医科大学医学部准教授

高柳 雅朗 （たかやなぎ・まさあき）··· 第 3 章
埼玉県立大学保健医療福祉学部准教授

長坂 昌一郎 （ながさか・しょういちろう）··································· 第 6 章第 5 節
昭和大学医学部教授

滑川 道人 （なめかわ・みちと）······································· 第 6 章第 2 節・第 3 節
埼玉県立大学保健医療福祉学部教授

馬場 洋介 （ばば・ようすけ）··· 第 6 章第 14 節
自治医科大学医学部講師

原 元彦 （はら・もとひこ）··· 第 5 章
帝京大学医学部附属溝口病院教授

牧野 伸二 （まきの・しんじ）··· 第 6 章第 11 節
自治医科大学医学部准教授

松木 秀明 （まつき・ひであき）··· 第 7 章
東海大学医学部客員教授

森下 義幸 （もりした・よしゆき）··· 第 6 章第 7 節
自治医科大学医学部教授

山内 智彦 （やまうち・ともひこ）··· 第 6 章第 12 節
新小山市民病院耳鼻咽喉科部長

渡邊　俊司（わたなべ・しゅんじ）··· 第 6 章第 8 節
自治医科大学医学部講師

最新　社会福祉士養成講座
　　　精神保健福祉士養成講座

1 医学概論

| 2021年2月1日 | 初　版　発　行 |
| 2024年2月1日 | 初版第3刷発行 |

編　集　　一般社団法人日本ソーシャルワーク教育学校連盟
発行者　　荘村明彦
発行所　　中央法規出版株式会社
　　　　　〒110-0016　東京都台東区台東3-29-1　中央法規ビル
　　　　　TEL 03（6387）3196
　　　　　https://www.chuohoki.co.jp/

印刷・製本　株式会社太洋社
本文デザイン　株式会社デジカル
装　　幀　株式会社デジカル
本文イラスト　イオジン　小牧良次
装　　画　酒井ヒロミツ

定価はカバーに表示してあります。落丁本・乱丁本はお取替えいたします。
ISBN978-4-8058-8231-3
本書のコピー、スキャン、デジタル化等の無断複製は、著作権法上での例外を除き禁じられています。また、本書を代行業者等の第三者に依頼してコピー、スキャン、デジタル化することは、たとえ個人や家庭内での利用であっても著作権法違反です。
本書の内容に関するご質問については、下記URLから「お問い合わせフォーム」にご入力いただきますようお願いいたします。
https://www.chuohoki.co.jp/contact/